アフター・アメリカ

ボストニアンの軌跡と〈文化の政治学〉

After America
Trajectories of the Bostonians and the Politics of Culture
Yasushi Watanabe

渡辺 靖

慶應義塾大学出版会

アフター・アメリカ——ボストニアンの軌跡と〈文化の政治学〉

人類愛とは高貴な感情である。しかし、われわれはほとんどの場合、より小さな連帯の中を生き抜いているのであり、このことは道徳的に共感できる領域に、ある種の限界があることを意味しているとも考えられる。何よりも、われわれは概的ではなく特定の（文化的）表現を通して人類愛を学んでゆくのである。

マイケル・サンデル

はじめに

アレクシ・ド・トクヴィルといえば、アメリカ研究における不朽の名著とされる『アメリカの民主主義』（一八四八年）で有名であるが、最近、ハーバード大学の古文書から、彼が綴った二通の手紙が見つかった。それは、一八五二年、同大学から名誉法学博士号を授与されたことに対する感謝の意を記したもので、一通は大学に、もう一通は二〇年前の訪米で知古を得て以来、親交を深めてきたジェアード・スパークス総長個人へ宛てたものであった。その私信のなかで、トクヴィルは、彼自身がフランスの外務大臣（一八四九年）として接したアメリカの外交政策について、次のように懸念している。

アメリカが畏れるものは己自身に他ならない――つまり、民主主義の乱用、冒険と征服の精神、己の力に対する思い入れと過剰な誇り、そして若さゆえの性急さである……ヨーロッパに軽々しく口論を挑んではいけません……アメリカを困難に導くでしょうし、国内情勢にも予期せぬ余波をもたらすでしょうから（*Harvard Magazine*, January-February, 2004, p.84）。

昨今の国際情勢を鑑みるに、いかにも意味深であるが、トクヴィルは『アメリカの民主主義』のなかで、現代アメリカにも通じるもう一つの警告を発している。それは、アメリカの「個人主義」がもたらし得る負の側面についてである。

各人は永遠にただ自分自身のみに依存し、そして自らの心の孤独の中に閉じ込められる危険がある（Tocqueville 1969: p.508）。

安易に記号化・擬人化されたアメリカ像、サウンドバイト的なアメリカ理解、ご都合主義的なアメリカ論に違和感を覚えながら、われわれにとって、あまりに大きく、近く、そして大切な存在であるアメリカについてトクヴィルが発したこの一言は、アメリカで留学生活を送っていた筆者の心の片隅に常に引っかかっていた。トクヴィルの力量と眼識にはもちろん敵うべくもないが、この一言を少しでも理解しようと、フィールドに繰り出したのが、本書の原点である。トクヴィルが一八三一年九月に四週間滞在したボストンで、日本からの若輩が、その名著を手に、約三年間格闘した証しとして読んでいただければ何よりである。

今回、調査の対象としたのは、かつて「ボストンのバラモン」とも形容されたアメリカ最古で随一の名門家族の末裔達と、彼らとは対照的な生きざまを送ってきたサウスボストンのアイルランド系移民の末裔達である。二〇〇四年の大統領選挙の民主党候補、ジョン・フォーブス・ケリー連邦上院議員（マサチューセッツ州選出）は、祖母がウィンスロップ家、母がフォーブス家出身であり、この「バラモン」の血を引く人物である。一方の、サウスボストンは、日本でも馴染み深い映画『グッド・ウィル・ハンティング／旅立ち』や『ミスティック・リバー』の舞台にもなった地域であり、かつてU.S.ニュース&ワールド・リポート誌が「アメリカのホワイト・アンダークラス（白人最下層）の都」と称した地区を含む地域である。

第Ⅰ部では、今回のフィールドワークの経緯（序章）、「バラモン」の末裔達の民族誌（第1章）、アイルランド系移民の末裔達の民族誌（第2章）を踏まえたうえで、第3章で両者を比較しながら、それらをより広いアメリカ社会や近代化の文脈のなかで位置づけてみた。その中で、特に、注目したのは〈文化の政治学〉――つまり、プライドのせめぎ合い、アイデンティティの拮抗、価値やスタイルをめぐる葛藤である。これらは社会に関するビジョンをめぐる相克でもあり、いわゆる「保守」と「リベラル」の対立、より政治的には「共和党」と「民主党」の対立にも通底するものである。

第Ⅱ部では、トーンを変え、第1章では、〈文化の政治学〉をキーワードに、現代アメリカについての理解を試みた。「政治」のうねりが「文化」を巻き込み、「文化」のうねりが「政治」を巻き込む様を描きつつ、従来の二項対立を超え、政治的信頼や公共空間を修復しようとする市民・民間レベルでの試みについても言及した。第2章では、本調査の基盤となった文化人類学上の理論的背景について考察した。

なお、インフォーマント（調査対象者）との合意に従い、出版までには五、六年（several years）の期間をおくことになったが、この間も一年に一度はボストンに戻り二〇〇三年度安倍フェローとしての研究期間の多くをボストンで過ごした。本書では、当時の文脈に影響を及ぼさない範囲で、必要に応じて情報をアップデートしてある。

本書のタイトルについて一言触れておきたい。「アフター（after）」という英単語は、周知の通り、使われる文脈によって、「〜の後で」、「〜を超えて」、「〜に従って」、「〜を模して」、「〜を求めて」、「〜を追いかけて」など多義的なニュアンスをもつ言葉である。そこが、インフォーマントの「アメリカ」へのスタンスの多様性を象徴しているように感じたのと、同時に、「アメリカ」を見つめるわれわれ自身の心証をも上手く表現しているように思え、あえてカタカナ表記のまま用いることにした。もちろん、その意味するところは、「アメリカ」に何を表象させ、いかなる彩色で描くかによる。否定的な色模様、肯定的な色模様、より中間的な色模様、あるいは無色透明に近い色模様など様々であろう。それはインフォーマントにとっても然りである。つまり、「アフター・アメリカ」とは、決して一筋縄には語り得ない「アメリカ」へのスタンスと解釈の多様性なり両義性を示唆するものである。それはインフォーマントにとっても然りであり、われわれにとっても開かれたものである。インフォーマントの心模様と読者の方々の心模様はどう重なり合うのであろうか。

なお、引用文中の「中略」箇所については、読みやすさを考慮して、「……」で示した。また、筆者による補注については、（筆者注：）の形で適宜挿入した。

目次

ミスティック・リバー
イースト
ボストン
チャールズタウン
Main St.
Rutherford Ave.
Meridian St.
Bennington St.
Maverick St.
Logan
International
Airport
Sumner Tunnel
Callahan Tunnel
Commercial St.
ノース
エンド
O'Brien Hwy.
Commercial Ave.
ウェスト
エンド
Cambridge St.
Charles St.
ビーコン
ヒル
ボストン
港
Basin
Boston
Common
Storrow Dr.
バックベイ
Commonwealth Ave.
Boylston St.
Summer St.
Extension
U.S.
Naval
Annex
Castle
Is.
Tremont St.
Washington St.
W. Broadway
サウス
ボストン
Summer St.
Broadway St.
Dorchester Ave.
サウスエンド
Dorchester St.
William J. Blvd
Cross Town Blvd.
Southampton St.
N
ボストン
Massachusetts
Ave.
General Pulaski Skyway
コロンブス
パーク
オールド
ハーバー
ドーチェスター
湾
ロックスベリー
Cottage St.
Columbia Rd.
Mt. Vernon St.
Warren St.
William T. Morrissey Blvd.
Southeast Expwy.
Luther King Jr. Blvd.
Dudley St.
U MASS
Boston
Quincy St.
Blue Hill Ave.
Quincy St.
0
1 mile
0
1 kilometer
Columbia Rd.
ドーチェスター
Franklin Park
Geneva Ave.
Washington St.
Blue Hill Ave.
Dorchester Ave.
Adams St.
Neponset
Ave.

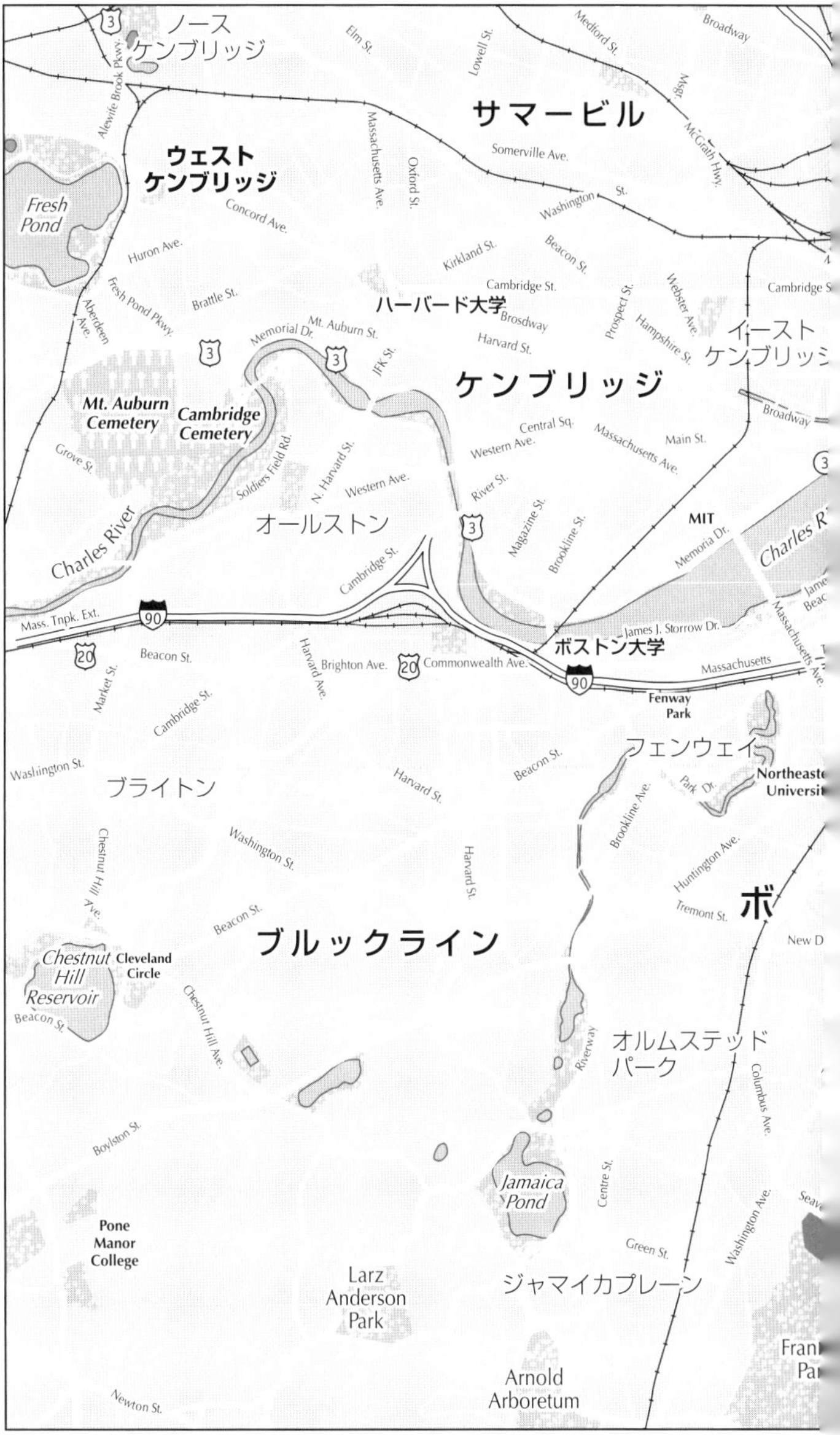

ノース
ケンブリッジ
サマービル
ウェスト
ケンブリッジ
Fresh Pond
ハーバード大学
イースト
ケンブリッジ
ケンブリッジ
Mt. Auburn Cemetery
Cambridge Cemetery
オールストン
Charles River
MIT
Charles River
ボストン大学
Fenway Park
フェンウェイ
Northeastern University
ブライトン
ブルックライン
Chestnut Hill Reservoir
Cleveland Circle
オルムステッド
パーク
Jamaica Pond
Pone Manor College
Larz Anderson Park
ジャマイカプレーン
Arnold Arboretum

ボストン市周辺

I 「文脈」を求めて

序章　「丘の上の町」にて
――ボストンでのフィールドワーク

プロセスとしてのアメリカ

一九九一年に行われた米国アメリカ研究学会（ＡＳＡ）の年次大会で、アリス・ケスラー＝ハリス会長（当時）は基調講演をこう締めくくった。「アメリカ研究の学生・研究者として、われわれに求められていることは、プロセスとしてのアメリカという考えを常に忘れずに、巷で繰り広げられている議論に関わり、それを促していくことなのです。」(1)

民族誌的アプローチ――つまり、直接情報に基づく状況精査と「厚い記述」（Geertz 1973）を伝統とするアプローチ――は、生のフィールドにおける「文化」の生成や拮抗を探り出し、文化的アイデンティティという難題に挑み、それによって「プロセスとしてのアメリカ」を理解するという点で有効である。本書の目的は、ボストン地域におけるアメリカ人家族の小世界——特に、彼らが、後期近代（あるいはスーパーモダン、ハイパーモダン、ポストモダン、トランスモダン）のアメリカにおける社会的・文化的変動や人生の変容を、いかに意味づけ、そして生き抜いてきたか——を描き出すことで、この大きなテーマに取り組むことである。

何といっても、ボストン地域は、筆者が日本からの留学生として、当時すでに、二、三年ほどの歳月を過ごしていた場所であった。喜怒哀楽に満ちた数多くの「カルチャー・ショック」を通し、自分自身について、そして社会について思索していたのも、この場所であった。この地域の文化、歴史、人々が、筆者のアメリカ理解への窓となっていた。筆者は、それまで積み上げてきた、そうした経験や知識を活かせるフィールドワークを望んでいた。より現実的な観点からすると、ボストン地域は、十分な研究費を確保するうえでも、調査対象を絞り込むうえでも、そして、時間的制約の中でフィールドワークやフォローアップ調査を行ううえでも、好都合な場所であった。

筆者の「家族」への関心は、社会人類学への関心と同じ位古いものだが、そこには個人的な動機もあった。アメリカ社会を観察し始めた当初、もっとも不思議だったのは、家庭生活についての、一見矛盾する様相だった。一方では、町で見かけたり、個人的なつき合いの中で出会った家族が体現していたつながりの濃さ——かつて、デヴィッド・シュナイダー（Schneider 1968）が「広く、揺るぎない結束」と称したもの——に感銘を受けた。日本にいた頃、筆者が目の当たりにしたのは、公的領域の犠牲となっている数多くの家族のケースであった。父親の遠隔地への強制転勤、（極端な場合には死に至る）過重労働の慣例化、自殺率の高さ、子供（幼稚園生でさえ）を学習塾に通わせることへの強迫観念、過度に厳しい校則、離婚への社会的偏見、女性の不平等などがその例である。アメリカでは、夫婦間の関係は、より平等で愛情に満ちており、親子関係はもっと砕けていながら深く、家庭生活は全体として暖かく育まれているように感じられた。

その反面、「脆く、儚い結束」しか持ち合わせていない家族や、心身ともに相当の苦痛を伴っている家族についても頻繁に見聞きした。離婚や非摘出子の割合が高いことは、当然ながら、筆者の関心を惹きつけた。ジャーナリスト、研究者、市民団体、公共機関の報告から、家庭内暴力、性的虐待、違法薬物依存など、しばしば「機能不全の家族」と結びつけられる悲劇的な現状について知った。親族や家族について学ぶ者として、こうした状況の定義や解釈に際しては、一層の認識論的・方法論的な留意が必要であることは気づいていたが、家族生活をめぐる危機の言説を耳にするにつれ、心に引っかかるものがあった。危機感の深さと大きさを確信したのは、一九九二年（そして一九九六年、二〇〇〇年）の大統領選挙のディベートやレトリックでさえ、こうした問題について言及しないわけにはいかなかったという事実による。

実際、この選挙戦は、筆者の個人的な疑問――模範的でありながら危機的である（あるいは危機的でありながら模範的な）アメリカの家族の特性をどう理解すれば良いのかという疑問――が、アメリカ人自身のものでもあること、そして、家族生活の伝統や現状をめぐる解釈や、将来への処方箋が、往々にして対立を深めていることを明示してくれた。筆者自身のアメリカ社会への疑問とアメリカ人自身にとっての（と当時の筆者には思えた）問題が交差した領域――アメリカの家族――が、こうして、筆者の博士論文における制度的関心として固まっていった。一九九二年の冬のことである。

その後の数ヶ月間は、アメリカ北東部の片隅に位置するボストン地域で、しかも小規模のフィールドワークを通じて、いかにして、この大きなテーマに切り込んでゆくかを模索した。アプローチの仕方は色々あったが、アメリカ人の知り合いと話をしたり、地域の歴史について予備知識を蓄えたりしてゆくなかで、かなり対照的な文化的歴史や社会的現実を生きてきた二つの社会集団に対して、次第に好奇心を抱くようになった。それが、a）上流／中上流階級のアングロサクソン系プロテスタントの家族（ボストン・ブラーミン）と、b）下流／中下流階級のアイルランド系カトリックの家族（ボストン・アイリッシュ）である。[2] これらの二つのグループを比較することによって、「白人」（あるいは、ごく大雑把に「白人中流」）アメリカ人として一括りにされがちな人々の中でさえ、経験や文化が多様であること、そして、そうした多様性の中から、他のアメリカ人にも当てはまり得るような、文化的アイデンティティの構築と実践における共通の論理やテーマを抽出することを目指した。

「白人中流」はアメリカ社会における覇権的な存在であるにも関わらず（あるいは、だからこそ?）、アメリカについての民族誌的理解において、もっとも手薄になっている集団である。特に、文化的「他者」や「アメリカ」が、しばしば、彼らをレファレンスとして構築されていることを考慮すると、こうした調査の意義は小さくないと思われる。特に、①上層部（すなわち中上流以上のエリート層）に関する民族誌がほとんど存在しないこと、②下層部（すなわち中下流以下の労働者層）とのコントラストから、同じ地域（都市圏）に住む「白人中流」の経験の多様性と共通性を描き出したこと、③第二次世界大戦後という、比較的長い時間的スパンにおける社会移動に着目しながら、彼らの人生の軌跡を追ったことが、本研究の特徴といえるかもしれない。筆者が知るかぎりにおいて、本研究は、ネイティブではない文化人類学者による「白人中流」のアメリカ人に関する最初の民族誌の一つであり、ボストン地域のこれら二つの社会集団に関するものとしても、初の試みである。

理論的には、より細かな社会的属性を基に、二つの集団をより厳密なクラスターとして定義することも可能であったが、それは敢えて行わなかった。何故ならば、実際のフィールドワークにおいて、調査の機会がどのくらい開けてくるものか不明であったし、特定の属性を設定・適用するにあたっては、インフォーマント自身の「理論」に従いたかったからである。同様に、各家族が、各々のカテゴリーに当てはまるかどうかを判断するにあたっては、数量的な基準は用いなかった。それは、一つには、現地の人々が、そのような数学的厳格さをもって、各々のカテゴリーを認識しているのかどうか不明だったからであり、もう一つには、彼らの社会や生活における規範を理解する手がかりとして、各サンプル内の「逸脱」とされるケースに興味があったからである。

多くの友人や知り合いが、様々なエピソードを引きながら、これらの集団がいかに排他的で、自己防御的で、近付き難いかを警告してくれた。「ブラーミン達は、あなたには関心を示さないでしょう。」「荒っぽいゴロツキ連中に殴られるかもしれませんよ。」尚更、この二つの集団に惹かれ、こだわることを決意した。一九九三年の春のことである。

太陽系の中心

マサチューセッツ州の州都ボストン市は、ニューイングランド地方最大の都市で、一二六平方キロ

ボストン近郊

メートルの面積（世田谷区の二倍強）に、一九九〇年の時点で五七万四千人が居住していた。二〇〇〇年の人口は五八万九千人（世田谷区の約七〇パーセント）に増加し、全米で二〇番目に大きな都市にランクされた。北部、中西部の古い都市の中で、この二〇年間に人口が増えたのは、唯一ボストン市とニューヨーク市だけである。しかし「大ボストン」と呼ばれる圏内――実際の境界線は曖昧であるが、一般的にはボストン市と百近くの市町村を合わせた地域――では、二八四九平方キロメートルの面積（東京都の約一・三倍）に、三百万人以上（東京都の約四分の一）が居住しており、全米で

マサチューセッツ州議事堂

もっとも人口密度の高い地域の一つである。ボストン市は、チャールズタウン、サウス・ボストン、バック・ベイ／ビーコンヒル、フェンウェイ／ケンモアといった、独特のカラーや趣を持つ大小一七の行政地域(neighborhood)から構成されている。

ピルグリム・ファーザーズのプリマス上陸(一六二〇年)、アルベラ号上におけるジョン・ウィンスロップによる「丘の上の町」建設宣言(一六三〇年)、のちにハーバードと呼ばれるようになるアメリカ初の高等教育機関の設立(一六三六年)、独立戦争(一七七五〜八三年)の勝利、海洋産業と紡績産業の繁栄、アメリカン・ルネッサンスの開花(一九世紀半ば)、奴隷解放宣言(一八六三年)などが散りばめられた南北戦争までの歴史や、「アメリカ」物語(ナラティブ)における多くのヒーローやヒロインを輩出したボストンは、世界史の中でも特異な存在といえる。政治、経済、文化におけるボストンの覇権は、一八五八年にオリヴァー・ウェンデル・ホルムズ・シニア(一八〇九〜九四年)

をして、アトランティック・マンスリー誌上で「ボストンの（マサチューセッツ）州議事堂は太陽系の中心（ハブ）だ」といわしめたほどである。裕福な「ブラーミン」——古代インドの司祭階級バラモンからの援用——の家族は、ピューリタンの「高徳者による貴族社会」の継承者であり、ニューイングランドの「始祖の家系」の末裔も多く、ボストンの社会生活における政治、経済、文化、芸術、慈善活動の中心的存在であった。

しかし、南北戦争に続く「工業国家アメリカ」の誕生は、経済の中心をニューイングランドからニューヨーク、特に、鉄鋼、鉄道、金融における「帝国」の建設に向けて貪欲に臨んだバンダービルド、ロックフェラー、カーネギーといった新興資本家の元へと移した。毛並みの良さ、質素さ、市民志向というブラーミンの美徳は、「金ピカ時代」（一九世紀末のバブル期）にあっては、生気のない時代錯誤となり、海洋産業や紡績産業という彼らの伝統産業も、「適者生存」の原理を前に、競争力を失っていった。

加えて、ボストン全体が、古い植民地の町から近代的な都市へと様相を変えていった。一八七五年までの半世紀の間に、総面積は埋め立てにより三〇倍の約百平方キロメートルと拡大し、人口は、アイルランド飢饉（一八四五〜五〇年）によって窮乏化した移民の大量流入などもあり、ほぼ七倍の三一万四千人へと膨れ上がった。一八五五年までに、ボストンの総人口の三分の一近くがアイルランド系カトリックになった。彼らに対するアングロサクソン系プロテスタントの恐れと猜疑心は、政治的には、いわゆる「ノーナッシング党員」（反移民の愛国主義者——名称は、党の秘密について問われた党員は、何も知らないと答えることになっていたことに由来する）によるアメリカ党の組織に例示され、社会的には、有名な「アイルランド人お断り」という標語などに象徴された。こうした状況の原因について、ボストン史家トーマス・オコナーは次のように推論している。

あらゆる関連データを処理できるコンピュータが一九世紀に存在していたとしたら、世界中に一箇所、アイルランド系カトリックがいかなる状況にあっても、決して、絶対に、足を踏み入れてはいけない都市があると警告していただろう。マサチューセッツ州ボストンだ。アングロサクソンの同質性が強烈で、アイルランド系の人々に対する生来の敵意があり、ローマ・カトリックのあらゆる側面に対して強く激しい嫌悪感を抱き、非熟練労働の大半を排除するような経済制度を持つ都市だった。……他のアメリカの都市も、確かに、ボストンの社会的・文化的・宗教的特徴を共有してはいたが、同じような広がりを持つところはほとんどなく、同じ度合いを持つ場所は皆無だった(3)。

南北戦争はこうした敵対心を和らげた。それは、アングロサクソン系の関心がアイルランド系の人々から、南部の奴隷制へと移行したこと、また、一部のアイルランド系が、北軍や戦争関連の産業・サービスに参加して、積極的にアングロサクソン系と協力し合ったことなどが理由である。また、強力な「国民経済」の出現によって、主に東欧や南欧から大量の移民(イタリア人、ユダヤ人、ポーランド人、ポルトガル人、ギリシャ人など)が押し寄せて来たが、社会的・文化的背景が従来の移民のそれとは大きく異なったため、プロテスタント系とアイルランド系の差異が相対的に目立たなくなった。それ以外にも、一八八〇年以降、都市や国家の近代化のプロセスの中で、公務員や公益事業労働者が大量に必要とされたことが、アイルランド系へ恩恵をもたらした。スラムから抜け出しただけでなく、政界のはしごもさらに上へと昇り始めたのである。一八八五年には、ヒュー・オブライエンがアイルランド系初の市長（一八八五〜八八年）になり、それ以降、アイルランド系の「ボス（領袖）」や「マシーン（集票組織）」が、彼らの政治的支配を強固にし、ボストンの権力構造を変えていった。

やがて、急激な近代化に伴う社会変動や、世界大恐慌による社会的混乱によって、適度に管理され、社会化された資本主義（「福祉国家」）へと体制転換し、連邦政府による「巻き返し（ニュー・ディール）政策」は、ジョン・フィッツジェラルド（〝ハニー・フィッツ〟、一九〇六〜〇七年、一〇〜一三年）やジェームス・カーリー（一九一四〜一七年、二一〜二五年、三〇〜三三年、四六〜四九年）といったアイルランド系の市長達を支えた、旧態依然の後援制度や権力基盤を徐々に弱めていった。アイルランド系（特に中流階級）も含め、新しい投票者層が成熟し、公正さ、合理性、クリーンな政府を理想とし、半世紀以上にわたってお互い無関心だったブラーミンの経済力とアイルランド系の政治力は、そこに共通の基盤を見出していった。

革新的な社会への渇望は、一九四九年の市長選挙でカーリーを破ったジョン・ハインズの大勝利（国家レベルでは、一九六一年のジョン・フィッツジェラルド・ケネディの大統領就任）に縮約されている。ハインズ市長（一九五〇〜六〇年）は、一九五七年、市の面積の一一パーセントをカバーする都市再生計画のためにボストン再開発機構の設立に尽力した。ジョン・コリンズ市長（一九六〇〜六八年）は、官僚的汚損・無神経さに対する絶え間ない批判と抵抗の中、ハインズ市長の志であった数多くの複合施設、高層ビル、公園の建設を進めた。

ケビン・ホワイト市長（一九六八〜八三年）は、再生計画の焦点を、大規模開発から史跡・歴史的建築の復興へと移すことに成功したが、それでも戦後の三〇年間に市の人口は三分の二に減少した（その後は、ほぼ現在のレベルで推移）。こうした大流出を促したのは、郊外の開発や、都市部の家賃や不動産価格の上昇、さらに重要なこととして、これまで放置されてきた周辺地域（neighborhood）における新たな人種間の緊張がある。戦後、北部の都市部に黒人が流入してきたことは、マイノリティーや移民の増加と相俟って、空間的境界、社会的権利、就業の機会を守ろうとする白人労働者階級の危機感に火をつけた。一九六〇年代の公民権運動を支えた革新的な社会への理想は、一九七四年の強制バス通学——黒人・白人の人種融合を目指し、約八万人の児童が対象とされた——に政治的正当性を与えた。

その混乱と悲劇は政治的反動に弾みをつけ、その結果、強制バス通学を強く反対していた市評議員レイモンド・フリンが市長に当選し、一〇年間にわたって市長を務めた（一九八四〜九三年）。人種間の争乱は大幅に鎮静化されたものの、一九八〇年代の後半になると、「マサチューセッツの奇跡」は、国内外の景気停滞のために幻想と化してしまった。一九九三年、フリンがアメリカ大使としてバチカン市国に赴いたことで、ボストン史上初のイタリア系市長トーマス・メニノが誕生した。メニノ市長（一九九三年〜）は、警官を増員し、ボストンの公立学校の改革に尽力し、ビジネス街を再活性化し、二〇〇四年民主党全国大会をボストンで開催させることに成功した。一九九〇年以来、あらゆる犯罪カテゴリーにおいて状況が著しく改善し、一九九七年には、当時のクリントン大統領が「犯罪防止における全米のモデル都市」とボストンを賞賛した。しかし、空前の繁栄下にあった一九九〇年代に、ホームレスの数は六一パーセントも急増し、六千人を優に超した。数ある原因の中でも、貧困、適価な住宅の過不足、福祉プログラムの改編に起因するところが大きいとされている。

今日、ボストン経済は、主に、ハイテク、ベンチャー投資、教育、医療、娯楽、観光などの「サービス業」によって支えられている。市の中心から半径四八キロメートル圏内に五〇以上の大学があり、世界中から二五万人以上の学生を集めている。この「アメリカのアテネ」は一七もの大病院（大ボストン圏内全体では百近い）や、数十の国定史跡を有し、著名な文化機関や企業も数多く存在する。ヨーロッパに加えてアジア、アフリカ、中南米、中東からの新移民に門戸をより広く開放した一九六五年の移民法施行以来、他の大都市同様、ボストンも人種・民族的多様化が進んだ。一九九〇年から二〇〇〇年までの間に、ボストンの人種構成は、白人が五九パーセントから四九パーセントに、黒人／アフリカ系が二三・八パーセントから二四パーセントに、ネイティブ・アメリカンが〇・三パーセントから〇・二パーセントに、アジア系／太平洋諸国系が五・二パーセントから八パーセントに、ヒスパニック／ラティーノ系が一〇・八パーセントから一四パーセントに変化し、大ボストン圏も類似した統計上の変化を示している。アイルランド系を自称するボストニアンの割合は、今でも一番大きいが、それでも一九九〇年の二二パーセントから二〇〇〇年には一六パーセントに減っている。一方、イギリス系の割合は、一九九〇年の六・三パーセント（三位）から二〇〇〇年には四・五パーセント（五位）に減少した。アジア系（特にベトナム系、中国系、インド系、韓国系）とヒスパニック系（中南米系、特にメキシコ系）が急増するボストンでは、一五〇余りの言語が話されており、他の大都市同様、ついに「マジョリティーとしてのマイノリティー」という状況を迎えた。(4) 同様に、全米規模の企業やグローバル企業の参入とともに、ボストンのジェントリフィケーション（高級化現象）が進み、地域独特のカラーや趣は色褪せてきている（たとえば、ボストン・グローブ紙は、現在、ニューヨーク・タイムズ社が、百貨店ジョーダン・マーシュはメーシーズ社が所有している）。

ボストンはこのように、他の大都市と傾向や特徴を共有しており、筆者の研究の目的は、「ボストン・ブラーミン」と「ボストン・アイリッシュ」の末裔達が、こうした後期近代のアメリカの大きなプロセスを、いかに意味づけ、そして生き抜いてきたかを描き出すことであった。

「ボストン・ブラーミン」と「ボストン・アイリッシュ」

一九九三年の夏は、このフィールドワークの実現可能性を探ることに費やされた。特に気がかりだったのはブラーミン家族へのアクセスであった。というのも、彼らはお高くとまった排他的なエリートだと聞かされていたからだ。歴史的文献に目を通すなかで、インタビューリストに載って然るべき家名を、大雑把ながら、把握することができた。ほとんどの家名については、電話帳、『名士録（*Social Register*）』、ハーバード大学の卒業生名簿の中に見いだすことができたが、紹介を経ずに直接電話したり、手紙を送ったりするのは、非生産的かつ非礼であることは十分に承知していた。そこで筆者は、ボストン近隣の知り合いや友人はもちろん、ハーバード大学の教授陣や、ボストンの旧家とつながりが深いと思われたビーコンヒル市民協会、ボストン・アセニアム（会員制図書館）、ボストン日本協会、キングス教会、マサチューセッツ歴史協会、メイフラワー号の子孫の会、ニューイングランド歴史系図協会、その他九つの文化機関のスタッフの助言と協力を仰いだ。諸々の規約によって会員記録の公開は禁止されていたが、皆、非常に良心的・協力的で、個人ベースで何人か紹介していただけた。

恥かしさと緊張と不安が混ざった気持ちから、実際のコンタクトまで時間がかかったケースもあるが、時間の経過とともに、インタビューリストは加速度を増して長くなっていった。この時点での目的は、彼らと接するなかで、協力的か、時間を割いてくれそうか、正直に答えてくれそうかを見極めると同時に、彼らが過去や現在において重要だと考えている事項を抽出することであった。中には社会科学の専門家もいたので、内輪の専門用語を多用しながらの会話となることもよくあった。就寝前にでも読むようにとクロード・レヴィ゠ストロース、チャールズ・ライト・ミルズ、アレクシ・ド・トクヴィル、マックス・ウェーバーなどの長い文献リストを嬉々として提供してくれた人もいた。また、ボストン内外の美術館の東洋コレクションとのつながりから、日本の歴史や文化に造詣の深い人々も多く、安易に「日本」を語ることなど恥ずかしくてできなくなった。彼らにとっても、「未開民族」やマイノリティーを研究対象とするはずの文化人類学の学生、しかも『菊と刀』の国から来た若輩者、の「標本」となったのは奇抜な体験だったに違いない。ルース・ベネディクトも驚くのではないだろうか?

このようにして、五ヶ月間の予備調査で、二一家族の二九人に対し、一人当たり平均四時間話すことができた。彼らのスケジュールや意欲を考慮した結果、正式なフィールドワークの対象として一六家族を選んだ。後に、『名士録（一九九三年、九四年、九五年の各版）』やニューイングランド歴史系図協会の資料を参照し、これらの家族の背景知識を入手した。しかし、最終的に、三家族が調査参加を断ってきた。その理由は、①アルツハイマー病の親の介護をする必要が生じた、②自分達の家族の生活は「私的な問題」と考えるようになった、③家族の一員が社会的に非常にデリケートな地位に就いていた、というものであった。それでも、この高い参加率について、後に何人かのインフォーマントが、以下の三つの理由を推測した。一つめは、筆者が、彼らの多くの母校であるハーバード大学に学んでいたこと、二つめは、筆者がアメリカ人ではなく、学術目的以外の意図を持っていなかったこと、そして三つめは、ブラーミンがボストン社会の権力構造の中心から転位していたことである(5)。いずれにせよ、ブラーミン家族が、ステレオタイプやエピソードに反して、ずっと好意的かつ率直で、親切に接してくれたことに安堵した。

むしろ、苦労したのはアイルランド系家族の方だった。「アイルランド人の地域」とも称されるサウス・ボストンにある関係機関から連絡を取り始める以外に、アプローチする手段が思い当たらなかったからだ。問い合わせをした機関は以下のとおりである。ゲート・オブ・ヘブン教会、サウス・ボストン歴史協会、ラボーア・センター(カトリック系慈善団体)、聖オーガスティンズ教会、聖ブリジット教会、聖ピーターズ&ポールズ教会、サウス・ボストン地域の家、ボストン公立図書館サウス・ボストン分館。それから、チャールズタウンとドーチェスターまで含めた近隣地域にある、その他一四の文化機関にも照会した。筆者の研究意図は教会新聞などにも掲載されたが、反応は一件だけだった。しかし、ここでも、時間の経過とともに、インタビューリストは次第に長くなり、様々な仲介を通じて、三ヶ月間の予備調査で、一三家族の二二人に対し、一人当たり平均三時間話すことができた。

ブラーミン家族の場合と同様、①筆者の調査に政治的な意図がなく、②仲介者からの紹介を得ていること、③いずれはアメリカを離れる外国人であることが、彼らの警戒心を和らげたようである。また、筆者や仲介者に語られたところによると、双方の家族ともに、海外から訪れてきた調査者と、お互いの生活や社会について意見を交換したことは新鮮な経験だったようである。しかし、彼らが外部のメディアや研究者に対して抱いている、深い猜疑心に気づくまで時間はかからなかった。インフォーマントのほとんど全員が、この種の人達が、自分達のことを「偏狭」、「島国根性」、「野蛮」、「貧窮」としてのみ形容する傾向にあると憤りを露にした。それゆえに筆者は、彼らの信用を得るべく、ブラーミン家族に対してした以上に、より明確に自らの立場と目的について説明する必要があった。

しかし、ある程度打ち解けてしまえば、彼らは一様に、非常に率直で、取っ付きやすく、世話好きで、親切に接してくれたので、更なる調査協力を依頼することに躊躇はなかった。ただし、一つの家族に関しては、あまりに生活が多忙で、他のことに構っていられない様子だったのと、ある年配の女性に関しては、健康状態が非常に懸念されたため、更なるお願いはしなかった（しかし、この女性はとても親切で、調査の成功を祈る素敵なクリスマスカードを送ってくれた）。

一九九四年の最初の二、三ヶ月は、五月初旬に予定されていた「プロスペクタス・ディフェンス」（博士候補者を対象にした論文・調査計画書についての口頭試問）の準備に充てられた。会話形式のインタビューに基づく、過去数ヶ月にわたる予備調査から、彼らの社会的現実と文化的歴史において重要とされている問題や出来事を、大雑把ながら、把握することができた。しかし、抜け落ちている基礎データも多かったため、本格調査に際しては、質問リストに基づく、より構造化されたインタビュー（といっても指示回答型ではなく自由回答型）に仕立てなくてはならないと痛感した。そこで、エリザベス・ボット（Bott 1957）が、ロンドンの都市家族と彼らの社会的ネットワークに関する著名な調査の中で用いいた、非常に包括的なリストを参照しながら、約五〇の質問群から成るチェックリストを作り、ディフェンスに臨んだ。

ディフェンスを終えてから、筆者のスケジュールは、インフォーマントとの約束で一杯になっていった。以前は、電話をかけ直してこないこと（つまり、暗黙の「ノー・サンキュー」）の真意を読み取るのに苦労したものだが、慌ただしい都会生活の中で、約束のキャンセルは、インフォーマント側だけでなく、時には筆者自身がしてしまうこともあった。大まかにいうと、三件の約束のうち一件は変更され、都会におけるフィールドワークでは留守番電話（特に、外出先からもチェックできるもの）が必要不可欠だと痛感した（電子メールや携帯電話の時代が訪れる前のことである）。インタビューは、主に、インフォーマントの自宅、仕事場、近くのレストランで行われ、例外的に、電話でも実施された。家族の他のメンバーが同席することもあったし、しないこともあった。チェックリストは常に改訂され、質問の順序やいい回しはしばしばその場で変えられたが、このリストは筆者が最低限集めなくてはならない情報の覚え書きとして使われた。それ以外、インタビューは主にソクラテス的問答法で行われ、彼らの見解に異論をはさんだことも珍しくなかった。これはインフォーマントの真意を明確に把握するためで、そのため面接はしばしば長時間に及んだ。各インタビューは一時間から二時間続いた。多くの場合、その家族の主たるインフォーマントとの面接は八回から一五回にわたり、その後、都合がつくようであれば、他のメンバーを一人当たり平均一、二時間インタビューした。もう二度と来ないでくれといわれるのではないか、という恐れを常に抱いていたが、フタを開けてみると、彼らは寛大で、感謝祭、クリスマス、結婚式、卒業式、葬式、追悼式、レクリエーションなどといった家族の集まりにも招いてくれた。また、『かつてのボストン（*Boston: The Way It Was*, 1995）』――一九三〇年代と一九四〇年代のボストンの特集をしたWGBH（ボストンのローカルテレビ局）の特集番組のビデオ――をインフォーマントに見てもらって、その中に出てきた歴史的描写について感想を聞く機会も何度かあった。

また、弁護士、教師、政府関係者、系図学者、ホーム・ヘルパー、ソーシャル・ワーカー、ジャーナリスト、多くの地元住民らの洞察や意見も集めた。加えて、インフォーマントの話の内容をできるかぎり具体的にイメージできるように、話の中に頻出した様々な場所を訪れるよう努めた。本格調査そのものは一九九五年の六月に完了し、感謝と友情の印としてささやかな贈り物を届けたが、その後も、フォローアップ調査は博士論文が完成した一九九六年秋まで続けられた。いいかえると、インフォーマントのほとんどとは、知り合ってから三年もの歳月が経過していたことになる。「ほとんど」といったのは、彼らの逝去を受け入れなければならない時が二、三度あったからである。

インタビューの録音は多くの場合許可されたが、録音することでインフォーマントが「正しい」回答を意識してしまうのではないかと察したので、微妙な話題になった時には録音を中断したり、時には録音を一切控えることもあった。そのため、長い発言を一語一句引用することができなくなったが、直接的な引用そのものが非常にデリケートな問題ともいえる。何故ならば、たった一つの表現によって、インフォーマントが誰なのかを露呈し得るからである。この種の研究によく見られるように、匿名性を守るべく、分析に影響を与えないと思われる範囲において、個人や家族の属性の一部は変えている。[6] ボストン社会においてかなり目立った地位にあることが多いブラーミン家族の場合には、特に修正を施している。また、当然ながら、本プロジェクトに関わるインフォーマントに関しては絶対的な守秘義務を誓約し、何かしらデリケートな事柄について博士論文中で言及する際は、必ず、事前承諾を得ること、また、出版するまでには、五、六年（several years）の（一部のインフォーマントの茶化した表現を借りれば）「猶予期間」を設ける、という約束を交わした。

参与観察もインタビューも、ともに非常に主観的な手法なので、いわゆる間主観性の問題は常に筆者の念頭にあった。つまり、筆者の好奇心や解釈は、筆者自身の背景、経験、性格、関心、意図によって偏ったものとなり得るし、インフォーマントの答えや反応にしても、異なる文脈では異なり得る。そして、お互いの感性や理解も、フィールドワークの間にさえ、絶え間なく改められる可能性がある。つまるところ、ちょっと微笑むことですら、大きな意味を持ち得るわけで、そのニュアンスをお互いの肩越しに読みとるように努めなくてはならなかった。たとえば、ある家族の息子は、筆者が色々と質問しているうちに、家族の系譜に興味を抱いていったようである。今日では一族に関する立派なウェブサイトを運営している。

インフォーマントは本音で話してくれているだろうか？　筆者の記述はフェアだろうか？　インフォーマントを「他者化」し過ぎていないか？　こうした疑問は常に筆者の頭の中にあった。これは、筆者のように英語を母語とせず、それまでのアメリカ生活経験が乏しい者にとっては、尚更、切実な問題だった。特に、口語表現、俗語、流行語（特に若者が用いるもの）は理解に窮したし、「思ったことは何でもストレートに表現するアメリカ人」という通俗的イメージとは裏腹に、実に巧みな婉曲表現の数々やその「間」を理解するのも楽ではなかった。筆者としては内省（あるいは瞑想）の世界に浸る代わりに、自らの思い込み、偏見、無知も実際のフィールドに投影する以外に選択肢はなかった。つまるところ、これは人と人との間の「学び合い」のプロセスに他ならないし、厳密に言えば、「完全理解」など存在しない永遠のプロセスに他ならない。その意味では、おそらく他のいかなる人間関係とも変わらないはずである。

そして、それは「他者」のみならず、「自己」についても然りであるように思われる。筆者自身、自分との対話を通し、日々、自分自身について学んでいっているように思われるのである。ゆえに、クロード・レヴィ＝ストロースがカナダのラジオ番組のインタビュー（一九七七年）で述べた有名な次の一節には深く共感する。

> 私は今も、そして今までも、自分自身のアイデンティティに関する知覚を持ち得ないでいます。何かが起きている場のように思えるのですが、“I”や“me”などというものは存在しないのです。われわれ一人一人は何か物事が起こる交差点のようなものです。それはあくまで受け身なもので、ただ何か物事が起こるのです。他の場所では、他の然るべき物事が起きています。選択などできません。まったく偶発的なものです。

留学を終え日本に戻り、他のアメリカや世界を訪れ、人生経験を積み、年齢を重ねるなか、「他者」や「自己」に感じていた、それまでの「差異」がフェードアウトし、新たな「差異」がフェードインしているように感じられるのである。

海外のシンポジウムや会議に参加していると、「日本人」研究者としての視点を求められることが多々ある。つまり、何かしらユニークな「日本的」な視点を有していることが期待されているというわけである。しかし、筆者は、本質的で原初的な「日本的」特性が本当にあるのかどうか、そして仮にあるとしても、それを筆者自身がどこまで体現しているのか心もとなく思っている。筆者が「日本人」研究者であることは間違いないし、インフォーマントの生活やアメリカ社会について、興味深いと感じたことを分析・記述したことも間違いない。しかし、筆者の観察や分析に「日本的」（あるいは「アジア的」、「男性中心的」、「ハーバード／マサチューセッツのリベラル的」、「親米的」など）なるものを見つけ出したり（あるいは、作り出したり？）するのは、結局は、読者一人一人に委ねる他はないのである。

方法論の観点では、筆者のインフォーマントはサンプルとしてかなり限られており、ある意味では、比較的暮らしが安定しており、差し迫った危機に直面しておらず、「機能不全」にも陥っていない家族だけが紹介された可能性もある。また、「彼らが実際に行ったこと」よりも「彼らがそう語ったこと」に頼らざるを得なかった部分も、少なからずあったことを認めたい。特に、金銭、セックス、病気、死に関わるような、きわめて「私的な問題」については、道徳的にも実践的にも、筆者の調査には限界があった。「政治」もそうしたデリケートな話題となり得た。何故ならば、アメリカでは「リベラル」と「保守」、あるいは、「民主党支持者」と「共和党支持者」の緊張は、時に激しく、また広範にわたるように、筆者には感じられたからである。しかしながら、実際には、インフォーマントは、政府、中絶、同性愛、外交問題などに関して、自らの感情や意見をきわめて率直に表していた。

また、このフィールドワークには、ある程度、長期のコミットメントを必要としていたため、忙しく動き回りがちな若い世代の参加と取材は、不可能とはいわないまでも、かなり困難であったことを明記したい。結果として、インフォーマントの六〇パーセント近くが「ベビーブーマー」（一九四六〜六四年生まれの人達）の親の世代ということになった。ベビーブーマーや彼らの子供達の証言や、世代を越えた対話や認識比較などについては、幾分、妥協を強いられることになったが、彼らの記憶と証言のおかげで、第二次世界大戦以降という、かなり広範な歴史を遡ることができた。過去五、六〇年間の生活スタイルや価値の変化を捉えることは、若い世代のみに焦点を当てていたのでは不可能であったろうし、「プロセスとしてのアメリカ」を理解するという本研究の趣旨に鑑みて好都合なことであった。

フィールドワークにおけるこのような状況性、間主観性、限定性を鑑みても、筆者が本書で描き出すことができたのは、インフォーマントの文化的歴史や社会的現実のスナップショットであり、このスナップショットは、ケスラー＝ハリスが唱えたように、「プロセスとしてのアメリカという考えを常に忘れず」にいるために、次の世代の研究者によって、今後、絶え間なく議論され、批判され、洗練されてゆくべきである。

しかし、一方で、このフィールドワークのプロセスそのもの——たとえば、二つの集団へのステレオタイプ、調査に対する彼らの猜疑心、関係・信頼構築のプロセス、守秘義務や「私的な問題」、度重なる約束のキャンセル、困難だったベビーブーマー世代へのアクセス、「リベラル」と「保守」の緊張——全てが、彼らの世界について洞察を得るうえで手掛かりとなるものだった。このことについては、後章で触れたい。

まず、第1章では、ボストン・ブラーミンの家族について、続く第2章では、ボストン・アイリッシュの家族について各々報告したい。第3章では、これら二つのケースを比較しながら、この調査をより広い枠組みのなかで位置づけたい。

最後に、後章で取り上げられる家族は、統計上の平均や規範を表象するものではない。筆者が彼らを取り上げた理由は、むしろ、彼らの経験や言葉が、彼らの生きる文脈において、きわめて力強く紡ぎ出されているように思えたからである。つまり、もっとも象徴的な意味における「理念型」ということである。

なお、複数のインフォーマントによると、長きにわたり富を蓄え、文化的に洗練された旧家のことを「ニューイングランドのバラモン・カースト」と称したのは、オリヴァー・ウェンデル・ホルムズの小説『大学教授の物語（*The Professor's Story*）』（1895）が最初らしい。オコナーは、「ブラーミン階級の人口は幾分減少傾向にあり、かつてのような財的優位性も失われつつあるものの、ボストンの文化・慈善組織に対しては強い影響を持ち続けている」としている。[7] 今日に至るまで、この呼称は通俗的なイメージの一つとして存続し続けており、日常会話では耳にしなくとも、地元のマスコミが折に触れて用いている。

「ヤンキー（Yankee）」の語源は不明であるが、植民時代には、ニューイングランドに住む人々の総称として、一八世紀前半には、中国貿易などに従事していたアメリカ人商人の総称として、南北戦争中には、北軍に従事していたドイツ系やアイルランド系の移民に対する南軍からの蔑称として、用いられてきた(8)。

白人のアングロサクソン系プロテスタント（White Anglo-Saxon Protestant）の略である「ワスプ（WASP）」という呼称が広く使われ始めたのは、ペンシルバニア大学の社会史家ディグビー・ボルツェル（Digby Baltzell）が、一九六四年に出版した『プロテスタントのエスタブリッシュメント――アメリカにおける貴族制と階級』以来であるとされている。つまり、彼らの覇権が揺らぎ始めた時期に（あるいは、時期だからこそ）生まれた呼称ということになる(9)。

つまり、地理的には「ワスプ」がもっとも広汎で、「ブラーミン」がボストンにより特化した呼称ということになるが、インフォーマントに関するかぎり、「ヤンキー」という呼称がもっとも多く使われていたようである。「ワスプ」や「ブラーミン」ともに政治的な含意が強く、また、「ワスプ」という呼称は、やや概念的に広すぎるようである。本書においては、インフォーマントの引用部分については、そのまま表記することとし、筆者による説明部分に関しては、地理的範囲を勘案しつつも、基本的には「ヤンキー」と「ブラーミン」を同義と見なし、互換的に使用している。

一般的な理解として、プロテスタントの宗派と社会階級は呼応しているとされ、ボストンにおいては、歴史的に、エピスコパリアン派やユニテリアン派が上層・知識階級の宗派とされている。バプティスト派やメソディスト派に属するインフォーマントは皆無であった。

第1章　ボストン・ブラーミン

――「ローウェル家はキャボット家とのみ話をし、キャボット家は神とのみ話をする」

挑まれる社会

「ピラミッドの平坦化」――弁護士のセオドア・ローウェル・アップルトン氏[1]は、身近な社会の変貌をこう表現する。彼は、ボストンの中でも、繁栄と名声の象徴であるビーコンヒルに、生まれてこのかた半世紀近く暮らしている。彼のいう「平坦化」とは、「特権が手に入りづらくなった民主化のプロセス」であり、「平等主義というアメリカン・ドリームへの凄まじい流れ」を指している。

彼は、一九五〇年代半ばのある日、自らも居を構える、当時はワスプが圧倒的に多かった裕福な界隈で、初めて黒人と出くわしたときの衝撃を鮮明に覚えている。この一件で、彼は、異なる社会・文化的背景を持った「新参者」が流入し始め、社会が急速に複雑になってきていることを悟った。

一九六〇年代の終わりまでには、アップルトン家のみならず、ビーコンヒルのブラーミン達の多くの家から、クリスマス・イブ恒例だったオープン・ハウスの「伝統[2]」が姿を消した。顔見知りではない人達が盗みを働いたり、こっそり長距離電話をかけるなどして家を利用したりすることを恐れたためである。社会の同質性の低下と、それに伴う文化的な障壁の縮小により、経済的ダーウィニズム――すなわち、裕福な者のみが生き残るという原則――によって、その界隈で暮らすに相応しい人間が決められてしまう傾向が強まっていった。アップルトン家では、一九五〇年代まで、住み込み家政婦を七人雇っていたが、不動産経費や人件費の急騰により、今日では、住み込み家政婦一人と、パートのヘルパー一人を雇うのが精一杯である。彼にとって、排他性や特権の及ぶ範囲は確実に狭まっている。

彼は、戦後の変貌する社会環境や風潮に馴染めず、ビーコンヒルを去っていったブラーミン達の例を幾つか紹介してくれた。「新参者」に関しては、「何の脈略もない、あるいは、今まで経験したことのないような文脈の中で生きている」と、批判的、かつ憐れみをもって語る。彼によれば、社会環境が複雑になるにつれ、アメリカの一般市民は、「道徳」や「慣習」の価値を認めなくなっており、その結果、家族や社会に対する「義務」を否定する、「過剰な個人主義」の原則に従って生きるようになってしまった。「家族の危機」という通俗的な言説は正確ではない、というのが彼の意見で、今日のアメリカ社会にとって、より根源的で切迫した問題は、むしろ「価値の危機」そのものにあるという。「『嫌ならやめてしまえばいい』――そんな考え方に歯止めがかからなくなったのが今のアメリカだ」と手厳しい。

ビーコンヒル遠景

アップルトン氏の近くに住む同年代の銀行家、ウィリアム・ライマン・サルトンストール氏は、「社会における境界線や関係性の瓦解」を指摘し、その原因が、戦後の社会的人口構成の急激な変化にあるとする。そして、この「瓦解」を、彼が「タブーの崩壊」と呼ぶ現象に結びつける。もっとも、彼は家庭生活における堅苦しさが軽減したことなど、「崩壊」のプラスの側面も十分に認めており、「よそ者」との結婚生活を貫くために、ボストンを離れなければならなかった、前世代の親族の例を幾つか挙げてくれた。そのような「圧力」は、「一部の古色蒼然とした考え方の連中を除いて、今日では考えられない」という。しかしながら、彼がつくづく嘆かわしいと思うのは、「形式張らないこと」が往々にして、「非礼」や「無責任」と一緒くたにされていることで、自分が幼少の頃から教わってきた価値――敬老の精神、神聖なるものへの感謝、女性の前で「猥らな」言葉を使わないこと、など――が、今日では時代錯誤とされていることである。海外経験も豊かな彼は、二つの、きわめて

「アメリカ的」な問題について憂慮している。それは、居住地が安定していないこと、そして（自分より上でも下でも）「他の」世代のことを無能で役立たずと思い込んでいることで、彼はこれらの問題が、アメリカにおける「歴史的感覚の欠如」や、「自分の目先の利益だけを崇拝する気持ち」につながっていると感じている。

ウェスト・ケンブリッジで大学教授をしている五〇代前半のサミュエル・アダムス氏は、アップルトン氏やサルトンストール氏と共に見つめてきた、戦後社会の「民主化」や「合理化」について、より肯定的な解釈をしている。ブラーミンの「栄華からの没落」を例証するために、彼は、主たる組織の理事会、『名士録』、名門校の卒業生名簿などからブラーミンが減ってきていることを示し、また、ワスプが支配的な組織よりも、多民族から成る組織の方が上手くやっていると教えてくれた。

彼の主張によると、アメリカ社会にあっては、「どのグループも日の目を見る時があるべき」で、「ヤンキーの覇権に斜陽の時がくる」のも、いたって「公平なこと」なのである。サルトンストール氏を悩ます「タブーの崩壊」を、アダムス氏は「堕落」というより、むしろ「解放」ととらえている。この思いを特に強くするのは、父がよく冷笑気味に語っていた、かつてのブラーミン文化にまつわる様々なエピソードを思い出す時だ。

アダムス氏の父は、その父が自殺した後、ボストンきっての名家であった母方の家族のもとで育てられた。父と兄弟は、「息が詰まりそう」で、「お高くとまった」数々の行動規範に対して反発し続けたが、家族の者からは「アダムス家のきかん坊達」として一蹴されるだけだった。決められたレールに沿った生き方に叛旗をひるがえそうと、父は、当時、「唯一」の大学とされ、同年代の友人や親族の誰もが進学したハーバード大学を敢えて選択せず、マサチューセッツ芸術大学へと進んだ。後に、連邦上院議員となった父は、在職中、「私はハーバード出身ではない。理由など聞かないでくれ！」とスタッフに繰り返していた。アダムス氏は、父のブラーミン文化への嫌悪感を自分も受け継いでいると認め、父が、その反動なのか、「核家族」を過度に理想化したことを、若干、「遺憾」に思いながらも、今もって自分の家族の歴史を否定的にとらえがちだという。「私はヤンキー文化の島国根性的なものを『卒業』、ないし『超越』しようとしていて、そうすることで、ますます自分らしくなっている気がします。」しかし、「ニューイングランドの保守主義というのは、いわゆる『レーガン・デモクラット』に代表されるようなブルーカラーのリベラリズムより、よっぽどリベラルです」として、この因習打破の精神こそ、皮肉にも、実はヤンキー文化の伝統そのものかもしれないとも感じている。彼は、「マス・メディアによって美化され」、そして「ニューヨーク市に象徴されて」いるような「ミー・イズム」や「ナルシシズム」について、アップルトン氏やサルトンストール氏と懸念を共有しているが、それらは「社会の振り子」現象の一つであり、アメリカ社会には自己を「再生」してゆく――「すでに歴史の中で証明済み」の――「能力」があると信じている。アダムス氏はまた、アップルトン氏が嘆く、「過剰な個人主義」についても、それが、彼の父を苦しめた、「どうあるべき」・「何をすべき」を押しつける「社会的な専制主義」よりも果たして悪いものか疑問に思っている。

ビバリー・ファームズの英語教師で、前出の三名と同年代のダイアナ・アップルトン・シアーズ氏は、戦後の「お仕着せの生き方に従うこと」からの「解放」を喜ぶという点で、アダムス氏と同意見である。彼女のいう「お仕着せ」には、「『良い』結婚生活に専心すること、階級で人を判断すること、伝統を守ること、『由緒正しい』ボストニアンでい続けること、排他的なクラブによるつながりを重視すること」などが含まれる。

彼女は、「本来、付き合うべきはずの人達を積極的に避けてきた」と語り、自分の娘に至っては、「私の母が担ったような社交的役割は何一つ果たしていない」という。「大学に行ったり、『異なる』種類の人達と知り合いになったり、弱々しく覇気のないヤンキーの男の子達を避けたり」――そうした「異なる」生き方が許される「自由」に、シアーズ氏は魅了され続けてきた。彼女によると、こうした「閉所恐怖症」的な感覚は、彼女自身の経験に留まらず、自家用車や電話といった戦後文化を特徴づけたコミュニケーション・スタイルの普及に大きな影響を及ぼし、かつそれによって一層強化されていったという。両親のライフ・スタイルは、「あまりにも閉鎖的、限定的、狭量」で「受け入れ難い」とし、自分の兄弟姉妹や友人も同じ意見だという。自身の自由奔放なライフ・スタイルについては、「うちの両親は、びっくり仰天し、愛想をつかし、がっかりしただろうけれど、実は、羨ましがっているとも思います。」実際、彼女の母は、若い時分の文化について、「もうそんなものは過去の話で、どうでもいいことよ」と一蹴し、多くを語りたがらなかった。

シアーズ氏が思うに、今のアメリカ人は、自分達と社会との「つながり」が見出せずにいる。「皆、自分達が何のために、そして一体何をしているのか、実はよく分からなくなっています。だって、たとえば、男や女のあるべき姿ですら、ハッキリとは分からないのですから。」彼女によると、「自己実現」というのは、「アメリカの歴史の中では、ごく最近になって生まれた概念」であって、それゆえに、「それが何を意味しているのか、皆、混乱しています」という。「社会的背景が多様で、『社会』

や『家族』についても様々な考えを持った人々が集まっているアメリカは、きっと、ますますバラバラになってゆくでしょう」としたうえで、「でも、私はそれで良いと思っています。好きな人とだけ付き合ってゆけばいいのですから。少なくとも、社会に『命令される』よりは、ましではないでしょうか」と付け加えることを忘れない。

興味深いことに、前出の四名――全員がボストン地域で生まれ育ち、一九六〇年代にハーバード大学（当時のラドクリフ・カレッジを含む）を卒業――は、社会的な規範や紐帯が、戦後徐々に希薄になり、それに呼応する形で、個人の自由や裁量の余地が拡大したという点では、意見を同じくしている(3)。アップルトン氏とサルトンストール氏は、アダムス氏とシアーズ氏ならば抑圧的・教化的と見なすであろう、社会における「脈略」、「慣習」、「タブー」、「歴史的感覚」の風化を説くことで、そうした個別化ないし個人主義がもたらすマイナスの側面を強調する。かたや、アダムス氏とシアーズ氏は、アップルトン氏とサルトンストール氏ならば欺瞞的・孤立的と見なすであろう、社会的「命令」からの「解放」や真の「自己」発見の可能性を語り、そのプラスの側面を強調する。もちろん、アップルトン氏とサルトンストール氏を悲観的な保守主義者、アダムス氏とシアーズ氏を楽観的なリベラリストと色分けするのは、おそらく行き過ぎであろう。彼らの解釈や気持ちはもっと入り込んでいて、両面性を持ち、非決定的であり、それゆえに、様々な状況について、かなりの柔軟性をもって対応することができるわけである。とはいえ、彼らの回答や反応を見ていると、社会的属性をめぐる細かな違いを超え、他のインフォーマントほぼ全員を、その中のどこかに位置づけることが可能な、二つの極が示されているように思える。そして、引き合いに出されるケースや解釈のニュアンスこそ違え、彼らが自分の人生や社会について考えるとき、この二極が重要な軸となっており、その間を揺れ動きながら、自分の人生や社会の意味を紡ぎ出しているように思える。

彼らの現実構築に関連して、共通している特徴を、他に三つほど指摘することができる。まず、第一に、「ピラミッドの平坦化」というメタファーは、インフォーマント全員が共有していたもので、「価値・経済・政治・文化におけるヤンキーの覇権の終焉」、「絶滅の危機に瀕したワスプ種」、「安心感の喪失」、「社会集団間の境界線の不明瞭化」、「社会の開放」、「民主化」、「合理化」などとも表現された。ここでもまた、彼らの解釈や気持ちは二極のあいだで様々に位置づけられながらも、もはや彼らが社会の覇権を握っていないという認識自体は、疑問の余地が無いようである。大恐慌による経済基盤の弱体化、能力主義や競争主義の拡大、大家族や縁故主義の衰退、社会的人口構成の多様化や公民権運動によるワスプ文化の相対化――こうした現象は、彼らの「社会的認知地図」の中における「下り坂」として全員が描いているものである。「社会はもはや単純ではなく、当たり前のものとしてはとらえられなくなったのです。」

そうしたなか、自分達をどう呼ぶかということが、ますますデリケートな問題となっている。本書では、上流・中上流に属しているアングロサクソン系プロテスタント（多くはユニテリアン派かエピスコパリアン派）に属する人々について、便宜上、「ワスプ」、「ヤンキー」、「ブラーミン」といった呼称を用いているが、これらは往々にして、「傲慢」、「抑圧的」、「エリート主義」、「お高くとまっている」といった否定的な意味を包含する。そのため、「人によっては不快感を覚える場合もあるので、そうした呼称を使用する際には十分注意すべきだ」と忠告してくれたインフォーマントもいた。こういった問題は、公民権運動のあたりから、彼らの心に重くのしかかり始めたということである。それでは、「政治的に正しい」いい方として、彼らを何と呼ぶべきなのだろうか？　「ボストンの旧家（old families in Boston）」――インフォーマントと実際に意思疎通する際に、もっとも便利な表現だったのが、この十分に示唆的でありながら、しかしそれ以上を敢えて明示しない表現だった。いずれにせよ、こうした問題は、彼らの覇権が揺らぎ、呼び名についても気を使わねばならないほど、その社会が他の社会から「挑まれている」ことを示唆している。

第二に、大半のインフォーマントは、アメリカ社会全体について語ったり、他の地域や集団に言及することに、躊躇したり、留保の念を表した。「多分、間違っているかもしれませんが……」、「ボストンやニューイングランド地域以外については、よく知らないのですが……」、「『アメリカ社会』と一般化して良いか分かりませんが……」などの前置きが頻繁に付けられた。中には、「異なる」種類の人達や、他地区のことに疎く、「ボストン」について語ることさえ躊躇するインフォーマントもいた。ほとんどの人達は、書物、新聞、ラジオ番組、友人、親族から得た断片的な話などを引用しながら、彼らなりの「ボストン」や「アメリカ」を語ってくれたが、アメリカというモザイク社会を語ることの苦労が十分に伝わってきた。これらのことは、どれも彼らの慎み深さ、繊細な配慮、知的誠実さの表われであると同時に、「アメリカ」があまりにも多様で、異質で、断片化されているため、統合的な文脈、あるいは連結した全体として「想像」（Anderson 1983）することが困難であることを示唆しているようにも思える。

もちろん、これをもって、すぐに、アメリカ社会が「実際に」断片化し、分裂しているなどというのは短絡的すぎる。経済の全米化、交通・コミュニケーション網の凄まじい発達や、自分達の社会的属性を超えた人々との接点が増える「民主化」のなかで、ある意味で、アメリカ社会は、かつてないほどに、つながり、そして小さくなっている。アップルトン氏の例を挙げれば、彼は、今日、数人のユダヤ人と気心の知れた友人関係を楽しんでいるが、これは彼の両親の世代にとっては「到底考えられない」ことであった。インフォーマントが苦労しているのは、実際に「他者」と付き合うことそのものよりも、むしろ、無知や偏見を露呈せずに「他者」をいかに適切に語り得るかということである。「リベラル」と「保守」の色分けに敏感で、何かと白人の覇権が槍玉に挙げられる現在、こうした問題は一層デリケートなものである。社会全体を語ることは、非常に抽象的な作業となり、「他者」についてて（そして、結果的には「自己」についても）語ることは、きわめて苦労を要する作業となるのである。

第三の共通点は、ボストンなり、アメリカなりの社会変化が語られる場合、自分達の、あるいは身近な「家族」から例が引かれるケースがきわめて多いことである。このことは、「家族」という単位が、彼らの現実構築や「社会的認知地図」において、重い位置を占めることを示すと考えられる。近代社会において、「家族」はその相対的重要性を失ったとしばしば主張される。確かに、社会の構造や機能的側面において、「家族」が連続的で強固な統率力を持たなくなったという点では、そうした主張は正しいといえるかもしれない。しかし、インフォーマントにとっては、「社会」を語る際の拠り所となるレファレンスが「家族」であり、「社会的認知図」のかなり中心的な場所に「家族」が置かれているようである。「家族」が――レヴィ＝ストロース（Levi-Strauss 1963）の有名なセリフを借りれば――「思考の対象として適している（good to think）」のならば、そこを手がかりにアプローチする価値はありそうである。
以下の節では、前述したような、彼らが戦後の社会変化と見なしているもの――社会における境線や関係性の瓦解、過剰な個人主義、ヤンキーの覇権の終焉、社会的全体像の抽象化など――が、彼らの生活や家族関係の中で、いかに理解され、意味づけられているかについて述べてみたい。

過渡期の世代

序章で述べたように、今回、研究対象になっていただいた家族との出会いは、紹介という手段によって実現した。仲介してくださった方々には、「ボストンの旧家」に対する筆者の興味をはっきりと示したものの、特定の家族を紹介していただくにあたっては、それ以上の細かな属性や厳格な基準は求めなかった。というのは、むしろ、彼ら自身が「旧家」を解釈・定義するうえで、どのような属性や基準を重視するのかに興味があったからである。実際、彼らの定義は、柔軟であり、主観的であったが、かといって、全く場当たり的というものでは決してなかった。往々にして、居住地域、職業、教育、裕福さ、所属クラブ、家系などをはじめとする、「特異性」（Bourdieu 1984）の要素を挙げながら、自らの紹介を正当化した。それぞれの要素内には、さらに、いくつもの微妙な差異が存在すると思われるが、彼らの選択は、そうした微妙な点までも入念に考慮してというよりは、むしろ、要素を、ある程度踏まえたうえでの全体的な「イメージ」をベースにしていたようである。アダムス家、アップルトン家、キャボット家、クーリッジ家、エリオット家、フォーブス家、ガードナー家、ロッジ家、ローウェル家、ピーボディ家、サルトンストール家、ウェルド家、ウィンスロップ家といった家々は、「旧家」の中核的存在と広く見なされた一方、その他の旧家は、より周辺的な存在ととらえられていた[4]。

といっても、クーリッジ家などの場合、家系が幾つも枝分かれしているため、一括りに語ることは不可能である。あるインフォーマントによると、現在、クーリッジ姓を名乗る人々は約二千人存在し、「ありとあらゆる種類の人達と混ざり合っている」とのことである。しかし、本研究に関していえば、「ボストンの旧家」の「イメージ」を体現しているとされた、特定のクーリッジ家のみを扱っている。そのような「イメージ」に依拠する方法論は、(当てずっぽうの推測では決してないにせよ)分析の枠組みとしては、ある種の不明瞭さを内包するものである。しかし、社会関係のひだや意味の揺らぎを探るうえでは、そうした曖昧さから垣間見えてくるものもあると仮定し、むしろ、そこに期待し、出発点とした。

本節では、まず四つの家族のケースを取り上げ、社会的背景が世代間でどう変化してきたかを概観したい。これらの四家族の系譜については、インフォーマントから薦められた二冊の本――クリーブランド・アモリー(Cleveland Amory)の『由緒正しいボストニアン』(1947)とメアリー・クロウフォード(Mary Crawford)の『マサチューセッツの著名な家族』(1930)――においても取り上げられている。

フランシス・ハンコック氏の祖先は、一六三〇年頃、イングランドから移住してきて、ボストン近くのウォータータウンに、「中流階級の宗教的急進派」として定住した。独立戦争中に、英国支持派が撤退したことで、そうした中流家庭の若い息子達にも、ボストンの上流階級の空席を埋める機会がもたらされた。二世代後、ブラーミンによる覇権の最盛期を生きたフランシスの祖父は、名の通った弁護士となり、「ボストン一裕福な女性」と結婚し、五人の子供を育てた。うち三人はハーバード大学で教鞭をとり、一人は大使となり、もう一人は弁護士となった。フランシスの父はハーバード大学の天文学者で、八人の子供がいた。うち二人はハーバード大学の教授で、他の六人も経営、医学、法律の分野で「高度な専門職」として活躍した。

現在、八〇代前半のフランシス自身も、ハーバード大学で考古学の教鞭をとったり、大学付属のピーボディ博物館の館長、アメリカ考古学会の副会長、ピーボディ＝エセックス博物館の館長なども務めてきた。フランシスの世代までは、男の子はほぼ全員、私立の著名な寄宿学校とハーバード大学で教育を受け、同じ社会的サークルの「似つかわしい」女性と結婚した。一方、女の子は寄宿学校ではなく自宅から学校に通って、しばらく慈善事業などに従事した後、「似つかわしい」男性と結婚するのが一般的であった。アダムス氏がそうであったように、フランシスもアングロサクソン文化の中の「非伝統の伝統」を強調し、多くの例を挙げてその因習打破主義、あるいは、「風変わりぶり」を力説した。

たとえば、考古学、芸術、歴史、文学、哲学などの人文分野が「由緒正しい」学問とされていた当時、彼の父が研究していた「天文学」という分野は「非常に過激」と見られていたという。また別の例としては、フランシスは、黒人の求職者達のために、ピーボディ＝エセックス博物館の人事にアファーマティブ・アクション（積極的差別是正措置）を導入することに賛成票を投じた唯一の人物だった。しかし、彼も認めているように、このような「非伝統の伝統」は、ほとんどの場合において、依然、「オーソドックスな」制度的枠組みのなかで行使された。

しかし、そのようなオーソドックスさも、戦後は、次第に「非伝統」の一部になってきたとフランシスは語る。たとえば、夫婦一組あたりの子供の数は、彼の世代で「五、六人（several）」から「二、三人（a few）」になった。フランシスは、このことを、きわめて意味深な変化ととらえている。経済的観点からすると、資産が目減りし、たくさんの子供の世話をするための家政婦を雇う余裕がなくなり、大学までの教育費を十分に確保するのが難しくなった。フランシスの場合、バーモントの別荘で働くアイルランド系の家政婦達のために、カトリックの教会を建てることに深く関わったのを最後に、「よりシンプルな暮らし」を求めるようになったという。文化的観点からすると、子供の数が減ったことの要因は、乳母による子育てに対する疑念や反発、また、「核家族」や「親の愛情」という理想が浸透したことなどにあった。フランシスは、経済と文化の二つの要因が相互に拍車をかけ合ったとして、たとえば、第一次世界大戦以来の「ファミリー・サイズ」の自家用車の普及などは、このような傾向に刺激されて、かつそれを助長していったと考えている。大家族の正統性は、彼の世代にとっては伝統ではなくなっていったのである。

加えて、家族構成の多様化が進んだ。フランシスは仕事の都合上、ニューイングランド以外の地域で二〇年近くを過ごし、彼の兄弟達も、ボストンの景気後退と労働市場の全米化の影響を受ける形で、同様の状況に置かれてきた。あちらこちらに移動することにより、彼の世代は、「他の」アメリカ人や外国人への心理的な壁を低めながら、次第に「啓発」されていったという。ケンブリッジで「由緒正しい」とされるブラットル・ストリート近くの、彼が暮らしている界隈では、第一次世界大戦後、アメリカ国内のみならず、海外からも「高度な専門職」が流入し始め、著しく多様化が進んだ。実際、フランシスの妹と彼女の娘はともに外国人（ともにドイツ人）と結婚した。そうした状況に動かされ、フランシスは「由緒正しいが面白味のない」種類のボストニアンとは距離を置くようになり、ボストンでもっとも格式が高いとされていた社交クラブの会員権を放棄するに至った。

フランシスによれば、彼の子供達や孫達は、いまだにそのほとんどがプロテスタントで、アングロサクソンと結婚している。しかし、近年、ハンコック家の家系にも、カトリック教徒やユダヤ教徒が数人加わった。フランシスの祖父母の世代なら「勘当もの」だったであろう、と彼はいう。フランシスは、「内心は、孫達が『似たような部類の人達』と結婚することを願っている」と認めているが、宗教、人種、民族的背景、教育、階級などの社会的要因が、「愛情の潜在的可能性」を阻んでは決してならないと力説する。

ハーバード大学は、実力主義に基づいた入学者選抜とアファーマティブ・アクションにより、こうしたエリート達にとっても、入学が難しくなっていったという。その結果、フランシスの子供達や孫達の多くは、男の子も女の子も、スタンフォード大学、カリフォルニア大学サンタ・バーバラ校、ロチェスター大学、コロラド大学といった場所で大学教育を受けることになり、全米各地への拡散が続いている。(5) 高い学歴を有する彼らは、今でも、大学、美術館、民間企業などで「高度な専門職」であり続けているが、地元名士の娘であるフランシスの妻の家系では、「職人」になった者も何人か出てきたとのことである。

また、彼の子供達や孫達が「社交クラブ」に属することはほとんど無くなった。金銭的・時間的に余裕が無かったり、そもそも、そうした排他的で旧式の文化に参加しようという気が失せているらしい。フランシスの家は、現在、百万ドル以上の資産価値があるが、早いうちに売り払ってしまおうと考えている。というのも、おそらく子供達や孫達の中に、この家を引き継ぐ余裕のある者がいないからだ。自宅と二つの美術館に多くの美術品を置いていて、中には三万から四万ドルするものもある。また、かつてバーモントの湖畔に寝室が三六室ある別荘も持っていたが、数年前に約百万ドルで、親族以外の人に売却した。これだけの資産があれば、子供達や孫達は、間違いなく、相当額の遺産を受け取ると思われる。しかし、フランシスは、それでも生計を立てるのに十分な額からは程遠いと見ており、ハンコック家の資産は減り続けるだろうと確信している。

筆者は、フランシスの娘で、五〇代半ばのスーザンからも話を聞くことができた。彼女は以前、ニューヨーク・タイムズ・マガジン専属のグラフィック・デザイナーだったが、今は、画家である。「由緒正しい」ボストニアンであった夫とは離婚し、ミシガン州で恋人と同棲している。彼女の証言は、フランシスのそれと重なる部分が多かった。彼女自身も、自分が、「古いボストン」から「新しいボストン」への過渡期に育った、と考えている。彼女が、深い感謝の念をもって語るのは、両親の因習打破的な態度――たとえば、クリスマス・ディナーの伝統を廃止したこと――や「自己主張」を奨励してくれたことである。「母も父も、ハンコック家の名を使って資産を築くことには全く消極的でした。私の誇りは、自分の業績を家柄ではなく自分自身の力で築いてきたことです。」シカゴ、ワシントンD.C.、ニューヨークなどで育った彼女には、ボストンへの愛着がそれほどなく、今後もボストンに住むつもりはない。

彼女の話を聞きながら思い出したのは、フィールドワークをしていたある日、フランシスが、この六〇年間にハーバード大学で見てきた変化の中でももっとも劇的なことは、競争の激化と成功へのプレッシャーから「神経衰弱」になる学生の急増だ、と話していたことである。敢えて推察すれば、フランシス自身は、「古い文化」から、激しい競争原理に基づき、生まれながらの地位よりも、自分で勝ち取った地位が重視される「新しい文化」への変化を察知するとともに、ハンコック家の栄華が次第に色褪せていく「民主化」の流れを肌で感じていたのではないか。ゆえに、娘には、「自助」の価値を強調する必要があったのかもしれない。

トーマス・ウィンスロップ氏の祖父は、一八六〇年代に対中貿易で巨万の富を得、ボストンに一流の社交クラブを創設した。家族は、冬はビーコンヒルで、春と秋はデドハムで、夏にはサウスウェスト・ハーバーで過ごした。いずれも「由緒正しい」地域である。トーマスの父は、「典型的な上流階級の紳士」で、大恐慌をも乗り越えたボストンの銀行の会長だった。ユダヤ人移民への経済支援活動を含め、慈善事業界のリーダー的存在で、中国や英国といった国々から幾つか勲章を贈られており、著書も六〇冊余りある。トーマスの母は、ラドクリフ・カレッジで教育を受け、そこでハーバード大学に通っていた父と出会った。音楽的才能と美貌で広く知れ渡っていた彼女は、ボストンのみならず、ニューヨーク、フィラデルフィア、ロンドン、そしてパリでも「上流社会の中心」だった。トーマスの両親も、季節に応じて、ニューイングランドの様々な「由緒正しい」地域で暮らしていた。この世代までは、家族の背景がフランシス・ハンコック氏のそれと非常によく似ている。すなわち、全員が私立の学校で教育を受け、「同じような種類の人」、つまり、アングロサクソンでプロテスタントのボストニアンと結婚するというパターンである。例外はトーマスの母で、彼女はもともとフィラデルフィアの出身である。男の子はほぼ全員がハーバード大学で教育を受け、高度な専門職についた。

七〇代半ばのトーマスは、彼の世代以降、特に目立った変化が幾つかあると証言している。「親を好きになったことは一度もない」――彼は両親への不快感を躊躇なく述べる。といっても、教育や旅行の機会を与えてくれたことには心から感謝しているし、父のリベラルな考え方や母の社交性には敬意すら抱いている。しかし、両親についての否定的な思い出に折り合いをつけることが、どうしてもできないという。両親は自分達のことで忙しかったため、トーマスは乳母に育てられた。父とはめったに顔を合わせず、母が彼のために割いてくれた時間は、彼が寝付く前の数分間だけだった。彼は、ある日の「驚愕すべき」事件を鮮明に覚えている。その日、彼が見たのは、二〇年以上もウィンスロップ家で働いていたアイルランド系の家政婦に、突如解雇をいい渡す母の姿だった。しかも、ほんの些細な理由で。「母は本当に意地の悪い女でした。」

彼の父は、「並外れた権威主義者」で、息子のトーマスが生まれたときすでに五〇歳だった。トーマスはしばし、父に「操られている」のではないかと勘ぐり、「何かにつけ『命令されること』にうんざり」していた。「私にとって父はいつも古くさい人間でした。」

こうした経験を通して、トーマスの「親」のあり方についての考えが固まっていった。曰く、「子育ての大事な部分は、せいぜい子供が高校に入るまでの一五年程度でしょう。その短い時間を子供と一緒に楽しむべきではないでしょうか。子供には親しく接し、彼らの判断を信用して、好きなようにさせればよいのです。」彼は、ウィンスロップ家のファミリー・スクールと化していたセント・ポールズ校の「窮屈」で「縛られるような」空気に息苦しさを感じていたため、自分の子供達については、全員、「自由な」校風で知られる私立の寄宿学校に通わせた。

また、「結婚生活なんてバスみたいなものだ。乗ってさえいれば、それでいいのさ」という父の言葉を思い出しては、顔を困惑させた。両親の結婚生活は、トーマスにとっては「偽善」や「ご都合主義」に映った。「結婚生活を当然のものと考えてはいけません。バスの行き先に気を配っていなければならないのです。」

家庭内の騒動の「仲裁役」を務めることに疲れ果てた彼は、ハーバード大学を卒業するとボストンを離れ、プリンストン大学の大学院に入った。学費はＧＩビル（復員兵援護法）からの援助でまかなった。両親や「上流社会」に対する彼の葛藤と悲憤は、彼の場合、何とか建設的な方向に向けられたが、第二次世界大戦直後に兄弟は自殺してしまった。その原因は、両親からの抑圧と密接に結びついているとトーマスは確信している。遺書の中にも、自分が生まれ育った社会の慣習や価値の「わなに引っ掛かった（trapped）」と書かれていた。トーマスは、一九五〇年代から六〇年代に、他のボストニアンに起きた同様のケースを紹介し、アトランティック・マンスリー誌が一九五〇年代に「ボストン病」と表現していた現象の典型だとした。「ボストン病」とは、自らの手で人生を切り拓いていくことができない症候群のことで、良家出の男性ボストニアンに顕著とされた。

トーマスは中国史で博士号を取得し、エール大学で五年間教鞭をとったが、一九六〇年代初頭に四〇代を迎えてからは、デドハムの祖父の家を改装して、一族の記念館を建てることに専念した。やがて、この記念館だけでは手狭になり、一九八七年にはボストン美術館に東洋美術のコレクションの一部を移した。この記念館が「僅かながらの収益」をあげるようになったのは、一九七六年になってからのことだったが、一族が残してくれた資産のおかげで、その間も経済的には安泰だった。

現在彼は、ケンブリッジの、裕福な「中上流の専門職」の人が多く住む地域で、二世帯住宅の半分を間貸しして、賃貸収入を得ている。かつては、ケンブリッジでもう一軒間貸ししていたが、裕福な借り手がレント・コントロール（家賃の上限を設定する行政制度）を悪用していることに苛立ちを強め、最近、約八〇万ドルで売却した。さらに、コレクションの一部を三〇万ドルほどで処分した。芸術への情熱が深く、夕食後は書斎に引きこもって研究を続け、ボストン周辺の様々な美術館などで講義をすることを楽しみにしている。数多くの学術的あるいは政治的な組織の会員権を保有しているが、ボストンの社交クラブについては、「少々視野が狭い」と感じるため、現在は、所属していない。

彼の五人の兄弟姉妹は、全員、ハーバード大学を卒業して、現在も、ボストン近郊のウェストウッドやプライズ・クロッシングなどの「由緒正しい」界隈で、「中上流」の生活をしている。トーマスは、郊外に住んでいる兄弟姉妹は社会意識や人間関係の面において、彼よりもやや「保守的かつ閉鎖的」、「排他的な社交を好む」傾向があると感じている。とはいっても、信仰心や「族内婚」的な傾向そのものは、そうした家族でも廃れてきたとのことである。トーマスの両親は、熱心な信者で、教会にも定期的に通っていたが、トーマスや兄弟姉妹は、形式的にはユニテリアン派ではあっても、教会に通ったことはない。「まあ、私達は家で洗礼を受けたようなものです」と笑う。兄弟姉妹は、皆、

「同じレベルの」人達と結婚したが、ユダヤ系ポーランド人が一人と英国人が一人、ウィンスロップ家の家系に加わった。

トーマスの妻はラドクリフ・カレッジの卒業生で、ニューヨークの裕福なアングロサクソンの家庭の出だ。二人いる息子のうちの一人は、公立学校に転校し、卒業後すぐに建設会社に就職した後、コンコードで従兄弟と不動産会社の共同経営に携わった。現在は、ニュージャージー工科大学で学びながら、TIME社で非常勤として働いている。彼の婚約者は、ボストンのユダヤ系中流家庭出身のソーシャル・ワーカーで、コロンビア大学の大学院に通っている。もう一人の息子は、ブラウン大学を中退し、ウォール街で働いてから、ジョージタウン大学に入った。彼はそこで研修医として働いていた妻と出会った。その後、コーネル大学でヨーロッパ史の博士号を取得し、現在、そこで教鞭をとっている。妻はニューヨーク市の中上流のユダヤ系家庭の出身だが、彼は彼女に出会う前の一八歳か一九歳の時にユダヤ教に改宗している。彼らは最近、韓国から二人の養子をとった。この子達は、目下、トーマスの惜しみない愛情を享受している。「彼らはグローバル・ファミリーのパイオニアですよ！」トーマスは、居住地域、職業、教育、結婚相手、また家系における家族の「伝統」が「多様化」していく傾向は、郊外に住む他のウィンスロップ家も含めて、今後、後戻りすることはないだろうと断言している。

トーマスは、トクヴィルの『アメリカの民主主義』に言及したうえで、長子相続制の不在が、富の分散・減少に拍車をかけ、アメリカ社会における平等主義を保証したと主張する。彼が思うに、この宿命から逃れられるブラーミン家族はほとんどなく、そうした家庭出身の若い世代は、誰もが自己実現のためだけでなく、経済的な安定のために働いているという。「ニュー・マネーの連中は、子供を私立の寄宿学校に入れたり、ビーコンヒルに住んだりして、われわれの伝統を踏襲すべく懸命になっています。社会の中で居場所を確保する必要があるからです。」「世襲資産を持つ家族だって懸命ですよ。生き残りがかかっていますから！」しかし、トーマスは、こうした傾向を恨めしく思う気持ちは微塵もない。「古いグループは新しいグループに取って代わられるのが常。われわれの社会は、常にそれを望んでいるものです。一つのグループが永劫不滅であるわけにはいきません。『変化』しなければならないのです。」しかし、不平等の拡大が、平等主義の理想に影を投げかけている社会の現実には、非常に憤慨している。最近、一千八百万ドルを投じて、カリフォルニアに五軒目の家を建てた友人を引き合いに出して語った。「全く馬鹿げた話ですよ。一定金額を超えたら資産には上限を設けるべきです。次の世代にもっと投資しなければ、この社会は、一体、どうなることやら。」「アメリカ人というのは信仰心が厚い国民ですが、彼らの崇拝の対象は金なのです！」

彼は、次の世代に何を残そうとしているのだろうか？　それはサルトンストール氏のいう「歴史的感覚」のようなものかもしれない。トーマスは、数年前、百人以上の親族を集めて、親睦会を開いた。また、デドハムにある一族の記念館で見つけた四三通の家族の書簡を、より良い状態で保管してもらうために、マサチューセッツ歴史協会に寄贈した。現在は、自らの洞察と知恵、そして一族の伝統を、未来の世代に継承するべく、自伝を執筆中である。

トモコが夫のジョナサン・キャボット・ショウ氏[6]と出会ったのは一九六〇年代後半だ。ニューヨークにいた姉妹を訪ね、日本に帰る途中のことだった。一九六九年に二〇代後半でショウ家の一員となった。彼は四〇代前半だった。ジョナサンの祖先は、一七世紀にイングランドからコンコードに移住してきた。祖父は、対中貿易で莫大な富を得つつ、昆虫標本の世界的権威として確固たる地位を築いた。父は、インドからの香辛料輸入に従事した後、一九二〇年代頃には州の上院議員になった。四人の姉妹がいたが、そのうち二人はデイ・スクール、一人はスミス・カレッジ、もう一人はラドクリフ・カレッジで教育を受け、皆、「由緒正しい」結婚をした。ジョナサンは、ハーバード大学を卒業し、ニューヨーク、トロント、東京の広告会社で働いた後、ハーバード大学に戻って東アジア研究専攻の大学院生となった。「点取り虫」が多くなっていたので戸惑ったという。彼の資産は、ブラーミンであった前妻との間にできた三人の子供の養育費などで、徐々に目減りしてはいたものの、家族信託からの収入もあり、トモコと新しい暮らしを始めるには十分であった。修士課程を修了した後は、ボストン美術館に就職した。毎月の収入とランカスターの家の賃貸収入のおかげで、ボストンでも指折りの名門クラブで社交生活を営むこともできた。しばらくしてから、トモコはボストン美術館でボランティアを始めた。アメリカと日本の相互文化理解を高めたいという願いがあったことと、真に「有能な」女性は家庭の外でも自己表現できて然るべきという風潮を察知したことが、そのきっかけだった。一九七九年、ジョナサンはコンコードの家を売却し、ミルトンに三〇万ドルの家を現金で購入した。ミルトンは、ブラーミンであった母方の実家、スタージス家の一部が多く住んでいた場所だった。

ジョナサンの息子は、私立の寄宿学校に入学したものの、公立校に転じ、やがて芸術大学を卒業した。現在は、日本車の機械工兼販売員として生計を立てながら、ユダヤ系の妻とボストン郊外に暮ららしている。娘の一人は、公立学校を卒業してから、美術学校でステンドグラスを学んだ後、「普通」（中流の真ん中）の男性と結婚して、今はシアトルに住んでいる。彼女は、頑なまでに、社交界デビューを拒んだ。もう一人の娘は、ウィンザー校を卒業してから、ベイツ・カレッジで舞台芸術を専攻し、やがて「普通」の男性と結婚（後に離婚）した。現在は、ニューヨーク市で、他の兄弟姉妹全員が経験したように、恋人と同棲しており、将来は俳優を目指している。この三人の子供達は家族信託の恩恵を受け、いずれは一人あたり約三五万ドルを相続するのだが、それでも、今後も中流の生活を維持するためには、働かなくてはならないという。トモコは、ショウ家の「没落」を認識していて、孫の世代には公立校出身者が私立校出身者を超え、より多様化した社会的・文化的背景を持った配偶者とともに、全国へ散らばっていくと推測している。実際、つい最近も、二人の韓国人女性が配偶者としてショウ家に仲間入りした。「文化的に過渡期にあること」をしみじみと実感するのは、子供達がブラーミンの伝統に対して、無関心な態度を示す時だ。彼女の夫は英国風のアクセントを大切にし、自宅に客を招く時はネクタイを締めて出迎え、パーティーでは肉とポテトを振舞った。このような習慣は、今や、「カリフォルニア風」のアクセント、ノーネクタイ、メキシコ料理やイタリア料理に取って代わられているという。

トモコは、こうした多様化の傾向は、彼女の周りにいるような、暮らし向きがよく、保守的なブラーミン家族にまでも及んでいるとしている。そして、その背景には、ブラーミン文化の独自性や卓越性の基となっていた、権威的かつ制約的な生活様式に対しての、ある種の「反抗心」があると信じている。一族の背景を極端に毛嫌いし、常に批判的だった親族の男性達のことを振り返りながら、一九六〇年代、ティーン・エイジャーだった彼らのだらしない格好は、おそらく当時の反戦・対抗文化運動にも影響されていたのだろうが、同時に、家の外で忙しかった両親とのコミュニケーション不足から生まれる不安や、名士だった親を超える自信のなさから生まれる不安の表れだったかもしれないと。今日、そんな彼らは、皆、「完璧な」父となり、手伝ってくれる人が周りにいたとしても、率先して自分の赤ん坊のオムツを替えたり、ご飯を食べさせたりしているそうである。

トモコの子供達には、もはや、クラブで社交生活を営むような余裕はなく、孫達の世代になる頃には、かつて夫が「中流階級」の象徴としていた「バーベキュー」や「ボーリング」に耽るようになるかもしれない、と笑いながら語る。実際、トモコはショウ家の貴重なコレクションのほとんどを地元の美術館に寄贈するつもりでいるが、それは、子供達が暮らす「中流」の家の装飾には似合わないし、寄贈することによって、彼らの相続税を軽減できるからだ。象徴的な資産の数々が、徐々に失われていくのは残念でもあるが、最近、子供達の中で一族の過去への「誇り」がいくらか出てきたことを、トモコはとても喜ばしく思っている。といっても、ウィスコンシン出身の配偶者が親族から差別されたり、ジョナサンのユダヤ人の友人が社交クラブへの入会を拒否されたりした時代への「誇り」では決してない。それは、老若男女を問わず、大勢の親族でプレーする感謝祭恒例のフットボールに象徴されるような、一族の円満な雰囲気への誇りであり、その中に日本人を迎え入れたのみならず、ジョナサンがユニテリアン派から仏教へ改宗したことも受け入れた、「自由」（あるいは、「エキセントリック」な）気質への「誇り」であり、巷にはびこる物質主義や消費主義に導かれない生活様式への「誇り」である。トモコは、自分が生まれ育った日本や、今まで見聞きしてきた他のアメリカ社会では、こうした「誇り」を強く感じなかったとして、息子が母方の旧姓であった「スタージス」をミドルネームとして使い始めたことを嬉しく思っている。

ジョナサンは、友人や家族に自分の病気（癌）のことを知らせていたが、一九八六年、遂に病との闘いに敗れた。親族のうち二人は、彼の死とともに遺族との関係を希薄にしていった。「親族の誰が、私達のことを本当に気にかけてくれたか分かりました。」それでもトモコは、直系・傍系含め、広範囲に及ぶ親族との「広く、揺るぎない結束」（Schneider 1968）を、今なお維持している。ちょくちょく訪問したり、電話をかけたりするほかにも、一五〇人以上の親族が集うようなパーティーにも積極的に参加している。その気になれば、親族中に散らばっているヴィクトリア朝様式の陶器一二〇点の在りかを、全て探し当てることも「さほど難しいことではない。」親族に対する彼女の愛情は深く、それはアメリカ永住を決意させるには十分すぎるほどだった。「昔、夫の従兄弟が、『トモコは富と名声のためにジョナサンと結婚したのだ』と疑っていたと、耳にしたことがあります。でも、その人と私は今では大の仲良しなんですよ！」そんな彼女の目下の不満は、結婚生活のもっとも幸せな日々の思い出がつまった小さなコーヒーテーブルさえもが、夫の死に際して、課税目的で外部機関によって査定されなければならなかったことだ。「ちょっとあんまりだと思いません？」

五〇代半ばのマーガレット・フォーブス氏と英国人の夫デヴィッド・ワトソン氏は、一九五〇年代後半にハーバード大学で出会った。彼女の曾祖父達は、一九世紀に対中貿易で巨財を成した、著名な銀行家であり、実業家だった。祖父はフィリップス・アカデミーで教鞭をとり、ニューヨーク市出身の非常に裕福なアングロサクソンの女性と結婚した。彼らはケンブリッジのブラットル・ストリートに住み、「上流階級」の趣味を取り入れていた。父は、フィリップス・アカデミー、ハーバード大学、ハーバード大学メディカル・スクールの卒業生で、著名な外科医であり、ボストンの社交クラブの積極的な会員だった。母は、ニューヨーク市の裕福なアングロサクソンの家庭に生まれたが、ほとんどをボストンで過ごした。ラドクリフ・カレッジで学位を取ったが、実家の家系でも、フォーブス家の家系でも、大学を出た初めての女性だった。しかし、結婚前にほんの少しだけ働いた以外は、彼女の娘達や女の孫達とは違い、家の外で働くことはなかった。フォーブス家はエピスコパリアン派に属していたが、両親もマーガレットも無神論者である。両親の代に、ブラットル・ストリートから地理的に少し離れ、社会的にも「やや下の」ウォルデン・ストリートに引っ越した。

マーガレットの世代は、もっとも顕著な形で「世代の断絶」を経験している。マーガレットと二人の姉妹は、クェーカー教徒のグループとメキシコに旅行したり、労働者階級のフランス人家庭にホームステイしたりするほどの「冒険好き」だった。「違う言葉を話す違う民族」が彼女達の好奇心をくすぐり、両親は彼女達全員を、「超リベラル」なことで知られていた地元のシェイディ・ヒル校で教育を受けさせることにした。姉妹の一人は、セント・ポールズ校に転校し、ペンシルバニア大学とエール大学メディカル・スクールを卒業し、現在は、精神科医としてユダヤ人の夫とワシントンD.C.に暮らしている。もう一人の姉妹は、ウェルズリー・カレッジで学位を取り、パリで教え、フランス人と結婚し、現在はメイン州に住んでいる。マーガレットは、ニューヨーク州立大学オルバニー校で多文化教育の博士号を取得し、「ジェンダー、人種、民族、宗教、性的指向に対する大いなる寛容の精神をアメリカ人の中に育てる」というミッションを掲げる非営利組織を運営している。このテーマに対するマーガレットの思いは、十代の半ばに仲の良かったユダヤ人の友人が、とあるフォーマルなパーティーへの参加を断わられた事に発端があるらしい。抗議文を送りながら、「なぜ人は自分とは違うということだけで他人を嫌うのだろう」と疑問を抱いた。それは同時に、ブラーミン文化の差別的な側面や、知的度量が極端に狭いとしか思われない一部の上流ワスプが持つ、「偽りのエリート主義」を痛感した出来事でもあった。

デヴィッドは、イングランドのラグビー校を卒業し、ケンブリッジ大学で学士号、ハーバード大学で修士号、ペンシルバニア大学で博士号を取得し、現在、マサチューセッツ工科大学関連の研究所で働いている。夫婦の合計年収（約一〇万ドル）と、株や債券などの資産、それにマーガレットの家族信託で、彼女が思うところの「中流階級」の生活が営まれている。仕事の都合で、二〇年もの間、ペンシルバニア、ニューヨーク、カリフォルニア、メインを移り住んできたが、数年前にノース・ケンブリッジのクリフトン・ストリートに三〇万ドルで家を購入した。主に、「中下流」の白人が住む地域や、多民族的な「労働者階級」が多く住む地域と隣接しているところである。ここは、かつて、マーガレットが姉妹達と「冒険した」場所であり、ブラットル・ストリートからウォルデン・ストリート、そしてクリフトン・ストリートへと住まいが変遷してきたことは、彼女にとって、この三世代の「没落」を象徴しているように思えるらしい。

マーガレットの娘の一人は、メイン州の私立学校、そしてメイン州立大学を卒業し、園芸雑誌のプロダクト・マネジャーとして働きながら、臨床精神科医の夫とメイン州で暮らしている。もう一人の娘は、ニューヨークの公立学校、そしてコロンビア大学を卒業した後、ニューヨーク市役所の職員として、マンハッタンの道路環境を担当している。もう一人は、ニューヨークの公立学校とハンプシャー・カレッジを卒業し、現在、オレゴン州で友人と一緒に非営利の環境団体を運営している。

大学を卒業するまでは、マーガレットの学費は、全て両親が負担したが、大学院の学費には家族信託を充てた。子供達の世代では、学費については、基本的に家族信託の収入（毎年約一万ドル）から出し、寮の部屋代・食事代などは両親が工面した。フォーブス家は、メイン州にある約七八万坪四方の土地に四軒の別荘と劇場を所有している。地元の不動産開発業者との法廷闘争は長期間に及んだものの、何とかこの土地を守ることができた。この四軒のうち一軒はマーガレットが相続したが、税金、維持管理、保険にかかるコストが高く（年合計で約一万六千ドル）、保有し続けることが一層困難となったので、近い将来、約五〇万ドルで売りに出そうと思っている。しかし、まだ独身二人の娘達が、上の姉にならって、そこで結婚披露宴を開きたいと願っており、それが実現するまでは、処分を控えることにしている。この別荘が、子供達の家族意識に、どれだけ大きな影響を与えたかを振り返るとき、別荘を失うことで、これからの世代の家族関係が、間違いなく希薄なものになってしまうだろうと思っている。フォーブス家はノース・ショアにもいくらか不動産を所有しているが、不動産運用にやかましい従兄弟がいて、相当うんざりしているらしい。この不動産には、思い出の地、つまり家族のアイデンティティとしての象徴的価値は、ほとんどないようである。

筆者は、クリスマス休暇でオレゴン州から帰省していた、娘のジョセフィーヌにも話を聞くことができた。現在二〇代半ばの彼女は、将来、子供が生まれたら自分の両親のことを話して聞かせてやりたい、もしも、すでに売られてしまっていたとしても、あのメイン州の別荘に連れて行ってやりたい、と熱く語った。それは子供達に、自分の家族の「偉大な過去」を教え込むことが目的では決してなく、「覇気」や「人生への情熱」を育むためだという。「家族の名」を利用してはいないし、そうするつもりもない、と断言する。家族の「偉大な歴史」の衰退には、全く落胆していない。ただ、子供達が自分達の居場所が分かるような、良い意味での歴史的な感覚を伝えたいと願っているのだという。彼女自身の中にそうした感覚が芽生えたのは、家族にも地域社会にもつながりがなく、「寂しげ」で「彷徨っている」かのように見えた昔の同級生達が、「凄まじく個人主義的」だったからだという。そうした「個人主義」の土台には、「経済的抑圧」や「両親の離婚」、あるいは、「家族や社会から受ける『成功』への過剰な期待からの逃避」が横たわっていると彼女は分析する。「自分は本当に幸運だ」という。「自分の家族・親族には離婚歴のある人がいない」し、「家庭の暮らし向きは比較的良い方だ」し、「両親は自分のプロジェクト（非営利の環境団体）に全く異を唱えず、応援してくれた」し、「ニューヨークにいても、夏になると決まってメイン州で親族と再会することができた」からだ。

デヴィッドは、マーガレットの一族のつながりの強さに対して、いまだもって驚きの念を禁じえない。マーガレットは、今でも、祖先の一人がイングランド帰国後に築いた家族の子孫達と、近しい関係を続けている。事実、マーガレットとデヴィッドは、筆者のフィールドワーク期間中も、イングランドにその遠戚を訪ねていた。また、デヴィッドは、旧家間の「同族結婚」——あるいはウィンスロップ氏が比喩的に「族内婚」と呼ぶ結婚——を通して編まれた人間関係の濃密さにも感心している。とはいえ、やはり、家族の歴史への全体的な関心は薄らいできていると指摘する。メイン州での家族の集まりのたびに家系図を改訂していた一族だが、一九二五年以降は改訂されていないことを、デヴィッドが話してくれた。いいかえれば、マーガレット本人がいっているように、それだけ「世代の断絶」が、彼女の世代では進んでいるということかもしれない。

以上の四つの家族のケースは、「ボストンの旧家」の独自性や卓越性を象徴してきた、居住地域、職業、教育、資産、クラブの会員権、民族的背景、宗教、家系といった要素が、ここ何世代かで、ますます、曖昧かつ儚いものになってきたことを示している。それは、これらの家族の「没落」や「多様化」を浮き彫りにしているともいえる。確かに、今日に至っても、ブラーミンのイメージをそのまま体現しているような家族も存在する。しかし、筆者やインフォーマントの観察によれば、そのようなケースは、若い世代においては、典型的というよりは、むしろ例外的である。「より少ない特権、より少ない資産、さらなる分散化、より多様な背景を持つ配偶者、より凡庸な暮らし」――この数十年間、ボストンを代表する社交クラブの入会審査員長を務めているインフォーマントは、こう表現した。これとは逆の証言をしたインフォーマントにはただの一人も出会わなかった。

こうした現象は、より広い社会における構造的・イデオロギー的な要因に導かれているように見受けられる。まず、これらの旧家は、長子相続制を採らない社会、そして累進課税制の制約を受ける。彼らは、家族信託を設けたり、ベンチャー・キャピタルに投資したり、慈善組織に寄付をして課税控除を求めるなど、現行の法制度と「ゲームをする」(Bourdieu 1977) ことに懸命である。それでも、長い目で見れば、資産の減少という運命を乗り越えることができる家族はほとんどおらず、この傾向は、増加する相続人数、急騰する物価指数(特に不動産と教育)、保守的な資産運営、また場合によっては、離婚に伴う金銭的義務によって一層鮮明になっている。

次に、信用あるサービスや情報を得るために、血縁の結びつきや地域社会のネットワークに依存する必要性が、市場サービスや都市機能の発達、法律や行政の制度的整備、交通・コミュニケーション網の発達によって減少した。二〇世紀初頭までの、ボストン、ニューヨーク、チャールストン、シカゴ、ロサンゼルスにおけるエスタブリッシュメントの変容を比較研究したフレデリック・ジャハーは、「アメリカの資本主義は、競争的で、開放的で、合理的な市場を志向する強い構造的傾向を包含していた。それは、情や帰属に配慮する貴族階級が、伝統、家族、他の準拠集団に阻まれない実業家達に挑まれた場合、最終的には不利な立場に置かれてしまう市場である」と主張している。(7) このような構造的傾向が、地理的移動や家族の多様化を助長することは想像に難くない。

構造的要因とも密接に関連する、イデオロギー的な要因とは、社会における「合理主義」や「民主化」のプロセスが、実力主義や競争主義の原則を強めてきたことである。「豆とタラの里、ボストン——そこでは、ローウェル家はキャボット家とのみ話をし、キャボット家は神とのみ話をする。」この一節はもともと一九〇五年のハーバード大学の同窓会で読まれたもの(Amory 1947)とされるが、かつてのブラーミンの覇権を表す比喩として、多くのインフォーマントが引用した句である。しかし、今日、彼らの多くは、「姓よりも名の方が重要だ」と感じている。ハーバード大学への入学はもはや保証されたものではない。(8) 旧家の代表的な姓でさえ、ハーバード大学の学生や教職員のリストでは、もはやほとんど目にすることはない。ハーバード大学の排他的な「ファイナル・クラブ」の多くは、ボストン地域とはほとんど無縁の学生達によって主宰されている。こういった現象は、ハーバード大学が、一九世紀半ば以来、その運営やカリキュラムにおいて、合理性、効率性、実務性、専門性、多様性を強調してきたことの、当然の帰結と見ることができる。そのおかげで、それまで地方色が濃かった、伝統的な上流階級の子弟の大学が、世界的にも著名で、国際色豊かな大学へと変貌したのである（Jaher 1982; Story 1980）。しかし、それは同時に、もう一つの変貌、すなわち、旧家の子孫達が、上流社会に入るための通過儀礼や資格を喪失していったことを意味していた。

ジャハーは、エスタブリッシュメントの優位性が失われていったことを、彼らの地位に内在する文化的帰結として、次のように分析している。

（旧家への）帰属は、信頼や安定性をもたらすかもしれないが、創造性や投機的能力を継承するのは難しい。遺産があることで、従来の慣行がただ模倣され、物質的な成功への願望が鈍り、その結果、彼らの競争力はさらに脆弱になってしまう。本来なら、厳しい市場の中ではじき飛ばされてしまうような連中にポストが与えられる一方で、自分達の社会的地位を維持するために必要な、新たな才能や資本が供給されにくくなってしまうのである。[9]

能率性、機動性、順応性、革新性、客観性、功績、調整といった近代の要求に逆らって、忠義、心情、継承、伝統、共同体、権威という反論を口にする上流階級の者もいた。しかし、過去を擁護する彼らが、時代遅れの武器で闘いを挑んだところで、現在と未来に全てを捧げる社会にあっては、所詮、敗北の運命にあった。[10]

インフォーマントの多くは、今日の社会における自己中心主義への義憤を示した。しかし、より競争が激しい、実力主義的な環境に対応するには、ある程度の利己主義と貪欲性の追求が求められるのかもしれない。少なくとも、それがゲームのルールであることは、自ら旧家の出身でもある、作家のネルソン・アルドリッチの文章にうまく示されている。

この国は、自信家と詐欺師のものである。手段の王国アメリカでは、自己に寛大な人、自己を忘れる人、自己を主張する人、自己を向上させる人、全てが王だ。手段とは、変革の手段であり、可能性の手段であり、自分自身やその他のあらゆるものをより良く、より新しく変える手段である。(11)

もう一つのイデオロギー的な要因は、すでに何人かのインフォーマントが言及しているように、自らの文化や伝統——特にその規定的、排他的、エリート主義的な側面——の相対化や転位である。学校、職場、クラブ、そして近所で「他者」と接する機会が増えたこと。これまでとは違う生活の仕方があるという意識が高まったこと。そして、社会経済的な優位性が新参者に移ったのを目の当たりにしたこと。こうしたことを通して、自分達の偏狭性を自覚していった。自らの人生を切り拓く能力に欠けるという「ボストン病」は、そうしたパラダイムの喪失とも関係していたのかもしれない。「古い文化」の「わなに引っ掛かった」と最後に記したウィンスロップ氏の兄弟の自殺は、この病のもっとも悲劇的な結末であるといえるが、他にも同類の話は幾つか聞かされた。

と同時に、社会の開放や偏狭性からの解放を歓迎し、より積極的に、この変化と関わっていったインフォーマントにも多く遭遇した。彼らは、「本来、付き合うべきはずの人達」を避けたり、社交界デビューを拒絶したり、社交クラブから脱会したり、ボストンを去るなどして、自分の人生を選択しながら、こうした変化を助長していったといえる。そして、こうした実践は、高位な社会層に属する者が、その基盤を成す様々な趣向や価値に反発し、ときに自発的に捨て去り、社会的再生産のサイクルを断ち切っていったことを意味している。こうした反抗的・破壊的次元というのは、ブルデュー(Bourdieu 1984)の社会的再生産のモデルが見落としている点でもある。彼のモデルであれば、そうしたインフォーマントは、自らが属する階級の独自性や卓越性を維持・再生産すべく、その基盤を成す象徴資本(肩書き、家柄、趣向など)に絶え間ない投資をしてゆくはずである。自らの階級を、自らの手で、自らのために、内側から突き崩してゆくような実践は、ブルデューのモデルでは軽んじられている[12]。

キャサリン・ニューマン(Newman 1988)は、一九八〇年代における中流アメリカ人の「没落」を調べるなかで、彼らが「成功」という概念を強調し過ぎるあまり、より低い社会階級への「没落」の苦痛を和らげるための語彙・象徴・儀礼を持ち得ないでいることを指摘した。インフォーマントの場合、特に年配世代に関しては、「没落」の苦痛そのものは、今なお安定した社会的・経済的状況によって、意味づけしやすいように見受けられる。曰く、「古いグループは新しいグループに取って代わられるのが常。われわれの社会は、常にそれを望んでいるものです。一つのグループが永劫不滅であるわけにはいきません。『変化』しなければならないのです。」「私はヤンキー文化の島国根性的なものを『卒業』、ないし『超越』しようとしていて、そうすることで、ますます自分らしくなっている気がします。」アメリカの理念として、あるいは、上流社会の「古い文化」からの解放とし、彼らは社会的立場の転位を正当化することが可能だ。しかし、ニューマンの指摘は、経済的・文化的資本が、凡庸なものとなりつつある若い世代には、今後、ますます切実なものになるかもしれない。

ここまで、地理的、職業的、教育的、経済的、組織的、民族的、宗教的に類似した、華やかで有機的な集団が、自由な資本主義社会の構造的・イデオロギー的な力によって、過去数世代の間にいかに複雑化・多様化してきたかを概観してきた。彼らの家名は、ストリート名、大学の寮、美術館の展示室、病院の手術室、自然保護区などに刻まれている。それでもなお、彼らの「濃い」(Aldrich 1988)社会関係の網の目の中で織り成された伝統や記憶が、若い世代に継承され続けてゆくのは困難のようである。

次節では、居住地域、慈善活動、社交クラブ、家族・親族関係、友情、仕事、趣味・嗜好、恋愛と結婚生活、離婚、子育て、高齢者介護、家族生活、資産管理、相続といった個々の側面について触れながら、社会的環境や家族的背景の変貌が、インフォーマントの実際の社会生活や人間関係にどのような影響をもたらし、〈文化の政治学〉とでもいうべき拮抗を生成しているか、考察してゆきたい。

ガルベストン(テキサス州)のエリート家族を研究したジョージ・マーカス(Marcus 1992)は、法律、大衆文化、セラピー、市場、慈善活動、上流階級の文化、政治、地域社会といった様々なジャンルにおける言説を分析することによって、彼らをめぐる語りが、いかに多声的に構成されているかを分析した。こうしたジャンルが、彼らの社会的語彙の重要な部分を占めていることは認めるにしても、単にそれらの語彙を抽出し、リストアップするだけでは、彼らが実際の生活の中で紡ぎ出してい

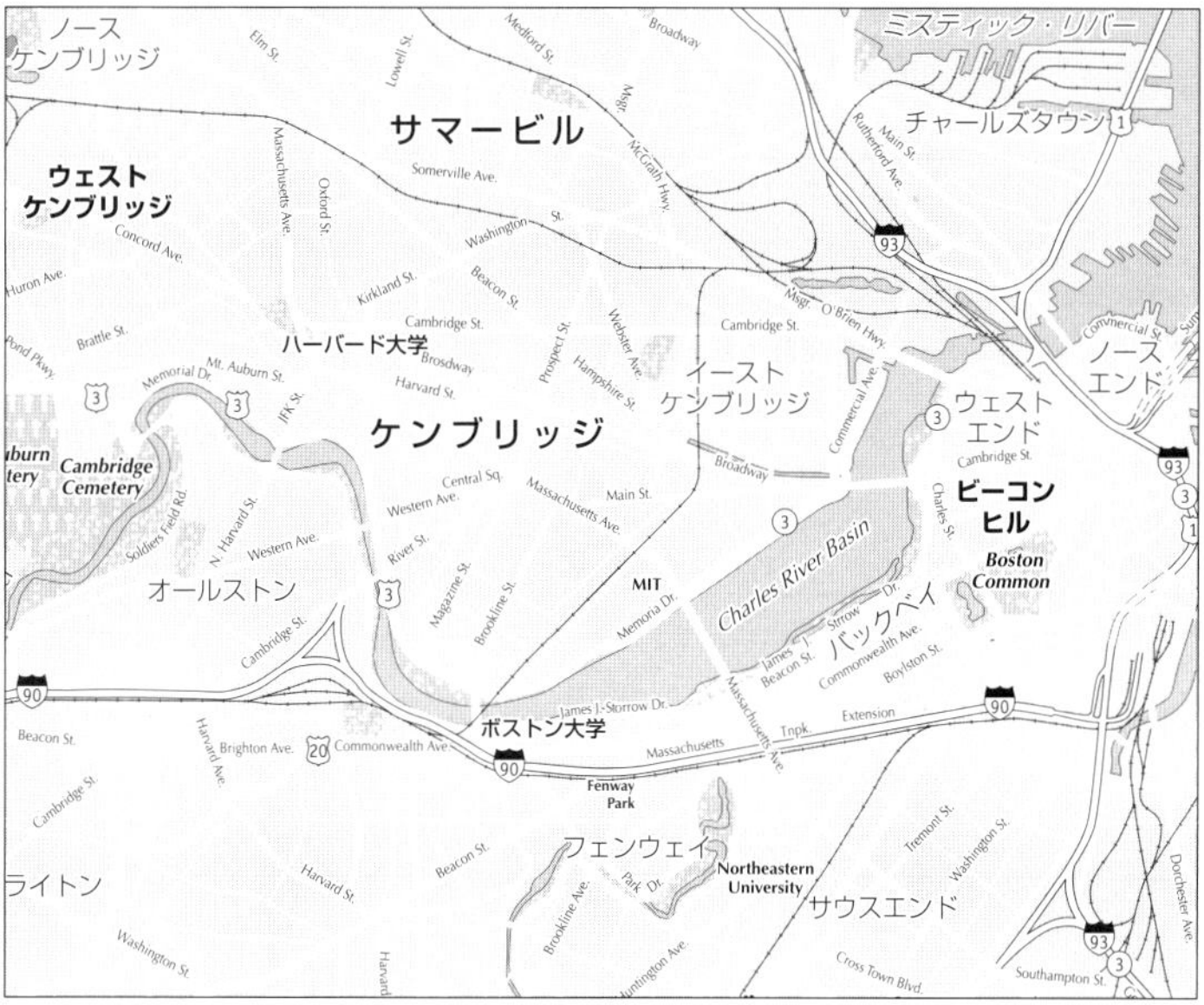

ビーコンヒル、ケンブリッジ周辺

る「詩学」（Herzfeld 1985）、すなわち、彼らが、ある歴史的瞬間に、ある社会的環境のなかで、ある語彙を使いながら興じる実践、は理解できないのである。

リーダー不要の地域

インフォーマントの八割近くはビーコンヒル、ウェスト・ケンブリッジ、ノース・ショア（特にハミルトン、プライズ・クロッシング、ビバリー・ファームズ、マンチェスター・バイ・ザ・シーなど）に居住している。こうした地域は、旧家に人気の高い住宅地として広く認識されている。ビーコンヒルやウェスト・ケンブリッジを「都会的」で「自由」な雰囲気、ノース・ショアを「のどか」で「保守的」な雰囲気と対比することは、それほど間違いではないはずである。しかし、インフォーマントの性格を、どちらの地域に住んでいるかによって色分けしてしまうのは、誤解を招きかねない。ノース・ショアに住むインフォーマントの職場、社会活動、文化的娯楽の中心はボストンであるし、ビーコンヒルやウェスト・ケンブリッジに住むインフォーマントは、全員、ノース・ショアにセカンド・ハウスを所有しているか、親しくしている親族がいる。

一九世紀の煉瓦づくりのタウンハウス、中庭、丸石を敷き詰めた小径、鉄の街灯が、静寂な時の流れを感じさせるビーコンヒルを飾っている。この辺りは、アメリカ最初の旧跡の一つで、住民は原則として、自宅の外装を改修することが禁じられている。チャールズ・ブルフィンチが設計した黄金ドームで有名なマサチューセッツ州の議事堂を頂に構える繁栄と名声の象徴であるこの丘は、ブラーミンの模倣をすることで、獲得してきた地位や権威の可視化を図る新興富裕層を惹きつけてきた(Jaher 1982)。地元の不動産業者や昔からの住民の証言によると、この傾向が強まってきたのは、大恐慌によって大きな経済的打撃を受け、急増する市内の犯罪率に怯え、政治的・商業的な利益団体や新参者に「侵略される」と感じたブラーミン達が郊外へ流出し始めた頃からである。

インフォーマントによると、今日、この地域には(まだ不動産を所有している者を除いて)「ほんの一握り」の旧家しか住んでおらず、その全員が、丘の「陽の当たる側」――マウント・バーノン・ストリートとボストン・コモン公園の間――にある高級住宅街に居を構えている。「陽の当たらない側」は、昔、旧家に様々なサービスを提供していた人々が住んでいたが、現在は、「若い専門職」や「中流階級」の人々が多く居住している。「陽の当たる側」に住むインフォーマントはそうした人々と

ブラットル・ストリート近辺の邸宅

はほとんど接触がないようであるが、同じ側の近所に住む「新興階級」の人々とは、特に緊張関係は感じていないようである。「新興階級」の人々の社会的・経済的地位や、ビーコンヒルの歴史的・文化的佇まいを好む姿勢が、この二つのグループの親交を容易にしているようである。家族サイズの縮小や不動産コストの急騰のため、一九五〇年代半ばあたりから、大型の一世帯住宅が次々にコンドミニアムへと改築された。

ウェスト・ケンブリッジのブラットル・ストリートは、その昔、大邸宅に住んでいた裕福な英国支持派にちなんでトーリー街として知られた通りである。今日でも、広い並木道沿いの古い屋敷の幾つかは、厳しい区画規制によって保護されている。ハーバード・スクウェアの喧騒と、旧家にとっての「由緒正しい」埋葬地であるマウント・オーバン墓地の静寂を結んでいるのが、このストリートである。不動産価格は、ビーコンヒルやノース・ショアなど、他の「由緒正しい」地区同様、過去三〇年間に二〇倍（第二次世界大戦後からは三〇倍）以上上昇し、五〇万ドルから二百万ドルが相場である。この地区の住民は、今日、イタリア系、アイルランド系、ドイツ系、スイス系、ユダヤ系、中国系などの新興階級層を中心に構成されている。社会的意識の高い有識者や専門職が多いことは、インフォーマントにとっては誇りのようである。中上流階級で、総じてリベラル派、あるいは「穏健な保守派」ということもあり、民族や宗教の違いなどは、ほとんど問題になっていないようである。

ノース・ショアというと、広々とした海岸線、穏やかな海岸、内陸の農場、野生動植物などが連想されるが、それだけではない。一九六〇年代の終わりに、ワシントン・ポスト紙は、ベトナム戦争従軍兵の五分の四が、母国アメリカを象徴するイメージの一つとして、ニューイングランド地方の村を挙げていたと報じている。つまり、白い教会、隣には赤く塗られた学校、そして緑の芝生というイメージである。ノース・ショアには、今日でも、そのニューイングランド的、あるいは「アメリカ」的な風情が残されている。インフォーマントによると、かつて、この地域は、「夏だけ訪れる人々（ボストニアン）」向けに、「一年中そこにいる人達（労働者）」が様々なサービスを提供することで成り立っているような、小さな町が多く存在していた。しかし、高速道路が建設され、ボストンからの所要時間が二時間半から一時間に短縮されてからは、人口は倍増した。インフォーマントの大半が住む、今日のノース・ショアは、労働者世帯が暮らす幾つかの地区を除き、ボストンへ通勤する、「上流階級」か「中上流階級」のためのベッドタウンと一般的に認識されている。「昔は黒人なんて一人もいなかったし、アジア系だってほとんどいませんでした。今でも、黒人はほとんどいませんが、アジア系は増えましたた」とはいっても、かなりゆったりとしたペースである。インフォーマントが居住する

ノース・ショアの邸宅

界隈で、筆者が白人以外の人に出会うことはきわめて稀であった。ある女性インフォーマントによると、両親の世代までは、かなり一般的だったヤンキー独特のアクセントは確実に失われているが、かといって、中西部やカリフォルニア訛りの英語を近所で聞くことは、滅多にないとのことである。

このように、ビーコンヒル、ウェスト・ケンブリッジ、ノース・ショアの雰囲気は随分と異なるが、一方で、同様の傾向や現象も見られる。まず、第一に、第二次世界大戦以前は、日用品や食料は配達してもらうか、あるいは行商人から買っていたが、より競争力のあるマーケットの出現や自動車の普及に伴い、そうしたサービスは次第に衰退していった。インフォーマントは、近所のスーパー・マーケットやチェーン店の質にはおおむね満足しているが、押しが強く、時には詐欺を思わせるような最近の広告や商慣行には、多少なりとも当惑している。パートのスタッフが急増していることも、単なる商業的な関係を超えた人間関係を形成する妨げとなっているようである。インフォーマントは、毎日の買い物（薬、ワイン、家庭用品、クリーニング、食料など）には、人間味に溢れ、気心の知れた雰囲気がある地元の店を好んでいる。

第二に、経済的ダーウィニズムによって、彼らの社会的・文化的空間の同質性が浸食され、また浸食されることで、社会的人口構成の多様化にさらに拍車がかかっている。こうしたプロセスには、しばし、抵抗や反発を伴う。地元の不動産業者によると、かつては、外部者の侵入を避けるため、内輪だけで空き家の情報を流したり、外部からの問い合わせに対して住民の疑念や好みを単刀直入に示す、などの「意識的な努力」をしていたとのことである。ウェスト・ケンブリッジにあるアルメニア教会がブラットル・ストリートに建設された際（一九六一年）は、住民の激しい反対に直面したそうであるが、一九七〇年代初頭以降、マイノリティーの権利を守るための法律が整備された。今日、たとえば、近所で、反ユダヤ主義的な気配を感じとっているインフォーマントは一人もいないが、年配者の中には、近所に住む「有色」の住民に、何かしらの疑念や警戒心を抱いているように見受けられる人もいた(13)。

第三に、ビーコンヒル、ウェスト・ケンブリッジ、ノース・ショアを表すのに、「コミュニティ」という言葉は、やや強すぎるように感じられた。インフォーマントは、近所の誰がどこに住んでいるかを良く知っているし、時には彼らと路上でおしゃべりに興じることもある。しかし、その関係は、キャロル・スタック（Stack 1974）が、黒人コミュニティの研究で描き出したような、「仮想の親族関係」ともいうべき連帯や結束とは、かけ離れている。インフォーマントは経済的にも安定し、地域には様々な公的サービスが提供されているため、彼らは、必ずしも強いリーダーシップや集団的絆を必要としていない。「去年の一〇月、近所に引っ越してきた家族を招待してカクテル・パーティーを開いたのですが、それは、互いを知り合うためだけのものでした。フィラデルフィアの高級住宅地に住んでいたときは、当番制でカクテル・パーティーを開いていました。毎月違う家族が主催するということです。私は、ああいった不自然な、地域の絆作りの類が好きになれませんでした。ここでは、そんな『ミッド・アトランティック（米中部大西洋岸地方）の虚栄』がないので、嬉しく思っています。」

第四に、ローカルな政治には、ほとんど関心がなく、政治的・倫理的な主張は、押しつけがましいとか、干渉ととらえられる可能性がある。インフォーマントの中で、自分の近所に「リーダー」格の人が存在すると認める人はいなかった。彼らは、「多くの事柄は政府が面倒をみてくれる」、あるいは、「そうした人を作り出したり、そうした人に依存したりする必要は全くない」と語る。フィールドワークの期間中、ある女性が「リーダー」になろうと活動した結果、住民達からひどく疎まれてしまったこともあった。ビーコンヒル市民協会、ビーコンヒル建築デザイン協会、ケンブリッジ歴史評議会のような、地域の美化に取り組んでいる組織はあるものの、インフォーマントは、特定のリーダーの存在やその必要性自体を認めていないようである。

しかし、そのことは、彼らの関心が、近所付き合い以外にのみ向けられているという意味ではない。インフォーマントは、近所の人達の名前や性格をよく知っている。ベビーブーマー（あるいはそれ以降の）世代のインフォーマントは、ほぼ全員が、地元の博物館や美術館、歴史研究会、図書館、合唱団、病院、学校、地域新聞など、近所の団体に所属している。ある年配の未亡人のインフォーマントは、いざという場合に対処するために、同じような状況にいる人達を相互支援するグループを創設している。また別のインフォーマントは、近くで一人暮しをしている年配の独身女性の具合を伺ってくれるようにと、時折、自分のかかりつけの医師に頼んでいる。ビーコンヒル、ウェスト・ケンブリッジ、ノース・ショアに住むこうしたインフォーマントは、総じて、自己充足的な生活空間を確保しているし、特に大きな脅威に近所がさらされているわけでもないため、地域コミュニティやリーダーを創出する必要に駆られていないのである。

ノブレス・オブリージュと社交クラブ

慈善事業と社交クラブは、何世代にもわたって、ブラーミンのアイデンティティを育んできた場である。インフォーマントの多くは、今日でも、これらの分野に精力的に関わっている。慈善事業の精神は、ボストン・アセニアム（会員制図書館）、ボストン交響楽団、ボストン美術館、マサチューセッツ総合病院、ハーバード大学、自然保護協会、国際自然保護センターといった組織や、その他のより小規模の教育、芸術、歴史、文学、自然保護、医療の組織を通して表現されている。彼らの動機に対する筆者の印象は、ジャヤハーのそれと一致する。

こういった（慈善）事業への取り組みにおいては、自己利益や社会的影響力の拡大という計算が重く働いていたのは確かだが、より崇高な動機が不在だったわけではない。市民としての誇り、支援する組織の会計管理への責務、恵まれない人達への配慮、知的探求努力への敬意、覇権的存在としての責任の認識、そして自らの巨額の資産に対する罪悪感といったものが、ノブレス・オブリージュ（階級の高い者の徳義上の義務）を、単なる階級防衛のための手段以上のものとした[14]。

課税控除が動機の一つであることは間違いなく、象徴資本（Bourdieu 1977）の蓄積や、その階級性・卓越性（Bourdieu 1984）の保持も折り込み済みかもしれない。しかし、彼らの慈善的な関わりを、政治的支配や階級支配のための偽善的方便とのみとらえるのは、行き過ぎであるように思える。彼らの貢献は、ほとんどの場合、全体の一部分を占めるだけであるし、彼らの決断は、個人の倫理的な信念や、弁護士からの法的・財政的アドバイスに基づいて下されている。ある男性のインフォーマントは、何十年も関わってきた子供向けのサマー・キャンプ・プログラムへの思いを語り、すでに遺言状の文面に、遺産の大半を占める百万ドル以上をそのプログラムに寄付する旨を記している。彼の精力的な資金集めや運営手腕により、二週間のプログラムへの参加費用は一人あたりたった七五ドルとなった。普通の（商業）プログラムなら四千ドルはかかるところだ。「サウス・ボストンのアイルランド系であれ、ドーチェスターの黒人であれ、ローウェルの貧しいヤンキーであれ、とにかく子供達の楽しそうな笑顔を見るのが嬉しいのです。」インフォーマントの何人かが言及したトーマス・ダドリー・キャボット氏（一八九七〜一九九五年）は、熱心な自然保護活動家としても知られ、ニューハンプシャー州の約二二万坪の森をニューイングランド森林基金に寄付したり、景観保護のためにメイン州の無人島をまるごと買い取ったりした。「彼こそは私達の模範です。」実際、筆者は、インフォーマントが、社会貢献を怠っている家族や個人を、さりげなく、あるいは、あからさまに非難する場面に何度も出くわした。「人間として、また、子孫のために、政治的であれ、倫理的であれ、とにかく不可欠のことです。」

慈善団体への寄付を通して市民的な美徳を表現することに反対するインフォーマントは皆無だったし、「ブラーミン文化」にかなりの敵対心を抱いている筆者の知人やインフォーマントでさえ、仮に嫉妬心を抱いたにせよ、ノブレス・オブリージュの重要性を否定する者はいなかった。資産が目減りしているインフォーマントが、キャボット氏のように威勢良く振る舞うことは無理だろう。しかし、それでも、彼らは社会に貢献するための別の道

THE BOSTON GLOBE D17

Obituaries

OTHER OBITUARIES Page D15

Charles Cabot, 73, a lawyer passionate about charity work

By Tom Long
GLOBE STAFF

So here's to dear old Boston
Home of the bean and the cod,
Where the Lowells speak only to
Cabots,
And the Cabots speak only to God.
— anonymous toast

Charles C. Cabot Jr. didn't speak only to God, but a lot of people think he did God's work. He quietly spent countless hours working with the less privileged at the Neighborhood House Charter School in Dorchester and was chairman of the board of directors of the Conservation Law Foundation, which filed the first lawsuit that led to the cleanup of Boston Harbor.

Mr. Cabot, 73, a down-to-earth lawyer who took a hands-on approach to his volunteer work, died Tuesday in his home in Dover.

"He was the classic Yankee, personally reticent and self-effacing, gentle, and at the same time totally stubborn about things he cared about," Stephanie Pollack, acting president of the Conservation Law Foundation, said yesterday.

"You would figure with a name like Cabot he would be very aloof, but if you said two good words about him, he said 20 good words about you. He always made you feel taller than he was, and he was 6-foot-3," said Kevin T. Andrews, headmaster of the Neighborhood House Charter School, which is operated by Federated Dorchester Neighborhood Houses Inc., a social service organization.

"The name of Cabot is legendary in Boston," said Andrews, "but he never mentioned it."

Members of the Cabot family have been plagued by the anonymous toast for generations. Within the family, they refer to it as "the poem." In a story published in the Globe in 1979, Mr. Cabot said he was often asked if he was one of the Cabots. His standard reply: "I'm a Cabot, and I come from Boston."

Mr. Cabot was born in Brookline and graduated in 1948 from Harvard College, where he was a member of the baseball team. In the last game of his senior year, in his first at-bat of the season, he hit a home run. "Yale Conquers Harvard 8-7 Despite Pinch Homer by Cabot" read the headline in the Boston Herald.

After serving in the Navy for several years, he graduated from Harvard Law School in 1957.

Mr. Cabot was a lawyer in the counsel's office of the US Information Agency before becoming a managing partner of the Boston firm of Sullivan and Worcester, where he specialized in estate planning for more than 30 years.

A bushy-browed outdoorsman who canoed white water throughout the world, he joined the Conservation Law Foundation in 1970, had served on its board of directors since 1981, and since 1991 had been chairman of its board of trustees.

The foundation has led legal fights to clean up Boston Harbor, to halt the Seabrook nuclear power plant, and to place restrictions on groundfishing in the Gulf of Maine.

CHARLES C. CABOT JR.

"He was an incredibly committed and thoughtful person, who did more on the charitable front than practically anyone in Boston," said Douglas Foy, former president of the foundation, who is now chief of Commonwealth development in the Romney administration.

"He was also the most understated person I ever met," Foy said. "He could be incredibly stubborn, but without being confrontational. He dealt with a collection of very dynamic, high-powered board members with a mild-mannered, Clark Kent approach. He never said a lot and never raised his voice, but somehow the board always came out on an issue exactly where Charlie wanted it to go."

Mr. Cabot once led a tour of Beacon Hill gardens for prospective donors to the foundation. In keeping with the organization's mission, the group was transported on an electric bus. The last stop on the tour was for lunch at the Hampshire House, but the bus never made it. It broke down. "Even the doors didn't operate," said Foy, "so Charlie crawled out a window in his suit, pried the doors open, and let them out."

Mr. Cabot joined the board of trustees of the Neighborhood House School in 1995 and served as its president since 1997. He often dropped by with visitors he was encouraging to donate funds or equipment to the school.

"Once we get you to the school we gotcha," he often said, according to Andrews.

"He was a great fund-raiser," said Andrews, "but he always thought he was the worst. Nobody said no to Charlie."

Mr. Cabot often attended concerts at the school. A couple of years ago, he and his wife accompanied a class on a field trip to Philadelphia to learn about the Declaration of Independence and the US Constitution.

"You want to take a six-hour bus trip with 13-year-olds?" Andrews asked him.

Mr. Cabot said yes. Andrews said he seemed to enjoy the ride, though he took an airplane back.

Mr. Cabot leaves his wife, Dale (Pirie); two daughters, Elisa C Dooley of Wyomissing, Pa., and Emily Chamblin of Rosemont, Pa.; a son, Charles C. III of Wayland; a brother, Walter M. of Dover; and eight grandchildren.

A memorial service will be held at 1:30 p.m. today in Dover Church.

Mary Tai, 86, ran restaurant in Melrose with her husband

By Casey Farrar
GLOBE CORRESPONDENT

When Mary "Shun Pao" Tai was 5, her parents told her that, in keeping with Chinese tradition at the time, they had arranged for her to marry a boy from their village in China.

"She was very independent even at that age," her son, Peter J. of Reading, said yesterday. "She told them at 5 years old that she didn't want to have an arranged marriage, and they respected that."

Mrs. Tai, who became a successful businesswoman in China and then spent nearly 30 years running the Golden Gate Chinese Restaurant in Melrose, died Sept. 6 in Massachusetts General Hospital. She was 86 and had lived in Melrose for half a century.

Born in Lochee, China, to a family of 10 children, Mrs. Tai's father owned a market until he was forced to sell it and go into farming. The family joined him in the farming business.

Mrs. Tai, however, remained interested in business, and, when she was old enough to hold a job, she became a trader, dealing in rice and other food staples. She was a business success, her son Peter said, and traveled the world as a reward to herself.

Mrs. Tai left China in the 1940s, before the Communist takeover. Forced to start over, Mrs. Tai took a job with a prominent Chinese-American banker she met on a boat to England. She worked in his home in New York City.

"She was treated very well there, but she wanted more," Peter said. "When she left, immigration was notified, so she needed to quickly find a way to stay in the country."

Through her church, she was introduced to George "Kin Lai" Tai, who had come to the United States in 1943 and enlisted in the military. Mr. Tai had become a US citizen and was living in Boston's Chinatown neighborhood and working at a restaurant there when the two met. Shortly thereafter, they married.

The couple lived in Boston, and Mr. Tai bought a failing Chinese restaurant in Medford with a business partner in the early 1950s. With little business experience, the partnership began to dissolve, and the West Foster Street restaurant struggled.

While she was pregnant and recovering from tuberculosis, Mrs. Tai agreed to help her husband, managing the dining room, running the register, and keeping the books. Mr. Tai was in charge of the kitchen and cooking the food. The Tais attracted loyal patrons, and the restaurant started to prosper.

Mrs. Tai developed problems with her vision during the 1970s, and by the time she and her husband retired in 1983, she was nearly blind.

In the 1990s, Mrs. Tai decided that she wanted to return to her childhood home and made the trip with a close friend, visiting family members she hadn't seen in nearly 50 years.

In addition to her husband and son, Mrs. Tai leaves another son, John of Melrose; a sister, Xue Li of Brighton; a granddaughter; and a niece.

Funeral services were held Wednesday, and burial was at Wyoming Cemetery in Melrose.

キャボット家のメンバーの追悼記事
（ボストン・グローブ紙2003年９月13日付）

サマーセット・クラブ

を開拓しつつある。地元の美術館や博物館、歴史研究会、図書館、病院、学校などの理事会に加わったり、地元の選挙結果集計監視員を務めたり、近くの大学の留学生にボランティアで英語を教えたり、合唱団のまとめ役を務めたりしている者もいる。

社交クラブは、ややデリケートで、意見の分かれる領域である。前述のとおり、裕福なインフォーマントでさえ、特に若い世代を中心に、よりオープンで、平等で、ためになる情報が得られる社交を求め、このようなクラブに入会しない者もいる。もちろん、とはいえ、インフォーマントの半数が、現在も、アルゴンキン、ブルックライン・カントリー、チルトン、エセックス・カウンティ、マイオピア・ハント、サマーセット、セント・ボトルフ、タバン、テニス&ラケット、ユニオン、ユニオン・ボートといった、ヤンキー中心のクラブに所属している。それぞれのクラブには独特のカラーや趣があり、食事をしながら、政治、文学、科学、スポーツ、音楽、美術といった共通の関心事や趣味に興じる機会を提供している。[15] 一般的に、会員になるには現会員からの推薦状が五通から一〇通必要で、たとえば、とあるトップクラスの会食系クラブの場合、入会金（三千～五千ドル）や年会費（一千ドル～二千ドル）は難なく払える人でも、外部の人間の場合、推薦状が越え難いハードルとなっている。外国から来た文化人類学者には説明を差し控えたかもしれない、クラブ内部の気風について、アルドリッチは次のように描写している。

オールド・マネー（昔からの資産家）のクラブ生活の最大の恩恵は、「成功すること」に汲々としている中流階級世界の醜い緊張感や危険な失望感に対して、超然とまではいわなくとも、距離を置いていられることである。ここでは自己紹介でさえ良くないこととされ（すでに知っているはずだから）、自分の仕事や地位を述べることは相手への侮辱とされる。この国ではどんな町のどんな通りにも、嘆願し、おだて、袖を引き、吹聴し、もがきあがく努力家達が跋扈しているが、何よりもここはそういう醜い外の世界からの避難所なのだ。[16]

あるインフォーマントの妻で、異なった社会的背景を持った女性が、クラブで初めて夕食をとった時のエピソードを色々と語ってくれたが、食事中は「後ろを振り返ってはいけない」と夫に注意されたという。今では、さりげなく、ごく自然に、タブーの微妙な境界を見分ける術を会得した。たとえば、ポロをするかどうか、最近どこに旅行に行ったか、夏はどこで過ごすか、といったことを尋ねることで、その人の社会的地位を推測するのである。少なくとも、このような質問をすれば、その人が「たたき上げ」（ニュー・マネー）であるか、「生来の金持ち」（オールド・マネー）であるかが明らかになるとのことである。「洗練されたものであれ、俗物的なものであれ、こういった巧妙なスタイルは、オールド・マネーの世界に奥行きを与え、『何でも（良い事も）起こり得る、何でも（良い事も）起こすことのできる新世界』を流れる『市場的時間』の侵入を防いでいる。[17]」しかし、アルドリッチが指摘するように、オールド・マネーは挑まれている。

この安らぎと上品さは、今、脅かされている。巷の努力家連中が入会を求めているのだ。それも必死に。これまでも、当然、それを望む連中はいたわけだが、この一〇年ほどで、クラブ内で行われていることに対する一般人のイメージに重大な変化があった。この変化が名誉ある会の扉をこじ開け、やがて静寂を破るであろう[18]。

インフォーマントの中には、クラブの運営方針の策定をはじめ、今後のクラブの方向性に関して重要な決定を下す立場の者もいた。「もし私が『ノー』といえば入会できません。」彼らは、一九六〇年代後半の公民権運動以来、クラブの門戸をこじ開けようとする「政治的な」プレッシャーが特に強まったと指摘する。あるクラブの場合、約六百人の会員（平均年齢六七歳）の中に、一五人から二〇人のユダヤ人、四、五人の黒人、それに「ごくわずかの」アイルランド系カトリックがいる。このクラブはジョセフ・ケネディ（ケネディ大統領の父）の入会を断わったことで知られているが、あるインフォーマントの記憶によれば、それは彼の出自（アイルランド系カトリック）のせいではなく、ひとえにその「人好きのしない、これ見よがしな性格」が原因だったということである。ベビーブーマーより上の世代の白人男性会員の妻のほとんどがアングロサクソン系プロテスタントで、例外はユダヤ教徒やカトリック教徒を妻にしている二、三パーセント程度だという。こうした状況は、いまだに保守的かつ防衛的なクラブ気質を示している。あるクラブでは、黒人のコメディアンの妻を入会させるよう政治的な圧力がかかった際、女性会員が猛反対したという。また、ビーコンヒルの自宅フェンスを許可なく五インチ改修してしまったニュー・マネーの男性の入会をめぐり、大変な物議が醸し出された。あるインフォーマント曰く、「彼がキャボット家やロッジ家の人間だったら、何の問題もなかったろうに。」

別のインフォーマントの場合、貧しい「ブルーカラー」出の女性を妻にしたことで、クラブ内の「苛立つ四人組」と名乗る匿名グループから、嫌がらせの手紙を何通も受け取った。

われわれはあなた方を忘れてはいない。そう、あなた方のことが気になって仕方がないのだ。特に、ブラットル・ストリートを売却して、ニュートンに転居するつもりだと聞いて以来……。いっそのこと、フラミンガムとやらの「ブルーカラーの町」へ向かって、ルート9を君のロールス（ロイス）で西進し続けた方がいいのではないか。そこならあなたとあなたの「ブルーカラーの家族」が、お仲間と一緒に、平等で、身の丈にあった暮らしが送れるだろう。考えてみてくれ給え。

実際、あなた方がダブル・スタンダードの生活を送っていることは、われわれ全員にとって明々白々だ。しかしながら、現実を見るあなたの目が歪んでいるせいか、自分達には説明責任がないものと信じて疑わずにいる。まるで預言者のように……何と滑稽な！

われわれは、皆、自分達の仲間によって、社会的な名声や敬意において多大なる打撃を受けた。

このインフォーマント夫婦は、こうしたあからさまな嫌がらせは例外的であり、他のクラブの会員からは暖かく接してもらっていると強調した。しかし、クラブの会員や夫の家族から受けた、さりげない「侮辱」の数々を思い起した妻は、取材中に泣き崩れてしまった。少し休ませてあげてくれといった夫は、彼女が別室で気を落ち着かせている間、筆者の質問が、今の彼らの生活の「一番デリケートな部分」に触れてしまったことを認めた。そのうえで、「あまりにも多くの侮辱」から彼女を守ることがいかに難しいかを語ってくれた。彼の周りでは、結婚指輪にかける相場は、たいてい一万ドルだそうだが、彼の場合、友人や家族に、自分の結婚を納得させるために二万五千ドルをかけなければならなかった。また、近刊予定の『名士録』の中で、彼女の「貧相な経歴」（たとえば、メイン州の小さな州立大学卒業であることなど）を、どう表現すべきか頭を悩ましている。上記の手紙に示されているように、彼はウェスト・ケンブリッジから転出することを計画しているが、「ブラーミンの部族主義のわなに引っかからない絶対の自信がある」と主張する。「変わりつつある現実を受け入れられず、大いなる過去の栄光を夢見続けている連中が、いまだにいるということです。」

ある意味で、この「部族主義」が彼らの世界を守ってきたともいえるのであるが、それがまた、内外からの批判や嘲笑を受ける原因でもある。「あんな場所で多くの金と時間を費やす価値があるか?」この疑問は、特に、人間関係や社会関係の構築において、より多くの自由と選択肢を持つ若い世代にとっては、ますます重いものになってきているようである。ボストン・グローブ紙（二〇〇一年三月二五日付）からの取材に対し、マサチューセッツ歴史協会の事務局長であり、セント・ボトルフ・クラブのパトロンでもあるウィリアム・ホウラー氏は答える。「名簿を見ても、若い会員の中にブラーミンの姓は見当たりません。」

過去には、ボストンのヤンキー達の間で広く読まれていたボストン・イブニング・トランスクリプト（*Boston Evening Transcript*）という「由緒正しい」地元紙があった。インフォーマントの多くが、「クリスチャン・サイエンス・モニターに匹敵した」という、この新聞の質の高さ（ゴシップやスキャンダルの類がなかった）に言及した。両親や先生がよく口にしていた教えを懐かしむ女性インフォーマントもいた。「女性の名前が新聞に載るのは一生に三回限り。生まれた時、結婚した時、そして亡くなった時の三回限りです。追悼記事がトランスクリプト紙に載るような生き方をなさい。ボストン・グローブ紙ではなく!」ある男性インフォーマントは、カリフォルニア出身の母にまつわるエピソードを紹介してくれた。トランスクリプト紙は、何と、父が「出自不明」の女性と結婚したと報じたそうである。この新聞は、ある意味で、自分達の「社会」がどういうものなのか、また、どうあるべきなのかということを「想像」（Anderson 1983）させるメディアだったといえる。いいかえれば、「由緒正しい」ボストニアンの規範を知らしめることで、ある種の社会的構成力を有していたのである。しかし、一九四一年に、トランスクリプト紙の経営は破綻してしまった。都市から郊外への流出が進み、都市部の小新聞が次々に消えていった時期である。

親密なネットワーク

トランスクリプト紙は、家族の系譜にまつわるコラムで有名だった。このこと自体、旧家の関心が、親族関係——もともとどこからやってきて、現在はどういう家族で、どこに向かっているのか——にあったことを示唆している。実際、祖先や親族に関するインフォーマントの知識の広さと、旧家同士の系譜的な近さには、驚嘆させられるものがあった。程度の差はあるにせよ、祖父母の兄弟や、従兄弟の配偶者の名前、出自、学歴、職歴をすらすらいえる中高年のインフォーマントに出くわすのは、決して珍しいことではなか

Part Four
BOSTON EVENING TRANSCRIPT, WEDNESDAY, MARCH 8, 1933
Genealogical
A Monday, Wednesday, Thursday, Friday Transcript Feature

ボストン・イブニング・トランスクリプト紙

った。中には、新大陸への移住する前の祖先の系譜を語れる者さえいた。ジョン・ウィンスロップ、ポール・リビア、ジョン・アダムス、トーマス・ジェファーソン、エイブラハム・リンカーンなどといった歴史上の人物を祖先に持つインフォーマントもいた。「誇りを持ちなさい。でもそれを表に出してはいけません。」「姓はそれだけでものをいうもの。敢えて使ってはいけません」というのが、旧家の金言のようである。

A氏の父の従兄弟は、B氏の父で、C氏の義理の親でもあるとか、X氏はY氏の又従兄弟で、その親友のZ氏はX氏の妹の夫であるとかいう関係を筆者はよく聞かされた。ある意味で、彼らが系譜的に重なり合っているという事実は、さして驚くべきものではない。というのも、「ボストンの社会」は、数十年前まで今よりもはるかに小さく、より囲い込まれ、凝縮していたからである。旧家間で頻繁に見られた「同族結婚」は、インフォーマントの推察によると、「意識的な努力の結果」だけではなく、当時の「限られた社会的接点ゆえの自然な成り行き」でもある。それにしても、入り込んだ系譜を把握する彼らの能力は、筆者のみならず、結婚を通して、外部からそうした家系に加わった者達をも感心させている。系譜に関する知識は、歴史書、家系関連の文書、日々の会話を通して、ある程度、養われるのであろう。自分のパソコンでせっせと系譜を更新しているインフォーマントにも二、三人出会った。そうした深い知識のおかげで、初めて会った旧家のメンバーであっても、何となく親しみを覚えるらしい。「ボストンの旧家は、かなりの度合いでつながっているのです。たとえば、ガードナーやウェルドといった姓の人に出会うと、親族のように感じます。」

もちろん、これらの家族は家系図の上だけでなく、実際の人間関係にあっても「近しくつながって」

いる。フィールドワークの最中、筆者は、他に誰を取材しているのか、インフォーマントに対して明らかにしないよう努めていた。しかし、時折、「マフィーもあなたの『標本』になっているとは知りませんでした！　彼女は私の従姉妹なのですよ。」「テッド・アップルトンとは同じクラブに所属しているんです」などといわれたり、インフォーマントどうしが、結婚式や葬儀会場でしゃべっているのを見かけたりして、跋の悪い思いをした。来賓三百人の結婚式や、一五〇人が集う感謝祭のパーティーなども、さして珍しくはなかった。社交クラブ、慈善団体、冠婚葬祭は、彼らの知識が生きたものとなり、互いのつながりが強まるきっかけを提供する場である。ブラーミン家族に生まれ育った作家のアビゲイル・トラフォードは、ワシントン・ポスト紙（一九九三年二月二一日付）に「アメリカの上流階級がいかに崩壊するか」と題するコラムを寄稿し、「ワスプ腐敗症候群」と彼女が呼ぶ、アメリカ社会におけるワスプの凋落について報告した。しかし、彼女でさえ、筆者の取材に対し、ボストンの旧家の場合は、薄れてはいるものの、依然、ある種のネットワークが残っていると語った。そうした旧家は形のうえでは核家族であるが、実質的には大家族的である。実際、外部からそうした家系に加わった者達さえ、今では、親族関係や系譜についてよく通じており、筆者を感嘆させたほどである。中には、配偶者の家族にもっと受け入れてもらおうと、系譜を一生懸命勉強した、と率直に認めるインフォーマントもいる。

しかし、そうした「広く、揺るぎない結束」も、より大きな社会的うねりから自由でいられるわけではない。ビジネスはより形式化され、情報入手・伝達手段はより拡大し、縁故主義は官僚的合理主義に取って代わられ、家族の分散は進み、社会福祉・サービスは政府によって提供されている。インフォーマントのほぼ全員が、今日、親族関係への依存はデリケートな問題であるとしている。それは、自分で自分の面倒を見ることができない証しとして、否定的にとらえられかねないためである。「人は十分なリソースがないときに、親族のつてを頼るものです。古いヤンキーの家族には、そうしたことはありません。基本的に、情緒面での安心をもたらすための親族関係です。」

筆者が観察したかぎり、依存が許されがちな唯一の分野は、就職活動のように見受けられた。もっとも、親族にアプローチしたり、逆に、親族からの依頼を引き受けるのは、何かと気を遣うようである。仕事上の取引や資金集めを親族縁者に頼ることは、常に、相手を気まずくさせる危険をはらんでいるという。

かつて、当然のように、親族関係が担っているとされた社会的機能は、このように縮小し、それとともに付き合い方も変わってきた。七〇代半ばの女性インフォーマントは、他のインフォーマント同様、今日の親族関係を左右するのは、別荘と家族信託だと断言する。しかし、これまでにも述べてきたように、税金、維持管理、保険に高い費用がかかるため、多くのインフォーマントにとって、別荘を持ち続けるのは難しくなっている[19]。減少する資産と増大する相続人は、家族信託からの各人への配当を減らすことになる。さらに、家族や親族が各地に分散することで、互いに連絡を取り合ったり、つながりを保ち続けることが困難になっている。たとえば、ショウ家では、現在、約一千七百人を数えるショウ家全体の五、六パーセント、主として同じ社会的サークルに属する人達としか、連絡を取り合っていないとのことである。

交際する親族の取捨選択の基準となっているのは、「相性」の良さ、「センス」の一致、「近しい親族」の存在といった、「偶然のめぐり合わせ的」な要素である。あるインフォーマントは、大工やタクシー運転手をしている従兄弟と仲が良いのは、「音楽が大好き」という点で一致しているからだという。別のインフォーマントは、兄弟が自殺した際に、親族が暖かく精神的にサポートしてくれたことを契機に、親族どうしの結束が生まれたと語る。

一方、あるインフォーマントは率直に語る。「メイン州の別荘は、もうほとんどが、売却済みです。私達はシンボルを失いつつあります。子供達が大きくなった時、彼らがはとこ達のことを識別できるかどうか、確信が持てません。まあ、家族信託があるから、少なくとも彼らの所在は分かるし、最小限の連絡はとっています。でもそれ以上の近しい間柄ではありません。もっと近しくありたいという切なる願いもありません。共通の話題もそれほどないし、互いの性格が、あまりにもかけ離れていると思う時もあります。実際、二〇年以上も話していない従兄弟も何人かいます。彼らは本当に頭がおかしい人達です！」別のインフォーマントはこう振り返る。「五〇年前に想像したのに比べると、親族とはずっと疎遠になりました。私の選択です。なぜかって？　大きくなるにつれて、何人かの親族には全く魅力を感じなくなったからです。」このインフォーマントは、むしろ、職場での自分の同僚の重要性を指摘する。自分の甥や姪については、どちらかというと、あやふやな知識しか持っていないが、同僚の子供達についてはよく知っていて、誕生日には電話をするほどである。近しい親族が亡くなってからは、親族関係が疎遠になり、付き合いは各個人の裁量に委ねられるようになったという話もよく耳にした。

興味深いことに、由緒正しいボストニアンであるウィリアム・ウェルド知事（当時）の親族二人と話した際、彼らは、もしも連邦上院選挙（一九九六年）にウィリアムが立候補しても、彼には投票しないと公言した。このような「背信行為」は、昔ならば「考えられなかった」が、今日では受け入れられるようになったようである。「こうしたことで親族関係にこだわるほうが時代錯誤です。」もっとも、大半のインフォーマントは、このような場合は、親族を支持するのが「自然」だと考えている。しかし、上記のケースは、「自然」だったことに疑問が投げかけられ、「脱自然化」されつつあること、また、個人の自由裁量の余地や選択の幅が、親族関係においても広がったことを示唆している。

ウェルド親子
(*Harvard Magazine*, 11-12, 1998)

総じて、インフォーマント一人当たり、定期的にカードや電話でやりとりしたり、会ったりしている親族は、三人から五人いる。このような親しい親族は、通常、四人から八人いるとされる親友としても数えられているようである。親友とは、基本的には、同じような歳頃で、男女は問わず、高い教育を受けていて、専門職に就いており、学生（特に大学）時代、職場か、地域社会の活動で知り合った人達が多い。そのほとんどがアングロサクソン系のプロテスタントだが、カトリック教徒、ユダヤ教徒、黒人という場合も珍しくはない。祖父母の時代から親しい友人関係が続いているというケースも二件あった。インフォーマントのほとんどは、全米各地に親友が分散しているが、「広く、揺るぎない結束」は、地理的制約を超えて享受されている。インフォーマントの多くは、電話でやりとりしたり、プレゼントやカードを交換したりするだけでなく、一緒に旅行や夏のキャンプを計画することで、遠くの友人との友情をうまく保っている。「成長するにつれ、友情が一番貴重なものだと悟りました。実は先週、一番の親友が、はるばるカリフォルニアから会いに来てくれたんですよ。彼女はうちの別荘に泊まって、私達はありとあらゆる話をしました。たとえば子供のこと、共通の友人のこと、食べ物のこと、パリのこと、政治のこと、O・J・シンプソン裁判のこと、それにお金やセックスのことまで！」

インフォーマントの中には、チャールズタウンやチェルシーのような、ブルーカラーが多い「由緒正しくない」地域に住んでいる人もいる——とはいっても、彼らの住んでいるブロックそのものは、より中流階級的であるが。もっぱら、通勤の便が良いので、そこに住んでいるだけで、近所の住人のことは、ほとんど何も知らず、「あんな連中と親しくなる気は毛頭ありません。」「寝るために住んでいるのですよ」と苦笑する。社交クラブや慈善事業には一切参加していない。それでも、（親しい親族と同僚を含む）友人達と育んでいる親密なネットワークのおかげで、彼らは「孤独な群衆」だとは感じずに済んでいるようである。

「コミュニティの崩壊」という言説をアメリカではよく耳にする（Bender 1978）。実際、「コミュニティ」が地理的ないし組織的な意味で定義されるのであれば、それは、南北戦争以降（特に第二次世界大戦後）の社会の流動化のなかで、きわめて傷つきやすく、脆い存在となった。しかし、従来的な意味での「コミュニティ」の断片化や弱体化を前にして、地理、組織、民族、宗教、家系を超越するような新たなコミュニティ（あるいはネットワーク）が、ますます重要さを増しているように思える。筆者のフィールドワークは、インターネットがインフォーマントの間で普及する以前に行われたわけだが、インターネットの時代にあっては、一層、こうした傾向に拍車がかかるかもしれない。

成功の意味

社会における自分の居場所に対する感覚は、どのような仕事に従事しているかによっても左右される。男性インフォーマントのほとんどは、ビジネス、医療、法律、学術の「専門的な」職業に関与しており、「専門職」に就いていることは、「中上流階級」の大切な条件と考えられている。「中上流」が意味していることは、「ニュー・マネー」（上流階級）でも「ノー・マネー」（中流の中かそれ以下）でもないということに尽きるようである。「上流階級は物質主義的で自己顕示的です。ロス・ペローやドナルド・トランプをご存知でしょう。彼らは貪欲で、知的・哲学的深みのかけらもありません。」「郊外の見苦しいショッピングモールに行けば、中流の（中の）人達がいますよ。彼らは、根無し草で、自分達がどこから来たのか、一体何者なのかも理解していません。毎日の暮らしで手一杯な人達です――ウィスキーのボトルを握り締めながらね！」

「中上流」であるということが、暗に示しているのは、「物神崇拝の呪縛」や「無文化という文化」

のどちらからも自由であることである。インフォーマントの多くは、自分達の子孫が、「中上流」や「専門職の」生活様式を維持していって欲しいと願っているが、それは「もっともバランスのとれた方法で『自由』を謳歌することができる」からだという。

平均的なインフォーマントは、一日に八時間から一〇時間仕事をし（ただし夕食後はめったにしない）、六週間から一〇週間の休暇を取っている（いた）。報酬は、ゼロ（ボランティアの仕事）から約五〇〇万ドルまで非常に大きな幅がある。働きすぎとか、昇進のために躍起になっている人はなく、自宅でくつろいだり、友人宅を訪ねたり、ゲストを招いたり、様々な社会活動に参加している。経済と道徳（市民的美徳）のバランスをとることが、キャリアを追求するうえでの主要なテーマのように見受けられる。あるインフォーマント夫妻は、相続した遺産も多く、生活は悠としているが、慈善活動やボランティアの仕事に忙しく関わっている。ある意味、それは、課税を免れるための「合理的な」行動である。しかし、彼らの活動には「ノブレス・オブリージュ」の精神に拠っている部分も多く、「何もしない（貢献しない）」ことは、「無責任」、「怠惰」、「卑しい」、「自分勝手」として軽蔑される。「中上流」にあっては、「work（仕事）」を「job（賃仕事）」に貶めることはできないのである。

「Job」に関してでさえ、「道徳」（あるいは「義務」・「公正」・「誠実」・「正直」といった意味での「市民的美徳」）は、彼らの「誇り」や「名誉」の中心的な部分を占めている。投資ビジネスに従事している、あるインフォーマントは、「実に厳しく、競争の激しい世界ですが、『人間』を扱っているという自覚があるかぎり大丈夫です。話がややこしくなるのは、『数字』を追いかけ始めた時です。私の場合、父は弁護士、祖父は銀行家でしたので、この世界との接し方を知っています。ニュー・マネーにとっては、とても不自然で難しい世界だと思いますよ」と語る。

ボストンの彼らの社会は、今も小さく保持されていて、悪い評判が立てばすぐに広まる。なので、インフォーマントは仕事をするうえで、反社会的と見られないように気を遣っている。「ボストンでは、いまだに、旧家の姓がそれと認識される傾向がありますしね。」より知的な専門職に就いているインフォーマントは、自らが興味あることを追求して報酬を得ていることを、誇りに思っているようである。「私は大変満足しています。自分にとって、仕事は、自己実現、自己表現、社会貢献の手段です。まるで宗教のようなものですよ。」「かつての教え子達から、たくさんのクリスマスカードが届くのですが、彼らは今、世界各地で教壇に立っています。自分が教えたことを、若い世代の彼らが、今も教え続けてくれるなんて、胸が一杯になるじゃありませんか。」

年配のインフォーマントは、進学先の大学を決める時に比べたら、職業を決める際に、親から受けたプレッシャーは少ないものだったと口にする。「父はよくいっていました、『どこの大学でも好きなところに行けばいい。でもハーバードだったら、学費を払ってやる』と。」「うちでは、ハーバードが『唯一』の大学で、エールやプリンストンなどは二流と見られていたのです。だから私はハーバードしか受験しませんでした。」

進学先大学や職業の選択の際に、親からかけられるプレッシャーは、いまの若い世代では、ほとんどないようである。しかし、成功へのプレッシャーがあまりに強かったせいか、子供がそれに耐えられなくなったというケースも二、三耳にした。ある著名なブラーミン家族の場合、現在三〇歳前後の息子はハーバード大学に入学したが、弁護士か医者か実業家になって欲しいという、権威的な父の期待に背き、美術を専攻した。その息子は、家族信託その他のベンチャー・キャピタルから毎年一〇万ドルを受け取ることができる。ニュージャージーで農業と環境活動に従事しているらしいが、この話をしてくれたインフォーマントは、彼が、社会に深く関わるためのやる気を見出せないまま、「あてもなく、彷徨っている」ようだと描写する。父に背いて以来、父との関係はぎくしゃくしたままらしい。時折、自分のヘリコプターで実家に帰る彼だが、父と面する時は、今でも、体と声の震えを止めることができない。昔のボストンでは、息子のうち少なくとも一人は、「資産をつくること」が期待されたらしいが、この息子のケースは、インフォーマントから見ても、「とても極端」で「気の毒」だということである。

女性のケースについては追って説明するが、一般的にいって、年配世代では、親族や家政婦などの人間関係を調整し、かつ慈善活動に関与することが期待されていた。ベビーブーマー（当時、三〇代半ばから四〇代後半の人達）やその子供達（いわゆる「MTV世代」や「X世代」）は、より学業や仕事に熱心で、独身時代を長引かせる傾向がある。若い世代が携っている職種は、様々な非営利組織（特に教育や環境系の組織）、芸術産業、セラピー、出版、学術（特にアート、人類学、歴史、文学）などであった。「男性」あるいは「中流の女性」の領域とみなされている、銀行、投資、法律、マーケティング、その他の「ハイパワーなビジネス」に就いている女性には、筆者は出会わなかった。家庭に留まっている人はほとんどおらず、あるインフォーマントの試算では、サマーセット・クラブやターバン・クラブに所属するベビーブーマー世代の妻の半数近くが、主に自己実現や自己成長のために、家庭の外で仕事をしているという。クラブに所属していない他の家庭——彼らほど裕福でも、保守的でもない、特に若い世代——の場合、このパターンは一層顕著のように見受けられる。

「成功する」ということについて、特に年配の世代では、それは手柄というよりも、むしろ当然と考えられている。子供の頃に、何か特別優れたことをして、褒められたり、ご褒美をもらった覚えのある者はほとんどいない。「月並みな結果だったので叱られたことはあります。」「ニューイングランドの人間は褒めるのが下手なのですよ。でも、時が経つにつれ、もっと子供達を褒めるよう促されたように思います。」「ワスプは消滅しそうですが、いわゆる『プロテスタントの倫理』とされるような勤勉性は、今でも健在だと思います。」

その「倫理」を体現できなかった者のことは、しばしば、「落伍者」、「難民」、「放浪者」、あるいは、「奇人」などと語られていた。筆者自身も、フィールドワークの予備調査の時に、「いつも忙しくしていなさい！　さもないとブラーミンの別荘でお茶しているうちに時間が過ぎてしまいますよ」と諭されたことがある（エバンズ・プリチャードは幸運だった）。キャリアを成就させるうえで、それなりのプレッシャーはもちろんあった。ある元大学教授は、「『論文を書かない者は、消え去れ』というプレッシャーを、五〇歳か五五歳あたりまででしょうか、確かに感じていました。面目を保つために、自分を追い込んで、辛いときもありました」と語る。「仕事はうまくいっていますが、ロー・スクールを出ていれば、もっと色々やれたと思います。この社会では、法律の学位なくして、名を成す存在になるのは、非常に難しいのです。」「私は博士号を取得していなくて、そのことを多少なりとも恥ずかしく思っています。」

しかし、「成功すること」は、若い世代にとって一層厳しいことになりつつあり、「当然」ではなくなっている。ハーバード大学の役員の一人で、ニューイングランドのヤンキーの旧家の出であるインフォーマントは次のように語った。「ゴア副大統領も先日（一九九四年のハーバード大学の卒業式）話していたことですが、市民・企業・政府間の誓約関係に対するシニシズムが非常に強くなっています。学生達は、会社がいつまでも雇ってはくれないことを知っています。企業は、学生を雇っても、すぐに辞めてしまうことを知っています。つまり、互いに信用していないのです。学生達は、世の中が彼らの理解と能力を超えていることを知っています。絶望しているのです。と同時に、それでも、成功への黄金の道を歩むべく、必死になっています。ほとんどの学生が、政府に勤めるようなことはせず、ビジネス・スクール、メディカル・スクール、ロー・スクールに進むべく、学部生活を組み立てています。学士号だけでは、私達の社会では不十分であることを知っているのです。この傾向は一九六〇年代のベトナム戦争や学生運動の頃から顕著になりました。」

他のインフォーマントも指摘する。「ビジネスは、その手法を問わないまま、どんどん貪欲になっていると思います。」「アメリカ人は不親切だとすでに悪名高いかもしれませんが、われわれの社会では嘘やマナーの悪さ、それに権力意識が、以前にも増して酷くなっているように思えます。若い人達が、なぜ自己成長に重きを置くのか理解できますよ。だって、結局、自分の面倒を見てくれる人は誰もいないからですよ！」

どうやって自分の面倒を見るつもりなのだろうか？　筆者と同年代のインフォーマントの答えはこうである。「分からないですね。ただ自分で自分を駆り立ててゆくしかないでしょうね。」「私は父のように有名にはなれないと思います。無名だし、裕福でもないし。兄弟だって同じことです。もっとも、彼はそのことを何となく恥じているけれど、私は違います。私には父よりも自由があるように思います。」「私の人生のなかで『負け』というのは、人生への情熱を失うことです。どれくらい稼ぐとか、他者が私をどう思うかなんて気にしません。覇気を失わずに、自分自身や人生についてもっとよく知るために、探し求め続けてゆきたいのです。だから、今のプロジェクトが破綻したとしても、それは、大した問題ではありません。それは『間違い』であって、『負け』ではないから。いっている意味が分かります？」

「成功する」ということは、若い世代にとっては、収入や地位というよりも、もっと実存的で、自己表現的な意味で解釈されている。それは、かつての社会的な専制主義への反動かもしれない。しかし、それは、つながりの希薄化や「没落」という現実を前に、それを意味づけようと格闘している姿のようにも思えた。

「中上流」の文化

インフォーマントの趣味や趣向を解明するうえで、アルドリッチの観察は興味深い。

この新世界で生き残っていくために、オールド・リッチ（そしてその仲間入りを果たそうとしているニュー・リッチ）は、古い芸術作品、音楽作品、古い書物、古い椅子とテーブル、古いスタイルとファッションの全てを手に入れ、小道具として置くことで、あらゆる意味において、自分達の歴史的正統性を証明する必要があったのである。[20]

ここでいう古さとは、時間的な意味だけではなく、いわゆる「ピューリタン」の「倹約」、「節度」、「簡素」といった倫理的感覚をも内包している。「ハリウッド」や「ニューヨーク市」に象徴されるような自己顕示的な消費は嘲笑され、「悪趣味」、「物質主義」、「表面的」として忌み嫌われる。同様に、ぴかぴかの清潔さや完璧な整理整頓ぶりは、「ニュー・マネー」や「中流階級」の趣味とみなされる。ハーバード・スクウェアにある老舗のパブで、とあるインフォーマントと食事をした際、彼は冗談めかしてウェイトレスに苦情を述べた。「このテーブルはきれいすぎるよ！　指がかすかに黒くなるくらいの、ちょっと埃がたかった感じが好きだったのに！」と。

インフォーマントの自宅の大きさや外観に関していえば、近所の他の家と区別できるような、はっきりとした特徴は思い当たらない。二〇世紀初頭まではヴィクトリア調様式が典型的だったが、今日では個人の好みや経済状況に拠るところが大きいようである。若い世代の中には、都市部のコンドミニアムに住んでいる人もいるし、上の世代に比べてよく居を移す。郊外に住んでいる人は、先祖代々住んできたような広大な土地（六千～一万二千坪）に居を構え、住所はせいぜいストリート名までという場合が多い。むしろ、より顕著に「らしさ」が出ているのは、家の装飾だ。たとえば、高い天井、古いペルシャ絨毯、暖炉、皮張りの椅子、ヴィクトリア朝風の食器とテーブル、アンティークのランプや飾り物、海の風景画、先祖の肖像画、ハードカバーの稀少本コレクション、ハイカルチャー系の雑誌（*The New Yorker, Harpers, Atlantic* など）、純血種の犬（ラブラドールレトリバーなど）である。百点以上の絵画が飾られた家を目にすることも珍しくない。テレビもあるが、小型で、通常、居間やダイニングルームの外に置いてある。インフォーマントの中に、フェラーリやジャガーやキャデラックに乗っている人はいない。メルセデス・ベンツ、フォルクス・ワーゲン、BMWのような、比較的シンプルなデザインや、ミニ・バンやジープのような、大地を走るのに実用的なスタイルを好むようである。

彼らはニューイングランド地方の様々なスポットに別荘やお気に入りの滞在先を持っている。人気の高い場所としては、ノースイースト・ハーバー、サウスウェスト・ハーバー、マウント・デザート、クランベリー・アイランド、ケネバンクポート、ソームス・サウンド、ケープ・コッド、ウォッチ・ヒル、グロトン、マディソン、ブラットルボロ、マンチェスター、ブレトン・ウッズなどが挙げられるが、同じ場所で、繰り返し休暇を過ごしているようである。フォーブス家の一派は、ケープ・コッド沖にある島を丸ごと所有している。こういった場所の別荘は、こと装飾に関してはずっとシンプルだが、友人や来客のために、二〇部屋以上の寝室と五つ以上の浴室を備えている場合が多い。あるインフォーマント夫妻は、マンハッタンのアッパーイーストに三軒目の家を持っていて、美術館や劇場の帰りには、よくそこに滞在している。

服装や食べ物については、節度の美学ともいうべきものが見受けられる。世間のイメージに反して、正装の時もカジュアルの時も、「派手好み」なところは一切ない。筆者が、町で彼らを見かけたとしても、服装からは彼らを識別できないだろうし、昼メロの俳優と比べても、かなり見劣りするように思われた。皺の寄ったシャツ（またはポロシャツ）やジーンズ（またはカジュアルなスカートやパン

ケネバンクポート（ブッシュ家の別荘地の一つとしても有名）

典型的な別荘

ツ）がかなり一般的な装いで、略式の席で、ネクタイを結ったり、ジャケットを着たりする男性はほとんどいない。もちろん、英国仕立てか、あるいは、J・プレス、ブルックス・ブラザース、バーバリー製の正装着も持っている。しかし、エンターテーメント界の有名人とは違って、インフォーマントには、流行に合わせて服を新調するようなことに心を砕いている者はほとんどいない。「一九六〇年代から着ているスーツがあるし、靴は一九七〇年代から履いているものがあります。ロンドンであつらえたもので、本当に質が良いのです。」「このブレザーの紋章が、だいぶくたびれているのが分かるでしょう？　このくたびれ具合が気に入ってるのです！　三〇年くらい前、大学生だった時分に買ったものなんです。」「私のウエディングドレスは、母や祖母も着たものでした。新しいものはいつでも買えますが、歴史を買うことはできないでしょう。」ゴールドのアクセサリーや派手なメイクも、筆者はほとんど目にしなかった。

食事は、かつては、たいてい、家政婦が準備していたが、今日でも、そうしている家族があるにはある。レシピは、家庭によって実にまちまちだが、グルメからは程遠い筆者から見てもかなりオーソドックスで、禁欲的とさえいえるほどの質素さだった。朝食はコーヒー（または紅茶やジュース）一杯、またはシンプルなコンチネンタル・スタイルである。昼食は誰が家にいるかによって、大きく違う傾向がある。しかし、サンドウィッチかパスタというのが、もっともスタンダードなメニューのようである。ある家庭では、昼食にいつも同じ種類のパスタ（ジェノベーゼ）を食べていた。夕食は通常、肉（または魚）、サラダ、豆（またはポテト）、温野菜に、ワイン、デザート、コーヒー（または紅茶）が付く。筆者にふるまわれた夕食で、一番手が込んでいたのは、自宅の広大な敷地で仕留めた鴨のフォアグラのパテだった。一人前の分量は控えめで、自制がきいていて、いわゆる肥満のインフォーマントに出会わなかった理由が、多少、分かった気がした。夕食に客や友人を招待するのは、かなり一般的である。夕食は、社交クラブや友人宅で取ることもあり、ずっと頻度は落ちるが、たまにはレストランでということもある。夕食では、家族が一同に会することが期待されていて、筆者のインフォーマントの家族に関しては、実際、皆、そうしていた。

「中上流」の文化は、好みのスポーツやレクリエーションにも表われている。人気があるのは、ポロ、テニス、ゴルフ、フィッシング、セイリング、カヌー、ハンティング、スキーなどだが、こうした活動はカントリー・クラブやヨーロッパでだけ行うことを好む人達もいる。[21] インフォーマントの多くは、おしゃべり、読書、トランプ、美術館や劇場めぐり、散歩などを、レクリエーションの大切な部分ととらえている。ジョギング、エアロビクス、ヨガ、ボーリング、テレビゲームなどはほとんど行われていない。

かつては、教会が、家族や地域社会に、共通の時間や場所を提供してくれたが、インフォーマント——特に若い人達——に関するかぎり、宗教を真剣に受け止めている人は少なくなっているようだ。「私はエピスコパリアン派ということになっていますが、自分をそう見なしたことはありません。海や山を見ている方がよっぽど宗教的な気持ちになります。」「子供達はエピスコパリアン派の教会で洗礼を受けさせました。でも、そこまで。親の義務はそこまでです。教会には全く通っていません。」

宗教への関心の低さに反して、彼らの政治的意識は高い。インフォーマントのほぼ全員が、選挙には投票に行く。筆者は、当初、「政治」の話はタブーだと考えていたのだが、インフォーマントは、かなり単刀直入だった。中には、初対面の席で、開口一番、「われわれの社会に蔓延っているPC（ポリティカル・コレクトネス）をどう思いますか？　私は全くのナンセンスだと思っているのですが。」「アメリカ人は、なぜ、レーガンのような間抜けを大統領に選んだのか、理解できますか？　私にはいまだもって不可解です！」などと切り出す人もいた。いわゆる知識層の人は、民主党に投票する傾向にあり、その他の人々は、「穏健保守派」ないし「オールド・リベラル派」を自称する共和党支持者で、リンドン・ジョンソンやビル・クリントンに票を投じた共和党支持者である[22]。パット・ブキャナンを支持するような極右の共和党支持者や、ジェリー・ブラウンを支持するような極左の民主党支持者には出会わなかった。「自分が正しいと信じて疑わないような人は信じません！」

「リベラリズム」――といっても、福祉国家的な意味や、市場主義的な意味ではなく、より精神的な意味――の伝統は、「中上流」の美徳を象徴し、「ノブレス・オブリージュ」や「市民的美徳」に関わるものとして、インフォーマントの間できわめて大切にされている。ジョン・マーカンド（Marquand 1973）の小説『今は亡《な》きジョージ・アプリー（*The Late George Apley*）』が広めたような、ヤンキー文化の否定的なイメージはいまだに健在で、インフォーマントも十分わきまえている。しかし、インフォーマントや彼らの周りの多くは、アイルランド系の家政婦のためにカトリック教会を建てたり、サウス・ボストンに公立学校を設立するための資金集めに励んだり、アイルランド系の家政婦の目の手術費用を肩代わりしたり、ユダヤ系移民に経済支援をしたり、貧しい子供達のためのサマー・キャンプを企画したり、などといった慈善を通して、「リベラリズム」の精神を体現している。同時に、「リベラリズム」は、「エキセントリック」、「因習打破主義」、「（良い意味での）スノビズム」といったものとも近い関係にある。東洋の美術品の収集、インド旅行、「原始的な」民族の研究、珍しい昆虫の標本作りなどは、彼らの趣味・趣向の独自性や卓越性を表すものとして理解されている。[23] アダムス氏やハンコック氏が主張したように、ヤンキー文化を打破すること自体、より深いレベルで、自身の文化的伝統そのものと解することも可能なのである。

しかし、彼らの文化的領域で、もっとも特筆すべきことは、そうした独自性や卓越性の基盤となっている諸々の特質が、次第に断片化・風化しつつあることかもしれない。古いものに対する趣向が今に引き継がれているとしても、それを体現化し、保持し続けてゆくのは、ますます困難になっている。骨董品は子孫達の間で分散されたり、市場に売りに出されたり、課税控除のために美術館や博物館に寄付されている。若い世代には、天井まで五、六メートルもある家や、優雅な暖炉を構える余裕もない。高価な絵画や純血種のペットは、彼らの家には似つかわないし、「日中誰も家にいられないなら、ペットを飼うべきではない」という人もいる。マーク・ゲルファンドは、ボストンを代表する慈善・市民・文化的組織の理事を多く務め、「ミスター・ボストン」の異名を持ったラルフ・ローウェル氏（一九〇九～七八年）に関する伝記をこう結んでいる。

ラルフは、子供達が（ローウェル家の）伝統を継承してゆく姿に喜びを感じていたが、心の中では自分が最後の世代であることを悟っていた。彼の遺言状にある小さな但し書きがそれを物語っていた。彼自身からニューベリー入植地時代のジョン・ローウェル師にまで遡る、ローウェル家七代の肖像画は、長きにわたって、ウェストウッドの自宅の壁を華やかに飾ってきた。しかし、次の世代が、このコレクションに相応しい住まいを整えられない可能性を見越し、彼は遺言執行者達に相応しい場所を探してくれるよう伝えた。彼らが選んだのはハーバード大学のローウェル・ハウス（寮）である。毎年、新しい学部生達が、ローウェル家の姿から、何かしらのインスピレーションを感じ取ってくれることを願って。(24)

大量生産やマス・メディアの波は、ヴィクトリア朝的な独自性や卓越性を時代遅れとすると同時に、「一般大衆」の趣味・趣向との境界線を浸食していった。「私は、個人的には、テレビは好きではありません。質が低いですからね。でも、子供達は、学校で友人との会話についていくために、どんな番組がやっているのか、見ておく必要があるようです。」

ハーバード大学ローウェル・ハウス

今日では、中流階級や労働者階級の人でも、テニスやゴルフができるようになった。「エスニック」な食べ物はどこでも人気である。別荘の売却とともに、家族の結束が弱まったり、「一族」が自然に親交を深めることができた場が失われている。ユニテリアン派やエピスコパリアン派であることは、今日、ほとんど意味をもたない。「ヤンキー」独特の大袈裟なアクセントは、時代遅れのものとなり、昔は明らかだった労働者階級とのアクセントの違いも、それほど明確ではなくなってきた。英国であつらえたスーツを持っていたり、ボルボを乗り回したり、*The New Yorker* を購読したりすることは中流階級でもできることだし、それだけでは、卓越性なき差異、あるいは「斜陽族」の典型でしかない。威厳のある節度とみすぼらしさ、そして奇抜さと奇妙さの境界線が、だんだんと曖昧になってきているのである。[25]

恋愛イデオロギー

「恋愛」は、あらゆる社会的カテゴリーを超越すべき、結婚への原動力として強くイデオロギー化され、それをどう育んでいくかは、全て個人の裁量に委ねられている。「ガールフレンドのことで親に干渉されたことはありません。うちの親は、そうしたことから手を引いてきました――多分、ちょっと引き過ぎなぐらいね。」「妻と私は、娘のボーイフレンドが気に入りませんでした。でも、もちろん、彼女に『ダメ』だとはいえません……。だから、別れてくれるようにと、ひたすら祈っていたのです。そうしたら本当に別れてくれました。娘は、それからまもなく、後に夫となった、素晴らしいユダヤ人の男性と出会ったのです。シカゴの製鋼所で働く労働者階級の家の出ですが、そんなことは問題ありませんよ。妻と私で、先週、彼の実家を訪ねて、一緒に楽しい時を過ごしました。彼の父が私に、『ボーリングでは負けないですよ』というので、『そうか、それなら私はテニスでは負けないですぞ！』とお返しをしました。」「娘には、ハーバード・スクウェアの駅周辺にたむろしているような『ガキども』とは結婚して欲しくないですね。ボストン大学の医学博士やハーバードの博士号を持っている人なら安心はするでしょう。でも、何より重要なのはその人の人柄や誠実さです。」

ある名高いブラーミン家族の娘は、最近、クリーブランドにある大学の同級生で、褐色の肌をした、カトリック教徒の男性と婚約した。かつて海外の反政府運動に加担し、投獄された経験もあるらしいが、彼の出自や経歴は彼女の家族では全く問題とされなかった。

「うちの家系にはユダヤ人がたくさんいます。もしも祖父母が生きていたら、さぞ、驚くと思います。もちろん、狂信的な連中はお断りですが、そうでなければ、何も問題ありません。事実、ユニテリアン派とユダヤ教は、リベラリズムの伝統を多く共有していると思います。」「息子が黒人と結婚するというなら、ちょっとは注意を与えるかもしれませんが、それ以上は何もいうつもりはありません。」

こういった証言は、階級、人種、宗教がその重みを変化させていることを示唆している。年配のインフォーマントによると、若い世代は「ありとあらゆる種類の人達と混ざり合っている。」とはいっても、詳しく見てみると、「ありとあらゆる種類の人達」の九〇パーセント以上が、中流ないし中上流で大卒以上の白人だということに気づく。自由な恋愛といっても、それほど自由というわけではなさそうである。また、先述の「苛立つ四人組」からの手紙からも分かるように、「愛は全てを克服する」式の恋愛の実践が、大きなリスクを伴うケースがあるのも事実である――一部の「古色蒼然とした」、「大いなる過去の栄光」にこだわり続ける人達によって。

同性愛に反対するインフォーマントは一人もいなかったが、自分の子供や兄弟姉妹が同性愛者の場合、それを他人に（あるいは親族や親友にさえも）口外することには躊躇しがちである。「娘がレズビアンだと分かったら……さぞ、動揺するでしょうね。もちろん、受け入れなければなりませんが……」「実際、私の兄弟はゲイです。二年前に『発覚』したのですが、彼も半ば認めました。両親は彼を侮辱はしませんでした。でも受け入れられるようになるまで、本当に大変でした。恥だと思ったのです……。今では、ずいぶん気持ちも落ち着きましたが、祖父母にはまだ話していません。」

同棲は、これらの旧家でも広く行われている。「三人の子供達は全員しましたよ。時代が変わったのです。」同棲に反対するインフォーマントは一人もおらず、むしろその長所を指摘する人が少なからずいた。「『恋愛』というのは、性的衝動に大きく関わっています。しばらくの間、一緒に住めば、もっと現実的に考えられるようになります。」「もしも、子供達から幸せな結婚の秘訣を求められたら、しばらく一緒に暮らしてみることを勧めます。幸せな結婚には相性の良さが欠かせないですから。」六〇代後半のある男性インフォーマントはいう。「若かった頃は（同棲など）考えられませんでしたが、一九六〇年代以降、徐々に受け入れられるようになりました。私は二度離婚して、今は、非常に知的なガールフレンドと、もう一〇年以上一緒に暮らしています。彼女は本当に素晴しい人です。より広い世界が見えたような気がしています。とても自由で、社会的意識の高い人です。私自身、他者に優しくできる、前よりも自立した人間になりつつあるように感じています。結婚ですか？　もし法的に有利ならしますとも。でも、すでに二度離婚を経験済みですから、それほど重要なこととは思いません。」彼は、彼女を相続人の一人として遺言状に記している。「長期の関係を誓約することへの恐れはあります。ただ、一人になってしまうのも怖い。皆、結婚には尻込みして、同棲を選んでいるのです。」「恋愛」を求めつつも、彼らは、結婚したカップルの半数が離婚する社会の現実に対して盲目ではない。同棲は、合理的かつ戦略的な実践なのである。

古風なブラーミン達の間では、花婿になる男性が義理の父となる人の元を訪ね、婚約前に経済状況を話し合うことが期待されている。場合によっては——あるいは、親が裕福であれば——新婚の二人に経済的援助を施すこともあるが、多くの場合、花婿は経済的に自立している。正装に身を包んでいても、話し合いそのものはくだけたものとのことである。典型的な結婚式は、二百人から四百人の友人や親族を招待し、教会で行われる。式に引き続き、花嫁の実家、社交クラブ、または別荘で披露宴が行われる。式や披露宴は、新郎新婦が組織し、花嫁の両親がホスト役を務めることになっている。既婚の男性インフォーマントは、自分の時にいくら費用がかかったのか、ほとんど知らないようだが、娘の時には五千から一万五千ドルかかったと証言している。招待状は叔父叔母、従兄弟にも郵送されるが、最終的には地理的・感情的にどれくらい近いかによる。招待客の配偶者や子供達の出席は任意である。花嫁の両親は、式の前日に、リハーサル・ディナーを主催するのが普通である。これは規模もずっと小さく、五〇人から百人の近しい親族や新郎新婦の友人が出席する。昔の恋人をこちらの儀式に招待する人もいる。筆者は、元の配偶者が招待されたケースに出くわしたことはないが、元配偶者の兄弟や親が出席しているのを見る機会が二、三度あった。

こうした一連のしきたりには、かなり柔軟に対処したって構わない。花嫁の両親が亡くなっていれば、花婿の両親が式でホスト役を務める。時には、新郎新婦が海外で二人だけで式を挙げて、帰国後に披露宴やカクテル・パーティーだけを開く場合もある。再婚の場合、式や披露宴はずっと規模が小さく、たいてい二〇人から五〇人の親しい親族や友人を招待して行われる。通常、前の結婚でできた子供達も出席する。来賓はきちんとした格好をするが、厳格な正装というわけではない。ジャズ音楽、ダンス、風船の装飾、(海岸に近ければ)海浜パーティー、また、花婿のユーモアを交えたスピーチも披露宴の定番である。こうした華々しい宴は、深夜〇時を悠に過ぎても続くことがある。あまり形式張らず、より自分達を表現したいと思う若いカップルの場合、さらに個人の好みを反映した催しとなるようである。加えて、最近の若いカップルの場合は、経済的負担が少なく、もっとこじんまりして、リラックスできる雰囲気を好みがちで、こうした催しの規模そのものが縮小している。資金面でより多くを自己負担するようになっているし、新婚旅行、家財道具、住宅ローンに回すほうを好む傾向が強いようである。つまり、ますます、普通の、中流階級の結婚式になってきているということである。

戦後の家族サイズの縮小は、人件費の上昇や、サービス産業の発展と相まって、住み込み家政婦の数を、「五、六人」から「二、三人」、あるいは「二、三人」から「ゼロ」に押し下げた。今日、ベビーブーマー世代あるいはそれより年配の世代の家庭で、もっとも平均的なのは、週に一度程度、パートのヘルパーがクリーニングを(場合によっては料理も)しにくる、というものだ。若い世代にはそうしたサポートはない(彼らはそれを「独立独行」や「自己充足」などと呼んでいる)。夫と妻の家事分担は、家庭によってまちまちである。二、三人の弁護士に聞いたところ、「旧家」の場合、六〇パーセントから七〇パーセントの夫婦が「婚前契約書」を交しているが、「結婚契約書」(誰がゴミを出して誰が皿を洗うか、などを記した書面）そのものを交わすケースは稀だそうだ。

家事のジェンダー化は、ベビーブーマー世代の親の世代では、「自然」なこととされている。あるケースでは、夫は家事のノウハウを「何も知らない」ので、妻が家庭内のほぼ全ての仕事を担当している。「うちは役割分担をはっきりと分けています。私が（家庭内の）仕事をやることになっているのは、夫に教えようとすると、時間がかかって仕方がないからです！」夫も本を棚に入れたり、コーヒーを沸かしたり、ベッドを整えたりするくらいはできる。問題は、「彼が自分の分しかやらない」ということだ。しかし、夫は必要な時には手を貸してくれるし、妻は現状がアンフェアだとは感じていない。「母は、家でもきちんとした身なりをしていましたし、家の中のこともきちんとしていました。もてなし上手の母を見て、家を切り盛りすることが、いかに重要で難しいかを教わりました。母は、家事をフルタイムの仕事として、真剣にとらえていました。私は、他の多くのアメリカ人のように、家事を二次的な仕事とは考えていませんし、そのことを、とても幸運だと思っています。」

筆者は、料理、皿の片付け、郵便物の整理、靴磨き、修繕、掃除機かけ、買い物、アイロンがけ、大工仕事、庭いじり、飾りつけ、子育てなどといった仕事が、夫婦間でどう分担されているかについて調べてみたが、実に多くのバリエーションと柔軟性があること以外、特に、共通点は見当たらなかった。[26]ある年配夫婦のケースでは、たとえば、夫が肉を切り、妻が野菜を切ることになっている。一階は彼女が掃除機をかけ、二階と三階は夫がする。ただし、一階にある骨董品は、扱い方に精通した彼が磨く。買い物リストは妻が作り、買い物は夫がする。そして買ってきたものは妻が仕分けをする。彼女は修理が大好きである。この世代では家事は女性のものという考え方がまだ根強いが、それでも実際は、柔軟かつ臨機応変に対応しているようである。

その次のベビーブーマーの世代は、より多くの妻達が、経済的理由や「自己成長」（あるいはその両方）のため、家の外に出始めた転換期であり、それゆえの混乱や衝突もあった。五〇代前半のある女性インフォーマントは次のように語っている。「子供達がまだ小さかった一九八〇年代の初め、私は大学で夜間の授業を教えていました。でも、夕食の準備もしていました。憂鬱で、苛立ちを覚えたものです。今は、より分担し合っていて、公平になった気がします。夫は随分と良くなりました。今ではすっかりパイ作りの名人ですよ！」別の女性インフォーマントは次のように振り返る。「子供の具合が悪くなった時、仕事を休んで家にいるのは、いつも私の方でした。理解できなくはないけれど、ちょっと時代遅れで、現実にそぐわないとも思いました。私にだって、夫と同じように仕事があったのに、いつも罪の意識を感じるはめになったのは、私の方だったのですから。この国の多くの家族が、いまだ、そういう状況にあると思います。」

ある男性インフォーマントは次のように語っている。「最初の結婚では、ヒーターをつけたり消したり、修理をしたり、自分の靴を磨いたりするのが私の仕事でした。妻は、家の中は自分の縄張りだと考えていたのです。友人宅と比べても、われわれの家は伝統的すぎました。自分の家だという気がしませんでした。コップに触るのでさえびくびくしたくらいです！　二番目の妻は、ジャーナリストとして働いています。彼女は掃除と洗濯をし、私は子供を学校まで送り、料理と皿洗いをします。残りは全て二人で協力しています。前よりも居心地が良く、公平だと感じています。」

こうした変化は、来客の扱いにもよく表れている。筆者は、妻がゲストのコートを預かり、カクテルを出し、夫が台所に近い席に座りながら、料理の取り分けをしているケースを何回も見かけた。ジェンダーに基づいた、家庭内におけるアイデンティティのありかたも、より状況次第、そして柔軟性に富んだものになってきている。今日、若い父の多くは背中に赤ん坊を背負い、オムツを替えている。こうした現象は、アメリカ社会全体の一般的傾向であると同時に、多くのインフォーマントが家族生活の中で求めてきた、より公平で、より親密な関係を築き上げるための試みなのである。

結婚生活における摩擦というのは、多くの場合、電気を消し忘れたとか、何かを散らかしたままにしておいたとか、優柔不断だとか、服にお金をかけすぎるとか、骨董品の扱い方が不適切だとか、といったような「些細なこと」をめぐって生じるようである。こうした摩擦は夫婦関係に緊張をもたらすが、たいていは一時的なものである。インフォーマントは、そうした時の対処法を心得ている。「うちでは、互いの責任について確認し合います。」「時間が解決してくれます。」「互いが、次の日の朝、妥協し合うのが暗黙のルールです。」「深刻な喧嘩になると、妻は私があまり好きではない料理を出すのです。報復措置として、私は友人達と飲みに出かけます。たいていこの段になると、彼女は私をミスター何々と呼び始めます。その時点で、喧嘩はやめにします。」

セックスもそうした葛藤を超越させるものとして意義が認められているが、それに特別な地位を与えている人はいない。貞節は重んじられているが、二、三人のインフォーマント（男女）は、こっそり浮気をしたことがあると（配偶者には極秘という条件で）筆者に告げた。中には、定期的にセラピストを訪れているカップルもいる。「自分自身や夫婦関係をもっと客観的に見てみたいのです——つまり、もっと科学的にね。」「第三者からの助言はいつでも有益です。むしろ、ある意味、親族よりもセラピストの方が信頼できます。」「より良い自分になって、幸せや成功を探せるような気がするんです。」彼らは全員、安定した自己や人間関係を探し求めるうえで、セラピーは効果的だと認めている。しかし、夫婦関係を解消することで、それが可能になるケースも増えてきている。

アメリカにおける離婚と再婚の日常化は、ときに「連続的単婚制（serial monogamy）」などと皮肉られもするが、離婚の増加は、社交クラブに集うような比較的保守的な人々の間でも顕著のようである。インフォーマントの多くが、アーネスト・フェノロサ（一八五三～一九〇八年）――由緒正しいボストニアンであり、日本美術の専門家としても著名――が、離婚を理由にピーボディ＝エセックス博物館長の地位を奪われたことに言及した。こうした処遇は、今日では、「全く考えられないし、存在もしない。」今回、主たる調査対象となった一三家族の中で、親、兄弟姉妹、子供の誰にも離婚歴のない家庭は一つだけだった。ベビーブーマー世代のインフォーマント（と彼らの兄弟姉妹や従兄弟）の半数近くは離婚歴があり、彼らの親の世代でも約四分の一が離婚を経験している。結婚期間は二年から二〇年と幅があり、結婚時の年齢が大きく違うように、離婚の時期もかなり異なっている。しかし、「あらゆる意味で混乱していた」一九六〇年代に、「自己実現」運動が勢いを増し、「確固たる」社会制度としての結婚観が大きく揺らいだと証言するインフォーマントは多い。その結果、結婚の情緒的・性的な次元（「気分よく思えること」）が重視されるようになったというわけである。といっても、三回目の結婚という人に会うのはまだ稀で、再婚までは通常六ヶ月から五年の期間が置かれているようである。

結婚の危機は、往々にして、夫婦間の力関係に不均衡を感じることや、そこから派生する状況操作や虐待などに起因するとされているが、精神的な充足が満たされないということで、誘発されることもある。「昔は、離婚というのは病気や移り気が原因でしたよね？　私の場合は、彼にさしたる不満はありませんでした。ただ、『結婚ってそんなに大事なものかな』って思ったのです。虐待されたとか、抑圧された覚えは全くありません。ただ、結婚が私の人生の本質ではないと思ったのです。それで、彼に離婚を持ちかけました。二〇年くらい前のことです。離婚はやはり辛いもの……ものすごく辛いものでした。でも結婚したまま満足せずにいたり、そのことで、彼を傷つけたりするよりは良かったと思います。不本意な烙印を押されることもありましたけど……そのほとんどは、既婚者からのものだったような印象があります。彼らは、きっと自分自身や自分の結婚を守る必要があったのでしょう。娘は、一日おきに、夫と私を訪ねていました。もちろん、学校の参観日には二人とも出席しました。今でも、時折、週末や夏休みを一緒に過ごしていますし、夕食を一緒に食べたりもします。少なくとも、二ヶ月に一度は会っています。私達は、互いに耐えられなくて、別れたわけではないのですから……。だから、彼のことを悪くいった弁護士には、逆に文句をいったくらいです！　彼は、娘の養育費として、月に四五〇ドル払うことに同意してくれましたが、娘が一〇歳になった時に、私の方から断りました。彼の暮らし向きが、それほどよくなかったからです。彼は、今、私達の医療保険費だけを支払っています。娘の大学の費用までは払えないといってきました。私は、『分かったわ。二人で払いましょう』といいました。私の姓ですか？　いまだに（ブラーミンではない）彼の姓を名乗っています。理由は娘と同じ姓でいたいから。実は、今、ある男性にプロポーズされているのですが、もう一度結婚しようという気にはなれません……。」こうした証言は、今日の結婚に求められる

「自己充足」や「愛」の水準がいかに高いかを示すものである。

「もちろん、両親が離婚した時は、本当にショックでした。よくベッドで泣いたものです。本当に辛かった。でも、両親は、自分達がどうして別れなければならないのかを説明してくれました。それを受け入れるには時間がかかりましたが、時の経過とともに、二人がただ夫婦でいるためだけに、そのままの結婚生活を続けていた方が、もっと辛く惨めな思いをしていたかもしれないと思い始めました。両親は、今ではいい友人で、二人とも再婚して、幸せそうです。それを見て、私も嬉しく思います。模範的な両親とまでは思っていませんが、それでも私はラッキーだと思います。」この若いインフォーマントは、本当に「ラッキー」なのかもしれない。アメリカでは（でも）、子供が片方の親から、もう一人の親を避ける（それどころか恨んだりする）よう吹き込まれるケースが多々あったり、父が保護者責任を果たさず、母子ともども貧困化するケースが多いからである（Brannen and Wilson 1987; Delphy 1984; Goldin 1990）。資産が目減りしてゆくなかで、これからの世代の離婚は、より痛みを伴うものになるかもしれない。

ところで、子供の年齢によっても異なるが、インフォーマントは、継子の養育に関して口をはさむことに、遠慮や気後れを感じるようである。しかし、継子の問題がさらに複雑化するのは、離婚した人が、新しい配偶者との間に子供をもうけた時だ。元からの子は、前夫の姓を名乗り、新しい子供は、新夫の姓を名乗る。このような子供達は、家庭内では一つ屋根の下、母の心遣いで協力して暮らしてゆくかもしれないが、公では、それぞれの父からもらった別々の姓で区別されることもある。感謝祭やクリスマスのような家族行事を、元からの子が新父と一緒に過ごすかどうかは、通常、保護契約書に明記されているが、実際、どちらと過ごすかは、子供の年齢、新父と実父への地理的・感情的近さによって左右されるようである。

家族の絆

年配のインフォーマントの中には、昨今の性的不道徳さの一因であるとして、避妊用ピルを好ましく思わない人もいるが、若い世代では、個人の自由と選択肢の証しとして好意的に受けとめられている。大統領選挙の度に争点となる人工妊娠中絶については、全員が、「悲しいけれど、望まない妊娠よりはまし」というスタンスだ。

戦後、子供の平均人数は「五、六人」から「二、三人」に減少したが、それは「親の愛」に満ち溢れた子育てが、あるべき理想の姿として浸透したこととも関連している（Kett 1977; Zelizer 1985）。「若い夫婦は、自分の背中に赤ちゃんをおぶっているんですよ！」ある年配のインフォーマントは「戦後の子育て」をこう表現したが、こうした印象はこの世代に広く共有されているようである。この表現が意味するのは、要するに、型にはまらない子育てのスタイルと親子間の距離の縮小である。「私自身の家族、それとサマーセット・クラブの家族を見渡すかぎり、躾が厳しいとは思いませんが、意志疎通はもっとあるようです。」

戦後の社会変化を悔やんでいる人達でさえ、こうした傾向については、好意的なとらえかたをしているようである。「寄宿学校に入れられる前でさえ、私はほとんど子守に面倒を見てもらっていました。母はとても自己中心的な人で、ラドクリフ・カレッジの理事長として多忙な毎日でした。彼女が私にしてくれたことといえば、寝る前に背中を一〇分程さすってくれたことぐらいです。最初の父は、私が小さかった頃、軍に務めていました。継父は自分自身の子供にさえ興味のない人で、両親は私の社会的地位しか気にかけていないようでした。私は、ただの一度たりとも、心の痛みを彼らに打ち明けたことはありません。本について語り合うようなこともありませんでした……。ですから、意識的に、彼らのようにならないよう努力しています。フレッド（一三歳の息子）とはもっと話をして、もっと親しい関係になりたいと思っています。彼には、『フレッド、パパは君の上に手を置く（筆者注：つまり、細々と口出しする）のではなく、手を離してあげるからね』といっているのです。アメリカの家庭では珍しくなりつつありますが、私達はいつも一緒に食事をしています。フレッドはいつも妻と私の間に座ります。」

筆者のフィールドノートには、こうした話が数多く記されている。「私の姉妹は八歳の時に寄宿学校に入学しました。私も一四歳の時に入りました。家族が結束していたという感覚は、ほとんどありませんでした。今、私には二人の子供がいるのですが、家族がより一致団結しているように思えます。」「母と私の関係に比べたら、私と娘の方がずっと近しい関係だと思います。まるで友人どうしのような時もあります。なぜかって？　家政婦がいないので、あのような距離を作ること自体が無理なのですよ。それに、社交クラブに入会するといった、『エリートの社交生活』を演出するためのリソースも、私の場合には限界がありましたし……。娘とは服の貸し借りもよくしますが、そんなことは私が子供の時分には考えられませんでした！　でも、何よりも、私は娘の近くにいたいのです。母は私のことをほとんど知りませんでした……。私はできるだけ娘のことを理解してあげたいと思っています。」

親子の関係はこのように「民主化」しており、子育ては「親密化」している。「自分をきちんと主張しなさい。」「どうしたいのか自分で決めなさい。」「やりたいことをしなさい。」筆者が初めて渡米した際、大いに印象づけられたこうした台詞は、インフォーマントとの会話でもよく耳にした。ベビーブーマー世代のほぼ全員が、高校までの学校を決めたり、大学教育の費用を負担することは、親としての責任と考えている。しかし、大学、専攻、職業の選択については「子供のすべきこと」として明確に区別されている。「『するな』というなかれ。これが戦後の子育ての基本原則です。」「昔はハーバードが『唯一の』大学で、他は全部二流でした。私達は『何期生か』としか尋ねませんでした。今では入学するのはそれほど簡単ではないから、息子にプレッシャーをかけないようにしています。ただ、大学生協で売ってる、あの校名の入った間抜けなTシャツだけは着ないようお願いしてますけどね。」「私が大学生だった頃は、リベラル・アーツ系の科目が『由緒正しい』と考えられていました。生きるための科目ではなくて、人生をより享受するための科目という意味で。でも、娘が専攻したい科目は、何であれ認めるつもりです。」「ブルーカラーの仕事は、たいてい、あまり面白くありませんから、子供達には勧めません。でも、もし本当にやりたいのなら、それはそれで構いません。とてもエキセントリックでいいじゃありませんか。」

フィールドワークの中で印象に残っているシーンがある。ある著名な一家の子息が、ワシントンD.C.に遊び行く際、母に近くの駅まで送ってもらっていた。当時、彼は大学に行くべきかどうか決めかねていた。もちろん両親は大学進学を願っていた。この家族にとって、大学の学位は当然のことであり、息子が高校しか出ないというのは、かなり跋の悪いことだった。しかし、両親は日常会話の中でも、自分達の意向を表すことは一切しなかった。電車を待つ間、母はほとんど話をせず、ただ優しく息子に微笑みかけているだけだった。大学のことで何かいいたかったのかもしれないが、そのことには全く触れなかった。周囲の意見に惑わされることなく、自分で自分の人生を決めて欲しかったからである。母の深い思慮も含め、この家庭の子育てにおける徹底した個人主義の精神に感銘を受けた瞬間だった。

親子関係がますます「民主化」され、子育てがますます「親密化」するにつれ、「真の」親の愛情の定義が一層問題になってくる。ビーコンヒルに住む中年のインフォーマントは、ボストニアンの親について、次のようにコメントしている。「ときどき、友人達があまりに過保護だと感じます。子供の送り迎えのためにノース・ショアとボストンの間を往復しているのです。ボストンが必ずしも安全な場所でないことは認めますが、決して危険な場所ではありません。うちの子供達は、サウス・ボストンやドーチェスターでも自分達だけで行っています。私の時代は、子供は、皆、もっと冒険好きで、都会で生きるためのしたたかさがありました。友人達は子供を愛するからこそ、そうしていることは分かっているのですが……ちょっと度を超していると思います。長い目で見て、子供のためになるとは思えません。」

二〇年以上にわたり、名門の私立学校で教えていた別のインフォーマントは、子供の宿題までもやってしまう若い親達の「過保護」ぶりについて語ってくれた。親にしてみれば、子供が良い成績を取り、良い大学に進学すれば、自分達の功績としても誇りに思えるというわけである。それでも、そうした行為は「アンフェア」であるばかりか、「子供の自己成長を妨げる。」この学校では、ユダヤ人の生徒にとってアンフェアだと主張する親がいたため、毎年恒例のクリスマス・パーティーが見合わされた。そこで、学校側はハヌカのお祝いを計画したが、今度は、ユダヤ人ではない生徒を差別しているといわれ、これも見合わされた。「結局、両方とも中止になってしまいました。確かに『政治的には正しい』かもしれませんが、子供達にしてみれば、自分達の文化的伝統を祝う機会、そして自分達とは異なる友人達の文化を認める機会を失ったことになります。親の視点や政治的な理由だけで下された、全く馬鹿げた判断だったと思います。多くの生徒ががっかりしていました。」この一件がきっかけとなり、家庭（親）と学校（教師）の関係について、議論が何度も繰り返されたという。「親も教師も混乱しているのです。学校側は親との意思疎通をもっと図ろうとしているようです。私の両親は、年にせいぜい一度か二度しか学校には来ませんでした。今、私達は一五回から二〇回も学校のPTAに出席しなくてはならないのです！」

親の愛という美徳を否定する者はいないが、子供を甘やかすことなく、あるいは、子供の成長を抑えつけることなく、愛情を表現するにはどうしたら良いのか、その方法を考えあぐねているインフォーマントは多いようである。

旧家においては、同じファースト・ネームが何代にもわたって受け継がれている。セオドア・ローウェル・アップルトン氏の場合、「セオドア」という名前は、一八世紀のセオドア・エリオット氏以来、セオドア・ローウェル氏、セオドア・ローウェル・エリオット氏、そして三人のセオドア・ローウェル・アップルトン氏に用いられてきた。八人目のフランシス・ハンコック氏もいる。ウィリアム・ライマン・サルトンストール氏の場合、彼の父と息子の名前も「ウィリアム・ライマン」とのことである。彼自身は「ウィリアム」と呼ばれ、息子は「ビル」と区別されている。

こうした歴史的な継続性は、マウント・オーバン墓地やフォレスト・ヒル墓地といった「由緒正しい」墓地にも刻まれている。しかし、家族の地理的拡散が進むなか、今日では、墓地は全米中に広がっている。もっとも、埋葬に関しては、かなりの柔軟性があるようである。たとえば、息子の一人に自分の名を与えたトーマス・ダドリー・キャボット氏は火葬を希望し、一九九五年、その遺灰は、ペネブスコット湾を見渡すバター・アイランドの大地にそびえる丘へ散布された。興味深いことに、ベビーブーマーより前の世代のインフォーマントの半数近くは、死後、墓地で「究極の家族の集まり」に加わるよりも、愛着深い場所へ遺灰が散布されることを望んでいる。

自分の居場所に対する感覚は、日常生活における様々な儀礼や慣習を通しても育まれる。この点に関して、インフォーマントは、皆、「食事」をとても真剣にとらえており、実際、自分自身（あるいは子供達）が家を出るまでは、家族と朝食や夕食を共にしたと語っている。「うちの子供達は、皆、寄宿学校に入っていました。でも、週末や休暇中ともなれば、いつも一緒に食事をしました。日曜日のブランチにはおじいちゃんも交えてね。つまり、私はその歳になっても親と一緒に食事をしていたわけです！」「食事中の雰囲気がとても張りつめて、親と一緒に食事をしたくないこともあります……。そんな時は、友人に電話をして外で済ませてしまいます。でも、それも月に一度か二度のことです。食事は家族にとって本当に大切なものだし、たいていは楽しいから。」「アメリカ人の多くが家族揃って食事をしなくなりました。子供達はピザを温めて、コカコーラを飲んでいます。自分の部屋でテレビを見ながら食べるのです。こういう子供達にとって家族の意味って何なのだろうと思いますね……。」こうした意見は、インフォーマントの間で広く共有されているようである。

ある家庭の場合、母が料理をし、娘達が食事の支度をし、父がデザートと紅茶（またはコーヒー）を出し、息子達が食器を洗っている。夕食は笑いと自由闊達な会話で満ちあふれている。祖父母、友人、自分達の可笑しなエピソードで爆笑し、誰一人言葉を発せられなくなるという場面も何度かあった。当初は、外部から来た観察者を前にした、ある種の「パフォーマンス」かもしれないと勘ぐったが、次第にそうではないという確信が強まった。家政婦や料理人のいる家庭で育った親達にとって、これは想像すらしなかった姿に違いない。「そう、その通りです。でもこれが楽しいのです！　家族が一つになっていると実感しますよ！」

しかし、小さな子供を抱えた共働きの夫婦にとって、食事の準備をすることは（あるいは、夕食を共にすることさえ）決して容易なことではない。「手間のかかるものは作りません。いわゆる『電子レンジでチンするだけ』という時もときどきあります。週末は、リラックスしたいので、外食しがちです。でも、電子レンジの食事やレストランでの食事が、私達の絆を弱めているとは思いません。むしろ質の高い時間を過ごせています。」

家族の関係において形式張ることが少なくなり、年の差があまり問題にならなくなるにつれ、セックス、病気、金銭などについて話し合うことも、それほどタブーではなくなってきている。ただし、他者が気分を害するような、リアルすぎる描写は避けられる傾向にある。

かつては、父は厳しく権威的で、「話し合い（discussion）」よりも「論戦（argument）」を好み、母はより柔軟であった。今日の雰囲気はもっと親しく、気さくな感じで、子供であっても自由に親に反論することができる。年配のインフォーマントの中には、こうした風潮を快く思わない人もいる。「娘達は一〇代の時から、食事の席で妻と『討論（debate）』を始めました。私はそれを見て唖然としましたよ。親への敬意なんてどこかに飛んでいってしまったようでした。」

祝祭の雰囲気も以前ほど形式張ったものではない。「一昔前は、感謝祭ともなると、祖父がお祈りを読み上げ、毎年、同じ厚さに切り分けられた七面鳥を食べたものです。昨今は、誰がお祈りを読もうと関係ないし、七面鳥は、多くても少なくても、自分が好きなだけ食べればいいようになりました。」

次のように予測する人もいる。「私が子供だった時分は、週末は家族一緒に過ごしていました。自分達だけで過ごし、それに満足していました。週末には友人とは会わなかったものです。でも、私の息子は、もう少し大きくなったら、ボーイスカウトやリトルリーグにでも入って、他の子供達と週末を過ごすようになるかもしれません。子供の数が減っているから、まあ、そうなるのは当たり前かもしれません。物事は、一層、形式張らない方向へ向かうでしょう。一〇年後のクリスマスには家族でスキーに行っているかもしれませんよ。もっとも、今はまだ考えられないことですが。」

彼の妻はこう付け加える。「息子には、特権意識とは違う意味での自信を持って欲しいですね……つまり家庭の中での居場所ということです。私の両親は離婚して、どちらも再婚したけど、どちらもまた失敗に終わりました。私には、家庭の中でも、家族の歴史の中でも、自分の居場所に対する感覚がありませんでした……。『私って一体誰なのか』とか『一体どこから来たのか』とか、よく考えていたのを覚えています。」

象徴や儀礼の断片化・希薄化が進むなか、居場所に対する感覚をどう育むことができるのだろうか。「愛は全てを克服する」のだろうか。彼女の夫がこう付け加えた。「ご存じのとおり、人間というものは意味を探求する旅人なのです。自分は何者なのか、何が大切なのか、と。でも、今日、人々は、探求も奮闘もしない……。何もかもがすぐに手に入るか、あるいは、あまりにも難しいかのどちらかなのです……。」

親達は子供の自由を尊重し、自らの晩年も「独立独行」であり続けたいと考えている。昔は、「独立独行」といっても、近くに住む子供達の目が行き届いていたが、若い世代の移動性が高くなったこともあって、こうした手立ては困難となっている。年配のインフォーマントの多くは、毎日の活動に支障がないかぎりは、自分達だけで生活し、もしも支障がある場合は、常勤かパートの家政婦を雇っている。子供達が遠く離れてしまって寂しい思いをしている人もいるが、それでも、親の世話を子供の義務だとは思っていない。「娘からときどきプレゼントやカードが届きます。嬉しいことです。でも、近くに住んで欲しいなどとは思っていません。」「子供の近くに住みたかったら、私の方から近くに引っ越します。彼女には彼女の家族があるし、仕事もありますから。」このような合理的思考は、インフォーマント全員が共有しており、カード、プレゼント、電話、訪問などのコミュニケーションだけで十分嬉しいとしている。

親がアルツハイマー病を煩っているケースにも幾つか遭遇した。患者達は、一様に、施設へ移されることへの抵抗を表し、子供達もそうすることに「罪悪感」を感じている。患者の世話は、ほとんどの場合、パートナーかプロの介護人、あるいはその両方によって施されている。ある女性は、アルツハイマーの父の世話と小さな子供の世話で、てんてこ舞いになるのが目に見えているという理由で、今回のフィールドワークへの参加を断ってきた。この女性の場合、両親の近くに住み、基本的には専業主婦で、父とパートの介護人の相性も良好ということで、状況はまだ良い方だったかもしれない。

もう一つのケースは、もっと厄介である。「先日、姉妹と僕は、アルツハイマーの父のために、近くの介護施設を見て回りました。僕達が想像していたよりもずっと立派で、医療サービスも素晴らしく、思っていたよりもずっと自由があって、それでいてコミュニティ的な雰囲気もありました……。でも、父は私達の提案には耳を貸さず、訪問看護師でさえ嫌がるのです。というわけで、母がほとんど一人で父の世話をしています。母の年齢を考えると、ちょっと心配です。」このインフォーマントは、父を頻繁に見舞っているが、妻はフルタイムで働いており、子供もまだ小さいので、家族で父の近くに引っ越したり、父を彼の家に呼び寄せたり、というわけにはいかない。彼の姉妹にしても事情は同じである。アルツハイマー病のケースは（決して珍しい問題ではないにせよ）、やや極端かもしれないが、移動性の高い社会においては、「高齢者の介護」と「子供の自由」が共存できるような政策的配慮が、より一層求められているのかもしれない。

資産の継承

各家庭の一ヶ月の経費は、子供の数や年齢、収入レベル、居住地域、社会的地位、住宅ローン、別荘の維持費、保険、その他種々の要素によって大きく異なる。世代に関わらず、「家計簿」をつけているインフォーマントこそいないが、大雑把な目安は把握しているようである。夫婦あたりの平均的な一ヶ月の支出は、たいてい三千ドルから一万二千ドルである。たとえば、「苛立つ四人組」から手紙を受け取った夫婦の場合、夫は投資に関する仕事の報酬として三万五千ドル、債権利回りから三万五千ドル、家族信託から三万ドルを年間に受け取っており、その合計一〇万ドルは、家計の年間支出にほぼ匹敵する。彼の妻は、夫の家族の資産から毎年二万五千ドルを受け取る権利があり、食料、パートの家政婦への支払いの半分、婚約指輪と車の保険、息子の衣服代などについて責任を担っている。夫妻は、一歳の息子のために、地元の銀行とメリル・リンチに口座を開設し、年間一万ドルの貯金を始めた。これは祖父母がまだ生存中の状態で、孫が家族信託から受け取ることが許されている金額で、法的に定められているらしい。引退した大学教授のインフォーマントの場合、社会保障、退職基金、家族信託から年間合計六万ドルを受け取り、ほぼ同額だけ使っている。しかしこの額では、彼が住む裕福な地区の固定資産税（年間一万二千ドル）は賄えない。また、妻と二人で住むには自宅が広すぎるので、近いうちに郊外へ転居するつもりである。これらのインフォーマントは、皆、家族信託の弁護士に慎重に相談したうえで、課税控除などの優遇を受けるため、自らの資産（たとえば、現金、芸術作品、歴史的文書、不動産）の少なからぬ部分を「あらゆる種類の慈善団体に」寄付してきた。

　銀行口座の種類や使い方には、相当なばらつきがある。インフォーマントの中には、共同名義の口座を好まない人もいる。残高確認が面倒なのと、ある程度、自由裁量の部分を確保しておきたいからである。いざという時の便宜を優先して、共同名義を好む人もいる。「このあたりは、全く、それぞれの夫婦次第です。」パートナーの個人口座のパスワードを知っている人もいる。

家計に関する意思決定は、原則的に、平等主義である。ただし、最終的な決定や責任（たとえば、確定申告や高額な買い物）は、稼ぎが圧倒的に大きい方か、細かいところまで気がつく方に委ねられているようだ。

ほとんどのインフォーマントは、一二歳から一五歳の間に、自分の口座を開設したという。両親の口座のパスワードや、すでに成人した子供達のパスワードを知っている者はいなかった。しかし、互いの貯蓄高については「大雑把」ながら、把握しているようである。ベイバンク銀行、ショウマット銀行、ケンブリッジ信託銀行、ボストン銀行などの大手地元銀行がよく利用されていて、どこを選ぶかは、ひとえに個人の好みと利便性にかかっている。「以前はベイバンクを利用していましたが、退職してからはショウマットに変えました。ただ自宅に近かったからです。大したことじゃありません。」

しかし、こと相続となると話は別である。歴史的なつながりと経済的な安定を子孫に残すためにも重要である。幾つかの旧家の資産運用を担当している弁護士二、三人によると、このような旧家の資産（家屋、土地、株を含めて）の総額は、二百万ドルから八百万ドルといったところだ。相続配分については遺言状の指示に従うことになるが、通常、相続人の年齢、財政状況、性格など数々の要因を考慮して書かれているらしい。マサチューセッツ州は、相続税が高い州として有名である。子供が非課税で受け取れる額は六〇万ドルで、これを超えると五〇〜六〇パーセントという高い相続税の対象となる。それゆえに、多くの家族が税対策のため、マサチューセッツ州外に住民登録を移したり、孫を相続人に加えたりしてきた。それでも、長い目で見た場合、こうした戦略も受け身の役割しか果たせず、相続人が増加し続けるなか、資産は目減りし続けているようだ。[27] 先述したように、インフォーマントの家族はどこでも、家族信託や財団を設立したり、株式市場に投資したり、慈善団体、美術館・博物館、学校、病院、自然保護団体などに寄付・貸与することで、州政府に「ゲーム」（Bourdieu 1977）を挑んでいる。課税対象資産をぎりぎりまで減らし、孫や曾孫が「中上流」の暮らしを送れるようにと、新たな家族信託を設立中の年配インフォーマントもいた。「弁護士の話では、この信託ができれば、大学までは何とかなるようです。」

弁護士らによると、「家族信託」の概念は一八世紀中頃に導入され、アメリカでは最初の試みだったという。当初は、主に、経済的に不利な立場に置かれていた未成年、未亡人、高齢者、牧師、船乗りを保護するものだった。[28] 一八三〇年から六〇年代のブラーミンの黄金時代の人々は、世代が変わっても資産が損なわれないようにと、リスクの高い「投機的な」投資にも積極的だった。きわめて詳細に法律を張り巡らせ、気まぐれな子孫達が勝手に手をつけてしまわないようにした。「つまり、先祖は子孫を信用してなかったわけです！」しかしこのような法的・経済的な安定があることが――チャールズ・フランシス・アダムス氏（一八八六～一九五四年）やトーマス・ダドリー・キャボット氏（一八九七～一九九五年）のような家族企業のオーナーを除き――一九三〇年代あたりまでは健在だった、彼らの起業家精神を衰退させていった。「ローウェル家だって、一八〇七年に鉱山事業で大当たりしてからは、何もしていないのですから！」そして、資産の「保護」と「維持」を気にかけるあまり、家族信託の運用スタッフは、ごく僅かな利益しか出さない保守的で安全な投資に傾きがちになり、事態をさらに悪化させた。[29] 戦後、離婚や再婚が増加したことも、資産が目減りした一因だという。

「一九七〇年代あたりから、皆、金儲けのための努力を意識的に始めました――ただし、彼ら自身の生き残りのためにね。」

今日、インフォーマントの大半は、家族信託から年間一万～三万ドルを受け取っている。個々の条件（たとえば、資格、期間、支払い方法、制約条件）は、法律によって規定されており、家族信託の種類や家族によって大きく異なる。親族の家族信託から突然通知が来て、自分が配当者であることを知らされた経験を持つ中年インフォーマントも数名いた。「叔母が、家族信託に私を入れてくれていたなんて全く知りませんでした。本当に感謝しています。彼女がもうこの世にいないのが、とても残念です。直接、叔母にお礼がいいたかった。でも、もっと前に教えておいてくれたらよかったのに……という気持ちもあります。そしたら、もう少し違うように人生を計画できたかもしれません。でも、おそらく叔母は、教えることで私を甘やかしたくなかったのでしょうね。」

このケースは、筆者のフィールドワーク中、何人もが口にした家族信託の不可解さの一例である。「自分がいくら受け取るのかは知っていますが、その仕組みについてはほとんど知りません。とても専門的で複雑なのです。必要であれば、私の弁護士に問い合わせて下さっても結構ですよ。」マーカス（1983, 1992）とアルドリッチ（1988）が示しているように、法的規約がきわめて複雑なため、家族信託の管理は、家族の手から法律の専門家の手へと委ねられがちである。一部の裕福な家庭では、子供達に、信託とは何か、どう機能するか、どう利用すべきか、などを本格的に教授している。しかし、弁護士曰く、自ら弁護士を目指す者でもなければ、そのくらいの知識では、非常に複雑で競争の激しい「実世界」を相手にするには、「とても表面的、初歩的で、使いものにならない。」

全体の仕組みが不明瞭で把握しにくいということが、一部のインフォーマントを懐疑的かつ慎重にさせているようである。「子供達のために信託設立を考えているのですが、自分の資産のコントロールを失うのではないかと心配です。弁護士の中には、あまりにもビジネスライクな人もいるし、時には全くひどい投資をする場合もあります。そのせいで大損害を受けた家族をたくさん知っていますから。」

法律と経済が網の目のように絡み合っていることで、家族のアイデンティティは確かに守られるかもしれないが、そのアイデンティティは、本人達にはほとんどコントロールできないものである。それは、基本的に「ビジネスライク」で、実益重視の合理主義に基づいたものなのである。「弁護士がなくなってしまったら、うちの家系もなくなってしまうでしょう。」これはおそらく誇張だろうが、一定の真実をとらえているかもしれない。

家族信託に関する弁護士は、従来、学友、友人、親族の中から（あるいは彼らを通して）選ばれてきた。その際、弁護士の「年齢」を加味したインフォーマントも何人かいた。「弁護士とは友人を介して知り合ったのですが、意図的に、私よりもずっと若い人を選びました。それには二つ理由があります。まず、私が引退するのと同時かすぐ後に弁護士も引退してしまうようでは、少々厄介なことになると思ったからです。もう一つは、その人に、私の思い出を曾孫達にも伝えて欲しかったからです。」

時には、家族に馴れ親しんだ弁護士が、その家族の一員と結婚することもある。そのことが家族の間で利害の対立や感情の衝突を生じさせないか尋ねてみた。「それは聞いたことがないですね。いいですか、もしその弁護士が自分の利益のためにずるいことや不公正なことをしたら、彼は仕事を失うだけでなく、ボストン社会における信用をも失うことになるのですよ。そういう社会的プレッシャーはまだ残っていますよ。」「身内」から雇う背景には、「部外者」への不信感があるのは確かだが、こうした「オールド・ボーイ」的なつながりは、家族のメンバーの背景が多様化していくにつれ薄らいできているようである。

遺言状の内容は遺言者の自由裁量に委ねられているが、州法は、通常、本人の配偶者が生きていれば三分の二、子供達が残りの三分の一を相続するよう勧告している。この比率を大きく修正する場合は、遺言者は正当な理由を提出しなければならない。子供達の間では、遺産は老若男女に関わらず、ほぼ平等に分けられる。遺言者は、相続人それぞれの趣味や趣向を考慮して、特定の品の継承を指定することもある。さもなければ、相続人が引き取る品を決めることになる。「抽選」は、相続人の間でフェアプレーの原則を守る方法として人気が高い。「自分の当たったものが欲しくなかったら、もちろん、他の人と交渉することも可能です。」

相続人の趣味や嗜好は重視されるが、家族のアイデンティティの継続性を守るべく、先祖伝来の品については、男性の相続人（あるいは息子のいる者）を指定する遺言者も多いらしい。相続人が全員女性の場合、相続品はその家系の外に持ち出される運命にあるが、それが遺言者の気持ちの中で問題となることはないようである。「それは全く問題ありません。実際、私達の所には、うちからセイヤー家、クーリッジ家へと受け継がれ、そして最後にまた私達のところに戻ってきた銀製のスプーンがあります。これを文化人類学では『クラ交換』というのでしょう？」一方、筆者は、特定の土地や家屋に対する家の名前を残すため、女性の相続人と結婚したという稀なケースも二、三耳にした。

相続人が特に希望しないかぎり、芸術品や歴史的文書は市場で売りに出されるか、多くの場合、美術館や博物館に寄贈される。その方が良い状態で保存され、税金対策にもなるからだ。中には、子供達が市場のディーラーやプロの小売業者に騙されないようにと、コレクションのほぼ全てに関して、一点一点推定価格をコンピュータにリストアップしている人もいる。相続されたものの処分は、基本的に各人の判断に任されているが、美術品、骨董品、家、土地の流出は、こうした物や象徴に刻まれてきた家族のアイデンティティや歴史的継続性の喪失にもつながりかねない。

「私の美術品がもしも娘の非嫡出子の手に渡ったとしても、全く問題ではありません。大切なのは血のつながりです。同性愛者のパートナーや同棲相手だったらどうかって？　それは彼女がどれくらい真剣で、その関係がどれくらい安定したものかによりますね。『ダメ』というほどではありませんが、そういうケースの場合は、あまりいい気はしませんね。」筆者のインフォーマントの大半が、親族の中に一人か二人の同性愛者の存在を知っているが、彼らの遺産配分の実態についてはほとんど知らされていないようである。

相続をめぐって、家族内で微妙な政治的かけひきが生じる時もある。ある家庭では、伝統的に男の赤ちゃんだけに受け継がれてきた「ベビーベッド」がある。現在は、男の赤ちゃんのいない娘の元にある。インフォーマントは、その娘の兄弟姉妹の間で出ている不協和音を耳にしたが、そのことを問題視しないようにしている。「そうですねえ、私は彼女の継母ですし、今まで築いてきた関係を危うくしたくありません。それに、家系への固執は時代錯誤にも思えますし……。」別の家庭では、姉妹がビバリー・ファームズにある親の家が自分のものだと思っていると、インフォーマントは不満気だ。

「家は、現在、家族信託に所有されているのですが、まだ争うべき余地もありそうです！」

もっと深刻なケースもある。ある著名なブラーミン家族に、かつて家政婦として仕えていたインフォーマントによると、その家庭の年配の未亡人は、介護施設に入るのをとても嫌がっていたという。

「でも、結局、子供達が奥様を施設に入れてしまいました。ほとんど力ずくで。なぜかというと、子供達は奥様の五百万ドルの家を売って、すぐにでも遺産の取り分を受け取りたかったのです。その介護施設は一日に三五〇ドルもかかったんですよ！　奥様が大好きだった絵も四〇万ドルで売ってしまったので、彼女は激怒していました。私の前ではいつも泣いていらして……。結局、最後は一人でお亡くなりになりました。あの家族は本当に狂っていますよ！　あんなにお金持ちなのに、とってもケチな人達でした。旅行に行く時は、家中の時計から電池を外していたくらいです。食料なんてほとんど買ったことがなくて、冷蔵庫はいつも空でした。ヘルパーに出す食べ物さえない有り様でした。その一方で、政府が提供するものなら何でも受け取っていましたね。高齢の母のためのチーズや牛乳まで含めて何もかもです。彼らはお金のことで頭が一杯になっていました。奥様の死後、私が彼女の私信を処分しなければならなかったのですが、旦那様や子供達からの手紙もほとんど全てお金のことしか書いてなかったのには愕然としました！　お嬢様は今でも近くに住んでいます。彼女の夫は一日にたった一五分間しか子供達と過ごさないのです。お嬢様の方も日中はゴルフで忙しいようです。彼女の夫は投資ビジネスをやっているのですが、奥様がお亡くなりになる前に、あの夫婦は奥様の遺言内容を少し改ざんしたのです。奥様は彼らのことを、顔も見たくないとおっしゃっていました。私は金持ちに生まれなくて、本当によかったと思います。あんまりお金がありすぎると、時に人は不幸になるのですね。結局、あの家族には愛情のかけらもなかったのです。」

インフォーマントの前夫の父が相続から除外されたケースもあった。その理由は、地元の漁師の娘と結婚したからだった。また、精神を病んでいる父の遺言は無効だと主張する子供達を、父が告訴していたケースもある。インフォーマントらは、こうしたケースについて、「ありえないとはいわない」までも、むしろ例外的だとしている。「私達が乗り越えようとしているのは、そういうどうしようもなく醜い世界なのです。」家庭生活において「愛」が神聖視されるのは、こうした想いが背後にあるからかもしれない。

以上、筆者は、インフォーマントの実際の社会生活や人間関係における個々の領域、つまり、居住地域、慈善事業、社交クラブ、親族関係、友情、仕事、文化的嗜好、愛情と結婚生活、離婚、子育て、高齢者介護、家庭生活、財政、遺産といった点において、社会的環境や家族的背景の変貌がいかに影響をもたらし、〈文化の政治学〉とでもいうべき拮抗を生成しているかについて詳述してきた。家族の多様化、社会関係の民主化、個人の自由と選択肢の拡大などが広く歓迎される一方で、自分達のニッチの断片化や希薄化を危惧し、その文化的伝統や筋書きを守り抜こうとする様々な感情や解釈や試みがあった。こうしたせめぎ合いをいかに意味づけ、そして生き抜いてゆくのか――理念的にも、実践的にも、インフォーマントとっては、難しい問いが投げかけられている。

本質論的な議論に陥ることなく、彼らの経験をより浮き彫りにするために、次章ではボストンのアイルランド系カトリックに焦点を移し、彼らの人生において、こうした〈文化の政治学〉がいかに生成され、生き抜かれているのかを見てゆきたい。

序章で説明したように、彼らの文化的歴史や社会的現実は、ブラーミンのそれとはかなり対照的である。両者の関係は、第二次世界大戦前、カーリー市長の時代に最悪だったとされている。カーリー市長は挑発的な人物で、ヤンキーの政治団体「善良な政治連合（Good Government Association）」を、「あの、選り抜きかつ排他的な、バック・ベイの食わせ者連中[30]」と侮辱した。およそ三〇年に及ぶ活動ののち、一九三三年にこの団体が解散して以来、アイルランド系によるボストン市政の支配に挑もうとしたヤンキーはいなかった。戦後、緊張関係は緩み、今日、ヤンキーのインフォーマントの多くは、互いの間に深刻な軋轢があるとは思っていない。しかし、互いをステレオタイプで見ること（「ヤンキーによる支配」や「アイルランド系の島国根性」など）はいまだに根強く、ボストン・ブラーミンと呼ばれることを躊躇するインフォーマントも、ケネディー家と一緒にされることについては強く拒む傾向がある。実際、彼らの生活の中でアイルランド系の人と親しい間柄であるインフォーマントはほとんどいなかった。中には、サウス・ボストン、ドーチェスター、チャールズタウンといったブルーカラーの地域には、いまだかつて行ったこともないという人もいる。どれも、彼らの住む「由緒正しい」場所から、車で二〇～六〇分の距離にあるにも関わらず、である。この近くて遠い感覚はアイルランド系の側でも共有されている。ビーコンヒルからサウス・ボストンまでは車でせいぜい二〇分だが、ダウンタウンの高層ビル群が、この二つの地域を物理的にも心理的にも分断しているように見える。

そして、第3章では、ビーコンヒルとサウス・ボストンの両者を鳥瞰し、後期近代のアメリカという、より広範囲な社会・文化・歴史的な文脈の中で、それらを位置づけてみたい。

第2章　ボストン・アイリッシュ
――「あなたに試練をあたえ、失望させるかもしれない。でも決してあなたを見捨てはしない」

変わりゆく社会

ジョセフ・ドイル氏は、ボストン地域に暮らす彼らアイルランド系カトリックにとって、戦後は大きな転換点だったととらえている。「われわれはようやく一級市民になれたのです。」様々な要因によって、この「地位向上」が可能になったという。「生活のためならどんな仕事でもする、そんなよそ者たちがボストンに群がってきました。」「他の移民と違って、われわれは英語が話せました。」「アイルランド系はとっつきやすく、話し好きです。」「GIビル（復員兵援護法）のおかげで、われわれは大学教育を受け、自分の家を持つことができました。」

大恐慌が起きたのは、彼が九歳の時だった。「当時は社会福祉なんてものはありませんでした。父は仕事を失い、われわれは本当に貧しい生活を強いられました。」

サウス・ボストン高校を卒業後、彼は軍隊に入り、日本に駐留した。一九四七年にサウス・ボストン生まれの「地元っ子」と結婚し、沿岸警備隊員、消防士、バス運転手、タクシー運転手として働いた後、一九九四年に七五歳で引退した。「反射神経が少々鈍ってきたのです。」自らを「中流階級」と定義し、その理由を「収入がなくなったことは一度もないし、持ち家もあるので」としている。自宅は、サウス・ボストンから車で三〇分圏内にあるボストン近郊の町、ノース・ウェイマスにある「モデル・ハウス」の一つである。この家は、地元の高校生達が職業教育課程の一環として建てたもので、一九五〇年に一万ドルで購入した。「本当は、サウスィ（サウス・ボストン）に住みたかったのですが、あそこは若い人達が（戦争から）戻ってきてから、ひどく混みあってしまってね。」

彼の母は、一四人兄弟姉妹の一人として、一九〇四年にボストンに移住し、八人の子供を育てた。彼女は「ボストン・ブラーミン」の家庭に仕えたこともある。その家族は、彼女の眼の手術代を負担してくれるほど親切な一家だったという。彼女が夫と出会ったのは、サウス・ボストンでのダンス・パーティーだった。ジョセフの父方の家族は、一九一〇年に大西洋を渡り、一一人兄弟姉妹の一人だった父は、ビバリーで農業に従事した。ジョセフと妻は六人の子供を育てた。子供達は今四〇代で、軍隊、漁業、受付の仕事、外交官の職に就いている。外交官として南アジアに駐在している娘は、大学の学位を持っている。「違いは歴然です。われわれ夫婦は、一九七二年、私が五〇才の時に初めて銀行口座を開きました。孫達は、ようやく一〇代になったばかりなのに、もう自分の口座を持っているんですよ！」ドイル氏にとって、「ボストン・アイリッシュ」の「地位向上」は、家族が従事している仕事が「格上げ」したことからも、十分に実感できるものだった。

興味深いことに、この中流階級への上昇移動は、単に仕事の種類からだけではなく、彼らアイルランド系のアルコール消費量がこの数十年の間に減少したことからも明らかだという。「昔は、われわれアイルランド系は、皆、飲兵衛でした。実際、私の父は自宅でビールやウィスキーを醸造していたものです。売りはしませんでしたけどね。アルコールはまさにわれわれの文化の一部でした。飲むのは社交のためだけではありません。辛い暮らしから逃避し、日々のストレスを忘れたかったのです。仕事へ行く数時間前にウィスキーを瓶からひっかけて眠った時代です。今は、暮らしはそれほど悪くありませんから、そんなに飲む必要もありません。私もビールの醸造法は知っていますが、以前のようには飲まなくなりました。」

しかしドイル氏は、中流階級への移動や成功物語に伴う負の側面も指摘する。「昔は、若者の希望なんてそうそう通らなかったものです。今の若者は、もっと学位を、もっと高い給料を、と転職を重ねたりして、非常に自己中心的で実利的です。私は、人は誰でも社会の役に立てる『何か』を持っていると思っているのですが、昨今は、弁護士や医師や企業の幹部になることばかりもてはやされています。まあ、ベトナムで他人の生き方に首を突っ込んで敗れ去ったのを見たりして、おそらく社会に幻滅してしまったのでしょう。それにしても、社会からあまりにも多くの権威や道徳が失われてしまいました。自由は結構ですが、完全に自由になるなんてことはあり得ないのです！　自由になりすぎると、その有り難さが分からなくなってしまいます。今日では、権威はドルに取って代わられてしまったようです。つまり、ハリウッドやビデオゲームやテレビで流される暴力シーンのことですよ。ご存知でしょう、テレビ番組では、今日コーヒーが体に良いといったかと思えば、翌日には良くないといっています。どうやって科学を信じられますか？　結局、今日では、科学でさえ商業化が行き過ぎています。そう、先行き不透明だし、社会の全体像が見えなくなっているのです。かつてはサウス・ボストンがそんな全体像の一つでした。今では、テレビからボスニアやソマリアのような遠く離れた所の映像がたくさん流されてきます。社会の全体像を想像するのはもはや不可能なのです！　若い人達から、視野が狭いとか、時代遅れとかいわれそうだけど、これが私の昔からのやり方で、この歳になって変えるなんて無理ですよ！」

「先行き不透明だと、歴史とのつながりも感じにくくなってくるのでしょう。親も子も歴史の継続性なんてことは知らないし、興味もありません。なぜかって？　まあ、それは、アメリカ自体が若い国だということもありますし、民族によって千差万別の歴史を抱えているということもありますし、工業化した生活のスピードそのものが速すぎるということもあります。田舎へ行けば、今でも海岸を散歩しながら、自分のことや父のことについて振り返ってみる時間がとれるでしょうが、都会ではそんなことは不可能です。皆、『今』だけに気がいってしまいがちです。とはいっても、うちの子供達は我が家の歴史を良く知っていますよ。私がそれについて話すのが好きなものですからね。でも子供達はさほど関心がなさそうです。私は、一九七六年以来、アイルランドを一二回訪れました。実際、そこに住んでいる四二人の従兄弟たち全員の顔と名前が一致します！　ともあれ、アイルランドでは、誰かが亡くなると、コミュニティの人達が全員、葬儀に参列し、故人の思い出を分かち合い、死を悼むのですが、そういうことはアメリカではめったにありません。この社会は『個人主義』とか『独立独行』が大好きです。でも、私にいわせてもらえば『独立独行』なんてナンセンスです。人はいったん金や地位を手に入れてしまうと、めったに他人のことを振り返らなくなるものです。でも、アインシュタインだって『独立独行』ではなかったと思いますよ。彼にだって、先生や母がいたはずです。誰も一人では生きられないのです。まあ、昔は、一つの家族に六人から八人の子供がいたものですが、今では二、三人にまで減ってしまいました。おそらく、そのせいで個人の核化が進んでいるのだと思います。」

エドワード・マーフィー氏はドイル氏と同年代だが、今でもサウス・ボストンに住んでいる。聖パトリック祭の祝賀パレードの総指揮役を務めたこともあり、市から授与された二枚の賞状を誇らし気に見せてくれた。祖父は、一八四〇年にボストンに移住し、ボイラー製造人として働いた。母方の祖父はプロテスタントだったが、カトリックに改宗した。エドワードの父は税関吏で、兄弟は郵便局で働いていた。女性の場合、当時は主婦が一般的で、彼の姉妹もそうだったが、現在は地元の役所でパートタイマーとして働いている。エドワード自身は、三五年間郵便集配員として働いた後、一二年前に六〇歳で引退した。今の自宅は、妻が生まれ育った家である。子供達の世代まで、彼の家族には大卒者はいなかった。

ボストン・カレッジを卒業した長男は、現在、地元の役所で広報主任として働いている。他の三人の息子達は、マサチューセッツ大学ボストン校とノースイースタン大学を卒業し、今はボストン近郊で、一人はエンジニアとして、一人は裁判所の事務責任者、もう一人は別の裁判所の事務主任として生計を立てている。一人娘はボストン・カレッジを卒業後、今はバージニア州に住み、地元の大病院の看護婦長として働いている。甥の一人はハーバード大学、姪の一人はタフツ大学を卒業している。末の息子を除いて全員が結婚しており、そのうち三人の配偶者はサウス・ボストン出身だ。長年、「アイルランド系カトリック」というのが配偶者の定番だったが、彼の子供達の配偶者はユダヤ人、リトアニア系、イタリア系である。ドイル氏の家族同様、マーフィー氏の家族にも離婚者はおらず、彼にとっても家族の上昇移動は明らかだった。アイルランドには四回ほど戻ったが、祖国の親族達は彼のことを「アメリカン・ドリーム」を達成した「金持ち」という目で見ているらしい。

マーフィー氏は引退後も、退役軍人団体や教会の活動などで、かなりせわしない毎日を送っている。自宅に彼を初めて訪ねた時は、近所の飲み屋の周りの違法駐車に対する住民の不満を伝える書簡を、ボストン市の当局宛てに書いている最中だった。「サウスィに住んでいると忙しくって仕方ありませんよ。なぜって、ここは、強制バス通学や、公営団地の人種統合や、聖パトリック祭のパレードへの同性愛者の参加などに反対したことで、外部からずっと叩かれてきた地域ですからね。ボストン・ヘラルド紙やボストン・グローブ紙にも、相当悪く書かれています。どうしろこうしろと指図など受けたくありませんね！　総指揮役を務めた時、色々と取材を受けましたが、正確には引用されませんでした。彼らがわれわれを変えようとしていることは明らかでした。サウス・ボストンについては悪いニュースしか伝えないのですよ。ここは、本当は、善行や善人や助け合いの精神に溢れた地域です。そう、子供達のアイスホッケー・チームのコーチに、ボランティアを買って出る人だって大勢いますし。」

このように、マーフィー氏は、自らの地域を外部の利益や偏見から守ろうと懸命である一方で、ドイル氏がサウス・ボストンの「全体像」と呼んだ、安心感と歴史的つながりの源が崩壊しつつあると認識している。「もっと若ければ、きっとサウスィから転出していたと思います。ここには美しいビーチがあって、ボストンにも近いですが、良い社会の雰囲気はもはや失われてしまいました。われわれのように、四〇年もここに住んできた家族は、この界隈には数える程しか残っていません。多くの世帯が、お金が貯まると郊外へ引っ越して行きました。元の家は、外部の人達、特に大学生たちに貸しています。寝室が三、四部屋ある家を月八百から九百ドルでシェアできます。この立地条件を考えると、かなりお得な価格でしょう。その代わり、私が一九六〇年代後半まで強く感じていた『コミュニティ』の感覚は奪われてしまいました。昨今は、夜、独りで出歩くのも少し恐くなってきました。昔、この界隈には、警官、教師、役所の職員なんかがもっと住んでいました。息子の一人は今もわれわれと同居しています。まだ独身なのですが、彼だって、結婚すればサウスィから出ていくでしょうし、子供達のためにはそうするべきだと思います。」今でも、子供達は両親の側にいるべきだとされていることを考えると、これはかなり過激な発言だ。

マーフィー氏も、ドイル氏と異口同音に、社会における権威や道徳の崩壊を嘆き、非難する。「アメリカ社会は危機的状況にあると思います。親達は、子供のために時間を割いてやっていません。女性が外で働こうが働くまいが構いませんが、われわれ夫婦がしたように、仕事のシフトをずらして、少なくともどちらか一方が子供と一緒にいられるように努力すべきです。若い親達はあまりにもリベラルで無責任ですよ。多くのアメリカ人が『自由』や『選択』を主張しますが、それを当たり前のものだと思っているのです。中には、国旗を燃やして、自分達にはその権利があると抜かす者までいます。全くの行き過ぎです！　そんなことがあっていいはずがありません！　われわれの社会の象徴はどうなってしまうのでしょう？　私の友人の多くは、国を守るために死んでいったのですよ！　昔は、スポーツといえばチームワークを楽しみ、ベストを尽くすためにしたものですが、今では、優勝したり、スーパースターになったりすることが目的になっています。皆、自己中心的で貪欲になり過ぎています。道徳が腐敗した責任は学校にもあります。われわれが学校に行っていた時分は、『信仰』、『価値』、『真心』を教師から教わりました。今の子供達は『革新的』、『自立的』、『野心的』であるよう奨励されているのです。」

シンシア・サリバン・オレアリー氏と夫のパトリックは二人とも「ベビーブーマー」で、ドイル氏やマーフィー氏より一世代若い。彼らの祖父母は、二〇世紀初頭にボストンに移住してきた。親の世代までは、ウェイトレス、バーテンダー、秘書、受付係、トラック運転手、郵便集配人、メーター検針員、消防士といった職種が、家族の伝統やアイデンティティの一部を成していた。「全員が」サウス・ボストン出身のアイルランド系カトリックと結婚し、離婚した人は一人もいなかった。しかし、シンシアとパトリックの世代では、こうした背景図の中に、数人の離婚者、大卒者二、三人、管理職二、三人、リトアニア系・ポーランド系・ギリシャ系の配偶者、フラミンガム、メドフォード、メルローズ、クインシー、テュークスベリーといったボストン郊外に住む者などが加わった。彼らの一粒種ピーターは、マサチューセッツ大学ボストン校でコンピュータ・サイエンスを専攻しており、将来はシリコン・バレーのような「刺激的な」環境で働きたいと考えている。ピーターの世代では、より多くが大学に進み、別の土地で働き、外部の人間と結婚している。「本人が幸せならそれでいいです。うちは国連みたいになってきています！」

現在四〇代のシンシアとパトリックは、大学の学位は持っておらず、トリプル・デッカー（三階建の木造集合住宅）の一階部分（寝室二部屋）を借りている。パトリックは、検針員だった一四年間を含め、この二五年間ボストン・エジソン（電力会社）で働いてきた。シンシアは、六年前から、ボストンのダウンタウンにある大学医療センターで常勤秘書をしている。土曜日の夜もボランティアで働いている。シンシアとパトリックの父はどちらも三つの仕事を抱えていて、ほとんど家にいなかったので、二人は今の生活を「とても安定していて快適」だと感じている。

特にシンシアは、「プロジェクト」（住宅福祉計画の下で建てられた団地で、彼女が一〇代だった一九六〇年代後半には、月二五ドルの賃料で入居できた）で育ったこともあり、保守管理がきちんとされていて、大型テレビ、ビデオ、ソファ、コンピュータが揃った、現在の月八百ドルのアパートは、彼女がこの数年間歩んできた上昇移動の道を象徴している。「一九三〇年から四〇年代まで、アイルランド系は差別の対象でした。でも戦後は、徐々に消防署、警察署、市役所を牛耳る勢力になっていきました。われわれの社会的・経済的地位は格段に上がりました。両親の世代に比べて、今のわれわれはずっといい暮らしをしていますが、それは前の世代のおかげです。たとえば、義父は組合活動にずいぶんと専念しました。義母は子供達のために毎日五ドルずつ貯金していたんです……（涙ながらに語る）彼女はつい最近亡くなりました……。パトリックは、今、家族の歴史について調べていて、一〇月の父の誕生日に発表する予定でいるんですよ。」

パトリックが口を挟む。「われわれは、皆、両親がどんなに苦労してきたかを見て育ってきたので、彼らに感謝しているのです。若いアメリカ人の多くは、両親の努力を当たり前のことだと思っています。マスコミのように、アメリカの家庭が崩壊しているなどというつもりはありませんが、深刻な問題があることは確かです。いわゆる『鍵っ子』というのをご存知でしょう？　私はそういう子供達をとても可哀想だと思います。あの子供達は、家に帰っても、話す相手もおらず、考えていることを分かち合う相手もいないのですから。親達はどんな用事があるにせよ、子供を一人にするべきではありません！　うちの息子が五歳か六歳だった頃、妻はフルタイムで仕事をしていたので、私は自分の仕事のシフトを九時～一七時から、七時～一四時に変えることに決めました。週給にして百ドルの損でしたし、ボストン・エジソンでの昇格の機会も逸しました。それでも、私の人生哲学としては、出世よりも子育てや家族の方が大事なのです。われわれのことを『貧しい』という人達もいます。それで結構です。われわれはお金のない生活を選んだのですから。われわれは金持ちではありませんが、幸せです。われわれのことを『偏屈』という人達もいます。それも結構です。マスコミはいつだって偏見に満ちた見方でわれわれのことを報じています。ほんの些細な殴り合いでも、それがサウスィで起きたものならボストン・グローブ紙の一面に載ってしまいます。人々はわれわれのことを恐れて、ここに引っ越してこようとはしません。それはそれで結構なことです。このコミュニティを維持できますから。ここは素晴らしい地域（neighborhood）です。夜に出歩くこともできますし、夜でもドアに鍵をかけなくても大丈夫です。うちの近所の人達なんて、ここに百年以上住んでいるのですから。二階に高齢の女性が住んでいるのですが、彼女はパーキンソン病なんですよ。だから、皆、彼女のことを気にかけています。あそこにインターホンがあるのが見えますか？　彼女が発作を起こしたら、すぐに駆けつけられるようになっています。ブロードウェイ・ストリートのベトナム戦争記念碑はもう見ましたか？　殉職兵のために建てられたものです。この地域の人間なら誰でも知っています。皆、近くまで行った時には必ず立ち寄って、参拝していますよ。強制バス通学の時代に、多くの人がサウスィから引っ越して行きましたが、その多くがまた戻って来ています。ここには本物のコミュニティがあるからです。どんなに悪くいわれようとも、われわれはずっとここに住むつもりです。サウスィは大きな家族みたいなものなのです。」

上記三つの証言には、「ボストン・アイリッシュ」のインフォーマントが直に目撃・経験してきた戦後の社会変化と、それへの思いがよく集約されている。「中流階級」（「レースのカーテン階級」）[1]への上昇移動は、彼ら自身、そして自分達の伝統に対する誇りの源になっている。その一方で、アメリカ人の「自由」や「選択」の追求が、往々にして「物質主義」や「エゴイズム」に導かれ、「権威」や「道徳」を衰退・崩壊させていると憂えているのである。

次節で見るように、変わりゆく社会に対する相反した心情は、日常生活における〈文化の政治学〉の中によく反映されている。それはブラーミンの場合と同様である。そして、社会変化を語るためのマトリックス――あるいは社会的認知地図――の中で、「家族」が重い位置を占めていることも、ブラーミンの場合と同様である。

しかし、ブラーミンと異なるのは、アイルランド系のインフォーマントの家族の言説が、より地域（neighborhood）との関係性の中で織り成されていると見受けられる点である。『サウスィこそ私の故郷』は、一九一〇年代にベニー・ドロハン（Bennie Drohan）が作曲したボードビルのフォークソングである。この「サウス・ボストン賛歌」を、地域への愛着の証しとして口ずさんだインフォーマントも少なからずいた。ある時、ドイル氏と筆者は、八〇年以上も前にボストンに移住してきたという高齢の女性と会った。ドイル氏がこの曲をハーモニカで吹き出すと、彼女はその軽やかなメロディに合わせて歌いだし、涙を流した。彼女の声は弱々しく、話を聞くことは困難だったが、涙を見ただけで、サウス・ボストンという小宇宙の中で営まれてきた彼女の人生に思いを馳せるには十分だった。

サウスィこそ私の故郷（Southie Is My Hometown）

いつぞやの押し問答
相手はオスカルーとやらから来た男
おクニ自慢にも程がある
言ってやったさ「てやんでえ」
かっかしたことこの上ない
聞かせてやったさ、そのセンセイに
生まれは「A」ストリート

育ちは「B」ストリート
サウスィこそ私の故郷

おクニ自慢なら黙っちゃおれん、大声だってでるってもんだ
何マイルも行ったとて、こんな素敵な町はない
お医者様に解体屋、神父様にお転婆娘
いにしえのカウンティ・ダウンから来た連中さ
あなたに試練をあたえ、失望させるかもしれない
でも決してあなたを見捨てはしない
それがサウスィ、私の故郷

似たような形で、多くのインフォーマントが、「土地っ子」が書いたサウス・ボストンに関する二冊の本を誇らしげに薦めてくれた――トーマス・オコナー（Thomas O'Connor）の『サウス・ボストン―私の故郷』（1988）とパトリック・ロフタス（Patrick Loftus）の『私がいたあの古いギャング団』（1991）である。インフォーマントの生き様や家族について分析するには、まず、彼らの故郷「サウスィ」の歴史と文化を理解する必要があることを痛感した。

後日談になるが、筆者のフィールドワーク終了後、『グッド・ウィル・ハンティング／旅立ち』（一

『ミスティック・リバー』

『サウスィ』

Lストリート・パブ（映画『グッド・ウィル・ハンティング／旅立ち』の舞台になった）

九九七年）、『サウスィ』（一九九八年）、『ミスティック・リバー』（二〇〇三年）といったサウス・ボストンを舞台にした映画が公開され、地元住民の話題となった。『グッド・ウィル・ハンティング／旅立ち』は、サウス・ボストンの「スラム」に育ち、様々な問題を抱えた孤児ウィル・ハンティング（マット・デイモン）が、マサチューセッツ工科大学の教授に数学の天才であることを見出されたことからストーリーが展開する。「サウスィ」では、ドニー・ウォルバーグが、アルコール依存症からの脱却を確かめるべく、「アメリカでもっとも荒っぽい地域」、「市の中にあるもう一つの市」と呼ばれるサウス・ボストンに戻り、自分のルーツに背を向けるか、それとも家族のために立ち上がるべきかどうか決断する若者を演じる。『ミスティック・リバー』は、クリント・イーストウッドの監督作品で、サウス・ボストンに住む三人の少年をめぐるストーリーだ。ジミー（ショーン・ペン）の娘が死体で見つかった後、彼らは再会する。

「ロウアー・エンド」と「ダウンタウン」

サウス・ボストンは、（一八〇四年にボストンに統合された）約一〇平方キロメートルの半島に位置し、北にはフォート・ポイント運河、南にはドーチェスター湾、東にはボストン港、西にはサウスイースト高速道路とペン・セントラル鉄道操車場がある。橋二つ先にあるボストンの金融街からは三キロメートルもない。ボストン港のすぐ対岸にはローガン国際空港があって、ジェット機の離着陸の音は日常生活の一部になっている。地下鉄の駅から海岸のシティ・ポイントまで延びている大通りがブロードウェイ・ストリートで、そのほぼ中間地点で交わるドーチェスター・ストリートを境に、この半島は二つの社会に分けられている。ドーチェスター・ストリートより西の地区（「ロウアー・エンド」）は、いくぶん荒廃しており、たくさんのファースト・フードのチェーン店、オートショップ、酒場、そして「プロジェクト」がある。東の地区（「アッパー・エンド」）には、主にアイルランド系カトリックが住んでいる。アッパー・エンドの方が住宅街としての雰囲気が色濃く、ダブル・デッカーやトリプル・デッカー、一軒家、より年代の新しい煉瓦のアパートなどが混在している。今回のサウス・ボストンのインフォーマントは、皆、この地区に居住している。ただし、ロウアー・エンドから「丘を超えて」引っ越してきた人や、ロウアー・エンドで働いている人もいる。

インフォーマントは、全員、ロウアー・エンドとアッパー・エンドとの間に明確な線引きをしており、その違いをはっきりと語った。「私がいう『コミュニティ』とは、同じような人が住んでいて、女性でも夜に独り歩きができる、Gストリートからシティ・ポイントまでの地域のことです。ロウアー・エンドにはアジア系やヒスパニック系がたくさん住んでいます。中にはトイレの使い方さえ満足に知らない者もいます。とても騒々しくて危険な場所です。」

「ロウアー・エンドはここより貧しい地域です。片親だけの家庭がたくさんあって、皆、『プロジェクト』に住んでいます。家賃が安いので、ボストンの他の地域から転入してきた連中です。あと、プエルトリコ、キューバ、カンボジア、ベトナムなどからの移民も大勢います。彼らはサウスィに何の愛着もないから、投票もしません。その結果、地元の政治家は、ますますアッパー・エンドだけに気

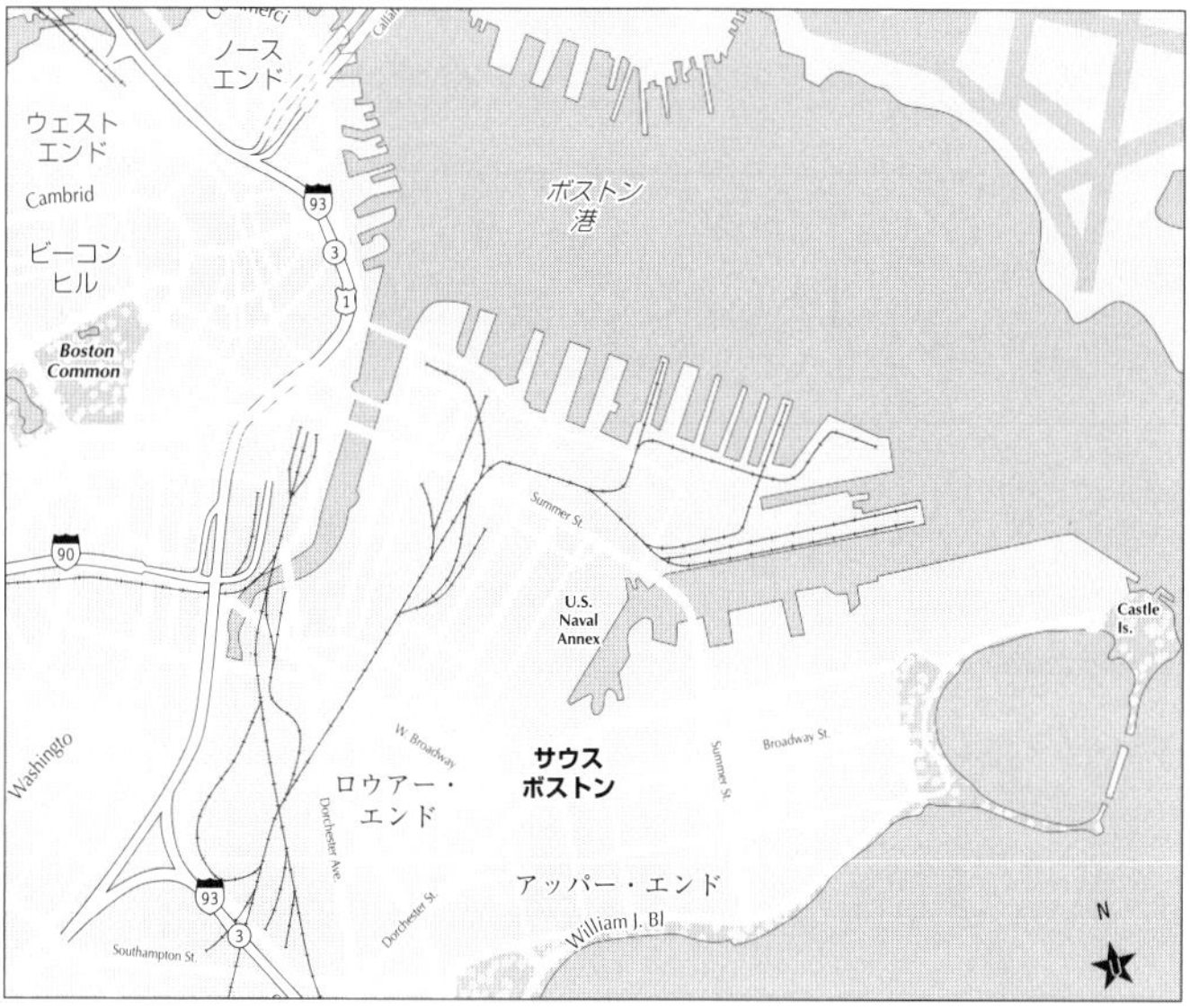

サウス・ボストン

を配るようになり、ロウアー・エンドはますますないがしろにされ、荒廃してゆきます。全くの悪循環です！」

「基本的に、ビーチの方へ行けば行くほど、裕福な人達が多くなります。マリーン・ロードとコロンビア・ロードをご存知でしょう？　われわれはこの二つの通りを『億万長者通り』と呼んでいるんですよ。姉妹がそこに住んでいるのですが、彼女の自宅は約二五万ドルだそうです！　信じられますか？　全く凄いですよね！　ロウアー・エンドは生活保護の受給者や、英語を解さない移民が住んでいる場所です。」

「ロウアー・エンドにも――特にBストリートあたりには――まだアイルランド系カトリックは住んでいますよ。でも基本的には、ロウアー・エンドには『有色』の人達が多く、アッパー・エンドにはもっと『白色』の人達が多いです。アイルランド系、ドイツ系、イタリア系、ポーランド系、リトアニア系、チェコ系、アルメニア系、アルバニア系などの人達がたくさん住んでいますから。もちろん白人は英語が話せます。」

ロウアー・エンドとアッパー・エンドという区分けは、多少、誇張されているかもしれないが、インフォーマントの社会認知地図の上では重要な境界線であり、それはサウス・ボストンの歴史的文脈のなかで構築されたものである。

南北戦争によって創出された雇用の機会は、半島の人口を五〇パーセント増の三万人以上にまで押し上げ、鋳鉄所、機関車工場、ガラス工場、機械工場、造船所といった重工業に基づく繁栄は、一八六三年のサウス・ボストン貯蓄銀行設立を可能にした。同時に、サウス・ボストンにあったプロテスタントの教会は急激に減少し、代わってカトリック教会が信者の数とともに目立って増加した。このことは、南北戦争後にこの地域でアイルランド系カトリック色が濃くなったことを象徴している(Satkewich 1979)。サウス・ボストンにはさらに多くの移民が定住し、スタンダード精糖やワルウォース・マニュファクチュアリングを始めとする新しい製造会社、ニューイングランド電力、ボストン・エジソン電力、マサチューセッツ電力、ボストン・ガスなどの新しい公益事業会社、さらにドーチェスター鉄道、アベニュー鉄道、ブロードウェイ鉄道といった運輸輸送会社で職を得ていった。一八九〇年代までには、ブロードウェイ・ストリートはサウス・ボストンの幹線となった。

経済の一本立ちが進み、インフラ基盤が整備されるにつれ、サウス・ボストンは「(由緒正しいボストニアンではない)その他のボストニアン」(Thernstrom 1973)のための避難所的存在から、住

ロウアー・エンド

民が生活し、仕事をする、一つの統合された居住地域へとその性格を変えていった。南北戦争の英雄を讃える像や記念碑が数多く建立されたが、中でもとりわけ有名なのはサウス・ボストンのマリーン・パークにあるファラガットの像とドーチェスター・ハイツの記念碑だ。一九〇一年には最初の聖パトリック祭のパレードが行われ、サウス・ボストン高校が創立された。貧しい移民のための公衆衛生施設として一八六五年に建てられたLストリート入浴場は、次第にスポーツとレクリエーションのための主要施設になっていった。サウス・ボストン出身の歴史家オコナーは次のように記述している。

組織化されたスポーツ活動は、結束や連帯の意識をはっきりと強め、これが地域の精神を際立たせる一つの要素となった。自分達のビーチ、入浴場、運動場、公園、フットボールや野球のチームがあり、スポーツの伝説的英雄が何人もいることで、サウス・ボストンの住民は、地域の閉鎖的特性や施設・団体の適性に誇りを感じ、心地良さを覚えた。[2]

ホーガンが解釈するように、「カトリック教区の二〇世紀前半の特徴の一つは、教会の運営者達が、住居、教会、ミッション・スクール（あるいは公立小学校）を地理的に閉ざされた小さな地域の中で隣接させていったこと」である。[3] 一人でも多くの子供達にカトリック教育を施し、「神と国のため」という愛国精神を培うために、教区経営の学校制度が広まっていった。サウス・ボストンでは、教会と国家が切り離せない存在となっていったのである（Horgan 1988; O'Connor 1994; Ryan 1979）。一九〇〇年代初頭までに、サウス・ボストンにはヒベルニア古代修道協会系一一団体、アイリッシュ・アメリカン・クラブ、ウォルフ・トーン・クラブ、ケルト人協会、クラナ＝ゲール人協会といった社交クラブが誕生した（Canavan 1979）。これらのクラブは、「アイルランド系の友人や近所の人達が、ともにくつろぎ、往年を振り返り、最新の情報や噂話を交換する、社交の中心としての役割を果たした。[4]」オコナーは、アイルランド系カトリックの資本主義の精神について、次のように説明している。

世紀が変わる頃までには、シティ・ポイント（アッパー・エンド）あたりには、医師、歯科医師、薬剤師、弁護士、不動産業が若干いたが、サウス・ボストンに住む人のほとんどは「労働者階級」であり、はっきりとした階級意識が、彼らの自己認識に投影されていた。ロウアー・エンドには大勢の日雇い労働者、港湾労働者、酒場の主人、雑貨商、工員、煉瓦職人などが、一方、ドーチェスター・ストリートの東には、大工、配管工、電気技師、路面電車の車掌、警官、消防士、郵便集配

アッパー・エンド

人などが住んでいた。どんな職業であれ、親達は懸命に働き、自分達の仕事に誇りを持っていて、たとえ質素な家に住み、わずかな収入しかなかったとしても、勤勉と意地という労働者階級の価値を賞賛するように子供達を育てた。学校の教師は、生徒に、縫い合わせやつぎあてのある服を学校に着て来てもいいが、洗濯をしてアイロンがかかっていなくてはならないと指導した。(5)

大恐慌は、労働者階級の地域にとって、先例のない大災難だった。仕事を失い、僅かな貯金もすぐ底をつき、自宅や借家の抵当権は差し押さえられ、保険は解約され、商店・病院・劇場は経営が覚束なくなった。こうした全てが、彼らが拠り所としていた根本原理をぶち壊した(Thernstrom 1973)。オコナーの回想によれば、サウス・ボストンは、こうした壊滅的な影響をかろうじて切り抜けることができたという。

……というのも、コミュニティの象徴ともいうべき、相互に結びついた家族間のネットワークがあったからだ。職を失わずにいられた人達は、その僅かな収入を、失業中の友人や近所の人達に分け与えた。バターや卵や砂糖は家族間で相互に分け合い、子供の靴や衣服を交換し合い、住む場所を失った親族のために自宅を開放した。固い結びつきをもった当時の教区制度の中、聖ヴァンサン・ド・ポール教会の役員や会員は、時間を忘れて、困窮者らに手を差し伸べた。苦境を和らげるための社会的・経済的な公的扶助制度がなかった時代のことである。(6)

生きる気力そのものを失わせるような厳しい試練を乗り越えることができたという事実は、「労働者階級」地域の美徳として、彼らの誇りをより強固なものにした。それは、「ボストン・アイリッシュ」の気風を内に抱くことで、独自の価値やスタイルを守り抜こうとする地域への誇りであった。しかし、戦後、サウス・ボストンの「労働者階級」の精神は、数々の課題に直面した。帰還した若い兵士の多くは、自分達の家が小さすぎると感じた。高速道路の拡張と自動車の普及により、若者たちは郊外まで足を運ぶようになった。ボストンの銀行は、「赤線引き（荒廃地域への担保融資などの拒否）」の一環として、サウス・ボストンを「荒廃」あるいは「不況」地域として分類し、住宅ローンや増改築ローンの融資を拒んだ。このことによって、サウス・ボストンは苦境に陥り、住民は大挙して郊外へ転出する結果となった。一九五〇年代後半までには、人口が五〇パーセント減の四万人となり、地域の中に編み込まれていた社会的関係のネットワークは分散し、弱体化していった(7)(O'Connor 1994)。

「若い人達は、伝統文化から遠ざかろうとしました。若い男達は、軍隊で数年過ごすうちに、もっと広い世界を知るようになったのです。テレビや車は、男女問わず、彼らの視野を広げてゆきました。もっと解放的になって、他に依存しなくなり、いわゆる『ミー・ジェネレーション』が生まれました。郊外でより良い暮らしを送るようになったのです。」「人々は、もはや、地元のスポーツ選手、歌手、俳優には興味を持たなくなりました。代わりにスターになったのは、全国放送の番組に登場するような様々な専門職の人達です。」

社会福祉制度の実現は、彼らの上昇移動を進めたが、社会的なつながりがその犠牲となった。「そう、社会福祉制度ができたので、大恐慌の時のように、互いに助け合わなくてもよくなりました。」「GIビルのお蔭で、若者たちは大学に行けるようになりましたが、大学を出た者は、酒場で親父連中とトランプをやったり、ビールを飲んだりすることへの興味を失っていました。『サウスィこそ私の故郷』も歌わなくなりました。」「大恐慌の時は、砂糖や塩なんかを交換し合ったものです。でも、そんなことはめったになくなりました。先日、近所の人が砂糖を借りに来た時には、本当に驚きましたよ!」「以前に比べて、他人の子を叱ることがなくなりました。最近では『他人のことに干渉するな』というのがモットーですからね。」

もう一つの大きな課題は、いわゆる「プロジェクト」である。低所得者向けの公営団地として最初に登場したのは、一九三五年の「オールド・ハーバー・ビレッジ」（後に「メリー・エレン・マコーマック・プロジェクト」と改名）と一九三九年の「オールド・コロニー・プロジェクト」の二つで、どちらも地域のはずれにあり、同質性も高く、地元住民にも受け入れられた。しかし、一九四九年の

「Dストリート・プロジェクト」は、ボストンの他の地域から追い払われた人達が何千人も入居したため、ロウアー・エンド中心部全体の荒廃につながった。オコナーは、「プロジェクト」が「貧しく、恵まれず、拠り所のない者達の恒久的な団地」に変容したことについて、次のように述べている。

「プロジェクト」の管理者の裁量で、トラブルを起こしそうな人をあらかじめ排除したり、好ましくないと思われる人を立ち退かせたりできる権限を、裁判所が厳しく制限したことで、多くの管理者やスタッフは全くお手上げの状態になってしまった。市内全域の「プロジェクト」において、監督や保守管理の状態が急激に悪化した。植木や低木は引き抜かれ、ベンチや運動場の遊具は破壊され、ドアの鍵は壊され、窓は割られ、入り口の廊下の電気は消え、地下は荒らされ、壁の外観はスプレーや落書きで損なわれた。「プロジェクト」の人口構成も目に見えて変化した。新しく越してくる世帯の多くは父のいない家庭で、何らかの生活保護を受ける世帯の割合はさらに増加した。[8]

地元のソーシャルワーカーによると、「サウスィ」にほとんど愛着がなく、生活保護を受けて暮らしている人達がロウアー・エンドに住むようになった――あるインフォーマントの言葉を借りれば「侵入してきた」――この二〇年で、サウス・ボストンの片親家庭の割合は一七パーセントから四〇パーセントに増加したという。[9]

「ロウアー・エンドにある『プロジェクト』の区域――つまりBストリートとCストリートにある新しいアパートを除く、ドーチェスター・ストリート沿い――は、全くの恥さらしですよ。ほとんど

Dストリート・プロジェクト

は高校中退で、われわれの税金を吸い上げています。政府の補助金のお蔭で、七百ドルのところ、彼らはたった百ドル負担すれば、あそこに住めるのです。自尊心も、模範も、道徳もあったものではありません。昔、あのあたりは、戦争から帰ってきたばかりの帰還兵達が、新しい生活を始めるのに相応しい場所でした。でも今となっては、区域全体に寄生虫が住みついていますね。奴ら貧乏人自身のためにも良くないことだと思います。収入水準でいうと、あそこはボストンでもっとも貧しい地域です。」

「私は一九五〇年代頃に、あそこの『プロジェクト』で育ちました。当時は、いったん暮らし向きが良くなったら、他の貧しい人達のために場所を明け渡すという不文律がありました。誰もが自分の住む場所をとても大切にしていました。雑草を刈り、入り口の廊下の掃除もしました。ええ、たまには他の家族と一緒に屋外でバーベキューをしたりもしましたよ。でも今の住人ときたら、自分達の住んでいる場所なんてお構いなしなのです。雑草は生え放題だし、建物も汚れ放題。中には『政府の世話になんかなってやしない』という考え方で、三〇年も四〇年も住み続けている人もいます。そういう人達は、暖房、電気、(低所得者に配布される) 食糧クーポン、医療といったあらゆるサービスが当たり前のことだと思っています。それらは、全て、われわれの税金から支払われているのです。こんな馬鹿なことはありません!」

作家マイケル・パトリック・マクドナルド (Michael Patrick MacDonald) は、「プロジェクト」で過ごした少年時代を次のように振り返る。

シティ・ポイントで知ったことは、自分達が「プロジェクトのドブねずみ」、「白い肌をした黒人 (white nigger)」だということだ。ポイントのガキどもは、丘を下ってロウアー・エンドまで追いかけてきた。「そこがお前らの居場所だ!」とハイツから叫んだ彼らでさえ、そこから先の、見えない境界線を敢えて踏み越えようとはしなかった。(10)

筆者のフィールドワーク中、U.S.ニュース&ワールド・リポート誌 (一九九四年一〇月一七日号) は「ホワイト・アンダークラス (白人最下層)」という特集を組み、ロウアー・エンドを「アメリカの白人最下層の都」と称していた。

一九九七年、サウス・ボストン、特に「プロジェクト」を中心に、一〇代の自殺、自殺未遂、違法薬物過剰摂取が相次いだ。一〇人の若者が首吊り自殺をし、男子を中心に自殺未遂が二百件あったともいわれている。首吊りという手法が——特に一〇代の手法としては——珍しいことに着目したマクドナルドは、インターナショナル・ヘラルド・トリビューン紙（一九九七年八月一八日付）の取材にこうコメントした。「首吊り自殺なんて誰がしますか？　牢屋に入っている者のすることですよ。」「牢屋」とは、絶望の中で囚われの身となり、貧困の中で隔絶され、アルコールと違法薬物（特にヘロイン）から逃れられないという意味であろう。

当時、筆者はすでにボストンを離れ、イギリスでポスト・ドクターの研究生活に入っていたが、アッパー・エンドに住む六〇代後半のインフォーマントから、次のような書簡が届いた。

サウス・ボストンでは、今年になってから、違法薬物過剰摂取で病院に運ばれた人が七五人いたようです。そう、ロウアー・エンドの「プロジェクト」に住む白人の若者たちです。いったでしょう、「プロジェクト」は本当の意味でサウス・ボストンではないと！　仕事をせず、投票にも行かず、子供達（特に息子達に）に示してやれる強い模範もないシングル・マザー達の人間倉庫です。私にいわせれば、そこにあるのは絶望、憂鬱、精神的に落ち込ませるような違法薬物です。サウスィの人達は、皆、話題にしたがりませんが、そんな沈黙の壁で地域が救われるわけがありません。私はこの手紙を書き終えたら、市役所の友人にも一筆書いて、ボランティアを申し出るつもりです。余計なお世話だと断られる可能性もありますが[11]（一九九七年八月二八日付私信）。

インフォーマントらによるロウアー・エンドとアッパー・エンドの境界線は、こうした敵意と葛藤によって特徴づけられている。それは、大恐慌の時、壊滅的窮地から「サウスィ」を守った「労働者階級」の美徳のかけらもない「寄生虫」がプレーしている「アンフェアな」ゲームに対する敵意と葛藤である。言葉も違う、貧しい有色人種の新参者がたくさん住んでいるからだけではないという。「これは価値の問題なのです。」ロウアー・エンドとアッパー・エンドの境界線――あるいは「価値の問題」――は、こうした社会的・歴史的な所産なのである。

これと関連して、インフォーマントは、「合理的な」社会観をこの地域に当てはめ、サウスィを「教化」しようとする外部の官僚、政治家、ジャーナリスト、リベラルな有識者に対して非常に懐疑的である。「Dストリート・プロジェクト」は、いわゆる「ベスト&ブライテスト」(Halberstam 1972)的発想の失敗例として受け止められている。一九六〇年代後半から七〇年代にかけて発表された(一部は実行された)一連の「都市再生計画」は、「地域外の利益」によって地域コミュニティが根こそぎにされてしまうのではという懸念が、決して誇大妄想ではないことを証明した。[12]「もっとも悲しい瞬間」は一九七四年の学童の「強制バス通学」という形でやってきた。これは、連邦政府が、人種統合という目的を達成するために命じたものだ。この強制バス通学は、「ブラック・パワー(アフリカ系)」と「グリーン・パワー(アイルランド系)」の対立を緩和するどころか、かえって悪化させ、時には若者の命が奪われることもあった。もしも、それが、アフリカ系が彼らのルーツを再発見した時代だったとすれば、これは、また、ボストン・アイリッシュが自分達の民族の誇りを強調した時代でもあった。それは、友人間、教会、家庭の中で、あるいは、地元紙、Tシャツ、車のバンパー・ステッカー、町の標識などに示された。

彼らの反対の論理がおそらくもっとも凝縮されているのは、「オールド・ハーバー・ビレッジ」で育ったサウス・ボストンの土地っ子で、当時、マサチューセッツ州議会議員をしていた（後に、一九七八年から一九九五年まで州議会上院議長を務め、その後、マサチューセッツ大学の総長となった）ウィリアム・バルジャー[13]が、ワシントンD.C.での強制バス通学反対全国集会（一九七五年三月）の前夜に、ドーチェスター・ヒルで行った次の演説であろう。

強制バス通学に反対するということは、われわれが黒人やその他の人種の子供達に対して、悪意を抱いているということではない。統合教育の理念に反対しているということでもない。われわれの教育施設を使いたいと望んでいるかもしれない他の地域の子供達を排するものでもない。われわれは、親の自然権を剥奪する司法判断の要求に屈したくないのである[14]。

わが子の学校を選ぶという「親の自然権」に対する国家的な介入・干渉に対するバルジャーの抵抗は、彼とは政治的スタンスの違うインフォーマントの間でさえ評価を受けている。同じアイルランド系であるにも関わらず、エドワード・ケネディ連邦上院議員は、この時期に強制バス通学を支持したという理由から、いまだにサウス・ボストンでは不人気である。「強制バス通学に賛成するような政治家は、ここサウス・ボストンではやっていけません。絶対に無理です。支持されるわけがありません。」

強制バス通学は、全米規模の問題だったので、マスコミはボストンでの進捗状況に注目し、サウス・ボストンの住人の地方主義、教区主義、偏狭さなどをしばしば糾弾した。オコナーは次のように振り返る。

ビール腹の男達と口汚い女達が、単に黒人だからという理由で、無防備な子供達に対して戦争を仕掛けるような腐敗かつ窮乏した地域――という、消すことのできない印象を、全米の人々の心に植えつけてしまった。これはあらゆる全米ネットによって誇張された、全くひどいステレオタイプで、そこからこのコミュニティが立ち直るのは至難極まりないことである……。サウス・ボストンの人間は、自分達の道徳が古めかしく、生活様式が野蛮だと批判する外部の人間によって、自分達が変えられることを拒んだのであった。負けるかもしれないが、どうせ負けるなら闘ったうえで負けてやろうじゃないか！　というのが、サウス・ボストンのやり方だった。[15]

このように、強制バス通学は、私的領域に対する国家の介入・干渉という問題だけではなく、外部のステレオタイプに対する反駁でもあったのである。同時に、アンソニー・ルーカス（Lukas 1985）とモーリン・デゼル（Dezell 2000）が指摘するように、それは人種的抗争であっただけではなく一種の階級闘争であり、また、（ハーバード大学ロー・スクールを卒業し、豊かな郊外生活を享受していたアーサー・ガリティ判事のような）成功したアイルランド系と、そうではない（サウス・ボストンやチャールズタウンといった都市部に住み続けているような）アイルランド系の「内輪もめ」という側面もあった。

筆者の留学中にも、この地域にある「プロジェクト」に、より多くのマイノリティを入居させ、居住空間を「フェア」に分配しなければならないという連邦政府からの規定に反対するなかで、この「ノー・ナンセンス」の精神が強く示されていた。「学校の運営を強制できないなら、どこに住むかだって強制できないはずです。」

しかし、レイモンド・フリン市長——サウス・ボストン出身の初の市長（一九八三〜九三年）で、強制バス通学に声高に反対していた——は、州と連邦政府双方からの財政的・法的圧力の下、結局、その要求を受け入れた。一九八八年の選挙では圧倒的勝利を収め、市内の黒人居住地からも支持を得ていたフリン市長だが、外部の力に屈したと見なされ、一九九二年の選挙では、地元サウス・ボストンの選挙区を二つとも落とす結果になった。「レイ・フリンは自分がどこの出なのか忘れちまったんですよ。」

インフォーマントの多くは、ロウアー・エンドとアッパー・エンドの差異、そして、アッパー・エンドの中での様々な差異（たとえば、白人の民族集団別の差異など）を認めながらも、いざとなれば、「自然権」を守るという大義の下、サウス・ボストンが一つになれると感じている。「島国根性のサウス・ボストン」がダウンタウン・ボストンの作りものなら、サウス・ボストンはそのステレオタイプを利用して、コミュニティを一つにまとめ、その結束を正当化し、外部からのアイデンティティの押しつけに応じるというわけだ。パトリック・オレアリー氏の次の発言を思い起こしていただきたい。「われわれのことを『偏屈』という人達もいます。それも結構です。……人々はわれわれのことを恐れて、ここに引っ越してこようとはしません。それはそれで結構なことです。このコミュニティを維持できますから。」

ビーコンヒルの場合のように、経済的ダーウィニズムは、ボストンのダウンタウンに隣接する、この地域にも押し寄せている。都市部で専門職に就いている若年層（「ヤッピー」のような、贅沢なタウンハウスや高価なコンドミニアムに手が届くような人々）が、かつて「労働者階級」地域だった場所のジェントリフィケーションを推し進めている。訪れる度に、かつての酒場や金物屋がブティック、グルメ・レストラン、カフェに取って代わられている。地元の不動産業者によると、ここ一〇年余りに市場価格が一〇倍に跳ね上がった物件はちっとも稀ではなく、また、サウス・ボストンにはほとんど空き物件がないということである(16)。

「彼らは人は良いのですが、われわれとは共通点が何もありません。地元の会合には全く参加しません。もしも良い仕事が見つかればロサンゼルスにでも引っ越してしまうことでしょう――今の家を、ここととは何のつながりもない別の金持ちに売ってしまってね。不動産価格は高くなりすぎていますよ。だから、多くの若いボストン・アイリッシュがサウスィを離れてしまうのです。」

サウス・ボストンは、ダウンタウン、空港、高速道路、港に近いことから、公共の都市計画や民間の開発業者の実利的な計算の対象となりやすく、ジェントリフィケーションへの懸念には根強いものがある。「臨海地区で進行中の新しい計画が二つあります。またしても、よそ者たちがわれわれのコミュニティに鼻を突っ込もうとしているのです！」

実際、七億ドル規模のコンベンション・センター（原案ではニューイングランド・ペイトリオッツのフットボール・スタジアムとボストン・レッドソックスの球場を併設した大規模総合施設だった）

をサウス・ボストンの臨海地区に設置するという市の計画は、一九九〇年代後半の州議会でもっとも白熱した議題の一つだった。事前の相談が全くないまま、サウス・ボストンがその対象になったことに怒り心頭に発した住民は、「強制バス通学」の時と同様、「強制スタジアム」と「強制球場」に対し、徹底的に反対しぬいた。そして、サウス・ボストンの政治家は、入念な政治的駆け引きをもって、「リンケージ・プログラム」資金の五一パーセント（今後二〇年間に六千五百〜七千五百万ドル相当）をサウス・ボストンのために占有的・直接的に使用するという劇的な譲歩を開発業者から獲得した（この取り決めは市内他地域のニーズを無視しているとして、他の地域やマスコミから厳しく批判された）。

彼らの社会的現実や文化的歴史は、ビーコンヒル、ウェスト・ケンブリッジ、ノース・ショアの「旧家」のそれとはくっきりと対照的な自己認識を生んでいる。「ボストン・ブラーミン」のインフォーマントの多くは、自らを「中上流」の階級に属すると定義した。つまり、彼らより下の階級（「中流階級」、「普通の人々」、「一般大衆」）や、「何の脈略もない、あるいは、今まで経験したことのないような文脈の中で生きている」上の階級（「ニュー・マネー」、「新参者」）とは区別される階級ということだ。逆に、「ボストン・アイリッシュ」のインフォーマントの大半は、自らを「中流階級」か「労働者階級」と定義している。この曖昧さと柔軟性は、ボストンのダウンタウン（「金持ち」、「リベラル」、「よそ者」）や、ロウアー・エンド（「貧乏人」、「寄生虫」、「人間倉庫」）との間に一線を画していることと深い関係がある。「労働者階級」であることと「貧しい」ことには、微妙だが、重要な違いがあるのである。多くのインフォーマントは、その差異が一緒くたにされてしまいそうな時には、

「中流階級」という地位を強調した。他方、「労働者階級」には、先述のとおり、より一層肯定的な意味が付与されており、しばしば、ダウンタウン・ボストンやケンブリッジ（特に「ハーバード・スクウェアの超リベラル連中」）へのアンチテーゼとして強調された。

「ヤスシ（筆者）、実はね、貴方がハーバード大学の人間だと聞いた時は、かなり疑っていました。われわれのことをサウス・ボストンの『荒れた地域』の『スラム』に住んでいる『掘っ立て小屋のアイリッシュ』だの『アイルランド系の偏屈者』だのと嘲笑する人間の一人なんじゃないかってね。」もしも、ハーバード大学の名が「由緒正しいボストニアン」に近づく機会をもたらしたのであれば、「その他のボストニアン」の場合には、むしろ逆効果だったことは、序章で述べたとおりである。

これらの所見は、ミシェル・ラモントが、フランスとアメリカにおける（黒人と白人の男性）労働者階級の文化を比較研究した中で見出したことと共通する。

筆者が取材した白人のアメリカ人労働者は、主に道徳的基準（「自らを律する姿勢」）を用いて、「われわれのような人達」とその他の人々とを区別している。彼らは、誠実さ、率直さに欠ける上流の人達、そして、怠惰で間違った価値を持っている黒人や「下の人達」とは自ら一線を画している。……白人のアメリカ人労働者は、貧しい人達や黒人を評価する際、社会的・経済的地位を道徳的価値の表れとしてとらえる一方、上流の人達を評価する際には、多くの場合、この基準を放棄している。(17)

アングロ・サクソン系プロテスタントのインフォーマント同様、アイルランド系カトリックのインフォーマントも、彼ら自身に関する「ステレオタイプ」を十分わきまえており、外部から与えられたアイデンティティを内面化することで自己認識を作り出している。中には、こうしたステレオタイプのイメージを壊し、新しい考え方や行動の様式を吸収することによって、新たなアイデンティティを組み立てようとする人もいる。また、こうしたステレオタイプを逆手に取って、自らの存在と現状を正当化しようとする人もいる。各インフォーマントの社会行動は、より大きな社会の力学による制約を受ける一方で、アンソニー・ギデンズ（Giddens 1979, 1984）やピエール・ブルデュー（Bourdieu 1977）が各々の理論モデルの中で述べているように、外部から押しつけられたアイデンティティ（カテゴリー）を内面化する際、その人の能動的主体（エージェンシー）がいかに発揮されるかによっても左右される。

以上、アイルランド系カトリックのインフォーマントの社会的現実や文化的歴史を織り成している中心的なテーマを幾つか描いてきた。次節からは、居住地域、家族・親族関係、友情、仕事、趣味・嗜好、恋愛と結婚生活、離婚、子育て、高齢者介護、家族生活、といった個々の側面について触れながら、社会的環境や家族的背景の変貌（たとえば、上昇移動、「全体像」の断片化、「われわれ」と「彼ら」の差異化など）が、インフォーマントの実際の社会生活や人間関係にどのような影響をもたらし、〈文化の政治学〉とでもいうべき拮抗を生成しているか、考察してゆきたい。

「本当のコミュニティ」

ビーコンヒル、ウェスト・ケンブリッジ、ノース・ショアと比較すると、サウス・ボストンのアッパー・エンドは、スタック（Stack 1974）のいう「仮想の親族関係」により近い社会的密度を有しているようである。

筆者のフィールドワークの最中に、ボストン郊外で年老いた女性が自宅の鍵を無くし、屋外で凍死するという悲劇が起きた。この女性は近所の家数軒で保護を求めたが、彼女がただの見知らぬ人だと分かると、どの家もドアを開けることを拒否したという（一九九四年一月二一日付ボストン・グローブ紙）。このような冷淡さは、サウスィでは「とても考えられないこと」だ。

「サウスィは今でも本当のコミュニティです。ご近所さんのことは、お互い知らない人はいません。夜は鍵をかけませんし、シャワーが故障すれば、近所の家で貸してもらえます。全く問題ありません。十年も前からの知った仲なので、物を買う時はツケにしてもらうこともあります。大きな買い物はそりゃもう絶対です。あそこの角の雑貨店に行ったことがありますか？　あの店の人達とは、もう何年も前からの知り合いです。Stop & Shop（スーパー・マーケット）に行きますが、日用品はあの店で買っています。値段は少し高いのですが、あそこで買い物をすることで、このコミュニティを持たせているように思えるのです。つまるところ、われわれは友人であって、お客ではないのですよ。そんなに合理的になるべきじゃありません。あの店は、子供達がちゃんとやっているかどうか確かめたり、あっちこっちで何が起きているのか情報を交換し合ったりする、コミュニティ・センターみたいなものですから。このブロック

日用雑貨店

にはイタリア系の人達がたくさん住んでいますが、そんなことは何でもありません。彼らはわれわれと似たものどうしですから。」

「給料日には、クッキー五、六ポンド、それにリンゴやバナナなんかをたくさん買いこんで家に帰ったものです。それを食卓の上に置いておくんです。近所の子供達が自由に好きな物を取って食べられるようにね。いつも四、五〇人の子供達が来ていたと思います。おととい、その中の一人の子が来たので驚きましたよ。彼はうちを訪ねてきて、私と妻に『ちょっと挨拶したかった』というんです。一五年ぐらい前にここから引っ越していった子なんですがね。われわれがどれ程嬉しかったか、想像できるでしょう?」

「ここにはホッケーのチームが五つあります。各チームが百人以上の男の子を抱えています。女の子のダンス・チームもたくさんあります。秋のサッカー・トーナメントには、人口の三分の一近く、つまり一万人余りの人がコロンブス・パークに集まります。その中には、親達、祖父母、親族数千人も含まれています。高齢者のための特別ディナーや行事では、何百人ものボランティアが働きます。多くの親達は、雨の日に子供達を図書館に連れて行ったり、朝の六時にホッケーの試合に連れて行ったり、アイリッシュ・ダンスのステップの練習、リトル・リーグ、チェス・クラブ、水泳チームなんかに連れて行ったりするために奮闘しています。ボランティアで血圧を測ってくれる看護師は大勢いますし、近所の高齢者の家の雪かきをする持ち家の人達も大勢います。コミュニティの中で助け合い、困る人が出ないようにしています。われわれは徒党を組んでおり、そのことを誇りにしているのです。」

Street Festival Is Saturday

South Boston TRIBUNE

"First In Community Service"

Sen Hart To Speak At Residents' Group

• Around Town •

Cannons For The Castle Restoration

Includes Historic Rodman Cannons

Registration For Art, Music, Theater

"Stop Watch" In Effect This School Year

Jack Canavan Wins Fellowship

First-Time Homebuyers Encouraged To Apply For South Boston New Housing

Traffic Advisory

Mt. Washington Bank's Extra Credit Program Donates Cash To Local Schools

サウス・ボストン・トリビューン紙（2003年9月11日付）

ローバート・ベラー達が「記憶の共同体」と呼んだものは、大恐慌、第二次世界大戦、朝鮮戦争、強制バス通学などの時代を画した出来事や、近所の人や親にまつわるエピソードを通して今も維持されている。ベラー達が指摘するように、こういった苦しみ、成功、失敗の話はどれも「品格、善人とはどのような人か、そしてそういう人柄を定義づける人徳の概念」を継承するものである。[18] ビーコンヒルにトランスクリプト紙があったように、サウスィにはサウス・ボストン・トリビューン紙がある。サウス・ボストン・トリビューン紙は、地元の催しやサービスの告知、政治家の意見、商業広告とともに、手作りパン菓子即売会、教会のバザー、ミジェットリーグ野球大会の写真などを掲載した週刊のコミュニティ・ペーパーだ。この新聞自体には「記者」がいないのだが、地元住民が二〇〜二五ページの紙面を埋めるのに十分な記事や写真を投稿してくるのである。一九六四年の発行以来、毎週、サウス・ボストン全域に公称部数八千五百部を発行してきたこのコミュニティ・ペーパーは、間違いなく、過去・現在・未来について、人々の「想像」(Anderson 1983) を喚起することに寄与してきた。[19] 歴史的継続性という意識は、この地域に対する彼らの誇りの不可欠な部分になっているように見受けられる。

「まあ、たくさんの友人が、戦後、サウスィを出て行きました。特に、強制バス通学の時には、自分達の子供を守りたい一心でね。でも中には、子供の教育が終わった後になって、サウスィに戻ってきた人達もいるんですよ。もう、郊外の大きな家に住む必要がなくなったからです。サウス・ボストンに戻ってくれば、懐かしい友人がいて、懐かしい通りがあります。実際、彼らの子供達も成人してから、ボストンへの通勤に便利だし、とても安全な地域だからと、サウスィに戻ってきています。[20]」

「Lストリート・ビーチをご存知ですか? きれいなビーチですよ。この界隈の住人は、たいてい、あそこに自分専用のスポットを押さえていて、そこで家族や友人と遊んだものです。今では孫達が、そこと全く同じスポットで遊んでいます。それがサウスィの文化ですよ。」

しかし、その「サウスィの文化」を支え、歴史的継続性という意識を守ってきた三つの制度――政治、カトリック教会、ギャング団――が、外部からの挑戦にさらされている。

ビーコンヒル、ウェスト・ケンブリッジ、ノース・ショアのインフォーマントと比較すると、彼らのコミットメントは、より身近な地域の関心事に向けられていて、コミュニティのリーダー的存在が誰であるか、はっきりと認識している。実際のところ、インフォーマント全員が、地域のリーダーとして即座に何人かの政治家の名前を挙げた。ブラーミンのインフォーマントの場合、地元の政治家が問題にしがちな社会的課題の外に生活基盤が存在するため、市レベルの政治にはほとんど関心を抱いていない。彼らは、筆者のハーバード大学の同僚と同様、ワシントンD.C.の政治家の名前には精通している一方で、地元の代表者が誰なのかほとんど知らないか、知っていてもほんの断片的な情報しか持っていない。

しかし、サウス・ボストンのインフォーマントは、総じて、地元の政治家の性格、背景、社会貢献、道徳的信念、政治的スタンスなどについてよく知っており、その一切を考慮に入れたうえで誰を支持するか決めている。

「アメリカ人の大半は、政治家に幻滅し、不信を抱いていると思います。一九七〇年代のウォーターゲート事件以降は特にそうです。政治家の多くが道徳的な存在ではないという意見には私も同感です。でもサウス・ボストンでは政治家は今でも重んじられていますよ。」

「カーリー（市長）は最高でした。われわれは彼に負うところが大きいです。」

「ジム・ケリー（サウス・ボストン出身で、当時、ボストン市評議会議長）とは旧知の仲です。わわれわれは、昔、マリンズというギャング団で一緒でした。彼はタフガイでしたよ。基本的には彼が好きですが、住宅の件についての発言には失望させられましたね。」

「ビル・バルジャーが最高ですね！」

「われわれに必要なのは、戯言を抜かす、金持ちのリベラルではありません。われわれに必要なのは、子供達が安全に道を渡ることができるように、街灯を修理できる人なのです。トラックの往来が激しいですからね。地元への忠誠が一番重要なことです。」

このように、地元の政治は、インフォーマントの社会空間において不可欠な一角となっている。その一方で、全米レベルや国際レベルの政治は、「彼らよそ者がわれわれのコミュニティに鼻をつっこまない」かぎり、どちらかというと抽象的な話のようである。

「一度、J・F・ケネディをサウス・ボストンからケンブリッジのブラットル・ストリートにあったブラッドフォード知事の家まで車に乗せたことがあるんですよ。後から、ワシントンD.C.で彼の運転手をする気はないかと聞かれたんですよ！　でも、私はそんなエリートの社会には興味ないので、お断りしました。」マリーン・ロード（アッパー・エンドの「億万長者通り」）に住む、このインフォーマントの友人によれば、こういう態度は、サウス・ボストンの「労働者階級」の典型とのことである。

アイルランド系カトリックのインフォーマントのほとんどが、ロナルド・レーガンの愛国主義やビル・クリントンのポピュリズムを支持した「コンサーバティブ・デモクラット（保守的な民主党支持者）」（あるいは「ブルーカラー・デモクラット」や「レーガン・デモクラット」）だ。

「そうですね、一九九二年の選挙は苦しい選択を迫られました。ブッシュは戦争の英雄で、かたやクリントンは徴兵逃れ。クリントンは庶民の味方で、かたやブッシュは金持ちの味方ですからね。」インフォーマントの間でも票は分かれた。彼らは、反ベトナム運動、強制バス通学、アファーマティブ・アクション、公営団地での人種統合、同性愛を拒否するという点で、政治的スタンスを共有している。

筆者は、先に紹介した百歳近い女性との面会を思い出した。彼女が見せてくれたクリントン大統領からの手紙は、彼女の窮境を慰め、アイルランド系移民一世としての功績を認める内容のものだった。「あのね、この国は、大統領が私のような者に手紙を下さる国なんですよ。この国はイギリスに抵抗した国なのです。私の子供達は第二次世界大戦や朝鮮戦争で従軍し、孫達は湾岸戦争で闘いました。」彼女や、彼女の子孫、そしてその他のインフォーマントにとって、国旗を燃やすということは、アメリカの高貴なる大義の否定を意味する。

同様に、アファーマティブ・アクション（そして、それに類する多言語主義や多文化主義）は、アメリカのるつぼに溶け込むためにアイルランド系が払った努力や、（エイブラハム・リンカーンがアメリカについて称した）「地上で最後で最良の希望」という社会精神をないがしろにし、新しい移民を甘やかしてしまう「過保護」な政策と考えられている。

「われわれは、皆、貧困や差別に苦しみました。しかし、それを克服しようと懸命に努力したのです。どうして（新移民や同性愛者が）列の先頭に行くことを許さなくてはならないのでしょう？　とんでもなくアンフェアで、非アメリカ的です。」「私はよく疑問に思うのですが、『つまるところ、何のためにわれわれは闘ってきたのか？　日本やドイツを助けて何を得たのか？』ってね。」このインフォーマントは、近隣の人達と同様、一九九六年の大統領選挙にかなり幻滅していた。無党派層だという彼は、最終的に、しぶしぶ、留保付きでクリントンを支持していた[21]。

政治に対する心情や信条が近いことで、政治的な集まりやイベントが組織されやすく、選挙に足を運ぶことは、「市政を牛耳るための戦略」として、ほとんど「不文律」とされているようである[22]。地域貢献の深さと地元ネットワークの広さは、サウス・ボストンのリーダーの必須条件となっており[23]、影響力のある政治家の多くは、若い時分、労働組合や、コミュニティ・クラブのリーダーを務めていた。精力的にコミュニティ活動をしている何人かのインフォーマントは、「パワフルな人」・「大物」・「キー・パーソン」などと呼ばれていた。こういった活動家は圧倒的に男性が多いが、サウス・ボストンの「ファースト・レディー」と呼ばれ、一九七〇年代の強制バス通学反対運動のリーダー的存在だったルイス・デイ・ヒックス（一九一六〜二〇〇三年）を模範とする女性もいた。「ジム（・ケリー。ジョン・ケリーとは別人）に会ってみたいですか？　話したければ、紹介しますよ。」このように、地元の政治家の名を気軽に持ち出すことは、ブラーミンのインフォーマントには見られなかった――ただし、ある「由緒正しいボストニアン」からは、メイン州ケネバンクポートの別荘でブッシュ大統領（父）を紹介しましょうかと聞かれたことはあったが。

オコナーは、一九三〇年代初頭の福祉国家の出現によって、政治のスタイルが大きく変えられたと指摘する。

ルーズベルト大統領のニュー・ディール政策は、地元の政治家や大都市の有力者たちに取って代わるような、連邦組織の巨大ネットワークを生んだ……。社会保障、失業保険、労働者給与などに関するニュー・ディール法案の可決。そして、第二次世界大戦後には、住宅ローン、専門技術訓練、大学教育など、復員兵を手厚く援護したGIビル。アンクル・サム（U.S.の頭文字――つまりアメリカ連邦政府）が、より大規模で良質の扶助を提供してくれたため、わざわざ地元のボスにお伺いを立てる必要が無くなっていった。そして、より多くの連邦オフィス、裁判所、郵便局、銀行、退役軍人局が設置するようになると、地元の政治家の裁量をはるかに凌駕する、数多くの公務員職が供給されるようになった。(24)

こうした政策的変化によって、サウス・ボストンのアイルランド系の上昇移動が可能になる一方、地域と、そこの政治家の役割はより曖昧なものになった。歴史的に見れば、一九四九年の市長選挙で、ジョン・ハインズが、ジェームズ・カーリーを破って圧勝したことが、より中央集権的で進歩的な政治への移行を象徴していたといえよう。それによって、ブラーミンの経済力とアイルランド系の政治力が、半世紀近い相互無関心の末に、共通の基盤を見出し、社会の合理化と近代化のための「都市再生計画」が打ち出されていったことは、序章で述べたとおりである。

そうはいっても、筆者が取材した二、三人の地元の政治家は、サウス・ボストンの人々は今でも「色々と要求が多く」、公園美化に励んだり、街灯を修理したり、駐車場を区画したり、落ちこぼれた生徒の相談にのったり、火事場に駆けつけたり、と多忙を極めているようである。彼らが、もっとも気にかけているのは、ローカル色の強いサウス・ボストンの利害と、マサチューセッツ州やアメリカ社会全体のそれをいかに調和させるかという点らしい。
ジャーナリストであるリチャード・ブルックハイザー氏は、ニューヨーカー誌の中で、バルジャーが口にした核心の一言を紹介している。「私は、自分をここへ連れて来てくれた女の子とダンスを踊る。」それは、連邦政府やリベラルな有識者たち、マスコミ（もっとも顕著なのはリベラル色の強いボストン・グローブ紙）といった、社会の合理化と教化を推進する勢力と敵対しても、自分の支持者と選挙基盤に忠誠を誓うことを意味している。取材を終え、バルジャーと一緒に歩いていたブルックハイザー氏は、いかにもバルジャーらしい光景に出くわした。

州議事堂に着く頃には、金色に膨らんだドームの下、バルジャーの足取りは軽快そのものだった。入り口にいた若い警備員は、何もいわずにボストン・グローブ紙に目を通していた。「そこに書いてあることを信じるなよ」とバルジャーは彼に向かって明るくいった。「いや、スポーツ欄と『ファー・サイド』（一コマ漫画）に目を通していただけです」と警備員は応えた。「その意気だ」と、上院議長は返した。(25)

これは、フリンのケース――公営団地での人種統合に関して、州と連邦の両政府からの外圧に屈し、その結果として、黒人居住地から絶大な支持を受けつつも、地元サウス・ボストンの選挙区を二つとも落とした――とは対照的である。フリンの政治的選択は進歩的かつ実利的であり、より広範の有権

聖パトリック祭の朝食会（中央がケリー、マイクを持つのがバルジャー、前列で俯向き笑っているのがデュカキス元知事）（ボストン・グローブ紙提供）

者に自らの政策を適応させることで、ボストンの政治をより大きな社会の利益と調和しようとした。しかし、それは「自分をここへ連れて来てくれた女の子」とサウス・ボストンからの離反を意味した。

「バルジャーは今もサウスィに住んでいて、このベイサイド・クラブで聖パトリック祭の朝食会を開催し、午後には近所の人や来賓のために自宅を開放しています。ウェルド知事やジョン・ケリー連邦上院議員などの重要人物は、皆、こぞって朝食会に出席します。ホワイトハウスのクリントン大統領から電話がかかってきたこともあります。サウスィのような小さな地域が、それほどの注目を浴びるなんて、感動的なことじゃありませんか。フリンはわれわれの元を去ったのです。彼は（一九九三年に）アメリカ大使としてバチカンへ飛び立って行きました。違いが分かるでしょう？」

地元の価値と社会全体の価値との緊張をうまく緩和することは、政治家の政治生命にとっては、決定的に重要であり、同性愛、妊娠中絶、アファーマティブ・アクション、多言語主義、公営団地での人種統合、臨海地区の開発といった課題は、その政治的意味をより重いものにしている。

毎年三月に行われる聖パトリック祭のパレードは、そうした緊張を内包する、もう一つの課題である。一九九四年には、主催者である退役軍人連合評議会サウス・ボストン支部が、アイルランド系の同性愛者グループのパレード参加に反発し、パレードそのものを中止とした。その後、主催者側は、同性愛者グループ抜きで行進する権利を勝ち取ったが、メニノ市長を含む市当局者は参加を見合わせた。

「連邦最高裁は、一九九五年六月、九対〇でパレードは公式行事ではないという見解（筆者注：つまり、聖パトリック祭の日の私的行事なので、同性愛者グループのパレード参加を認める義務はないという見解）を支持しました。同性愛者を差別しているわけではありません。ただ、外部のリベラル連中から指図を受けたくないだけです。彼らは他人のことに口出しすべきではありません。自分達のことは自分達で決めるべきで、われわれにはそうする権利があります。」

一九九五年のパレードにはボストン内外から、八〇万人以上の観客が集まり、その多くは緑色のものを身につけ、手には星条旗とアイルランドの三色旗を持っていた。通りのポールには、命を犠牲にして国のために戦ったサウス・ボストンの兵士たちを記念したプラークがたくさんつけられた。沿道の人々が、皆、パレードの再開を喜ぶ一方で、インフォーマントの中には、このパレードが商業化、政治化、矮小化したことに戸惑いを覚えた人もいたようだ。「昔は、パレードの日といえば、家族が集まる日でした。感謝祭やクリスマスよりも重く見られていたのです。今日では、ただの楽しみの日になっています。皆、緑の服を着て、全てのものを緑にしてね。そういう若者達の何人が、この地域の歴史について知っているのか知れたものではありません。それに、パレードは政治的になり過ぎましたね。マスコミは、同性愛者の問題とバルジャーの朝食会のことしか取り上げませんし。」

二〇〇三年、イラク攻撃に反対する退役軍人団体が、主催者側のパレードとは別のパレードとして参加する許可をボストン市警から得、アイルランド系の同性愛者団体らと共に、通常のパレードの後を追う形で行進し、沿道から声援やブーイングを浴びた。二〇〇三年一二月、連邦裁判所治安判事は、その時の市警の判断が一九九五年の最高裁判決に違反するとして、今後、そうした団体は、少なくとも約一・六キロメートルの距離をおいて行進するよう命じた。

地元の価値と社会全体の価値との緊張は、サウス・ボストンにおけるカトリック教会の位置にも反映されている。戦後の「合理的な」社会の拡大は、変わりゆく世界を説明する体系としての宗教の重みを衰えさせた。

「戦前は、神父と政治家が地域のリーダーでした。(26) しかし、今日では、あまり真剣にとられていません。特に若い人の間では。つまるところ、われわれが直面している課題を解決するためには、あまり役に立たなくなってきているのです。」

「サウス・ボストンから郊外に引っ越した連中と比べると、われわれはまだ宗教心が篤い方です。教えは他より厳格ですし、聖職者と教区民の間の交流も他より形式張っています。もちろん、地元の教会が主催する地域活動はたくさんありますし、多くの人がボランティアとして何らかの形で参加し

聖パトリック祭のパレード

ています。でも、家族の予定が、教会によって埋められてゆくようなことは少なくなりましたし、より融通の利くものになりました。教会はかなり世俗化し、神父達にしても、必ずしも昔のようにわれわれの模範ではなくなっていると思います(27)。」

「前より多くの人が非カトリックと結婚するようになり、前より多くの人が離婚を受け入れるようになりました。聖書からとった名前を持たない人も増えています。妊娠中絶、避妊手術、精管切除手術などを容認する人も増えています。聖職者の独身主義は必要ではないと考える人、フェミニズムに理解を示す人も増えています。」

筆者が取材したサウス・ボストンの聖職者数人によれば、アイルランド系住民のミサへの参加率は、今日、約二〇パーセントということである。この数字は、過去二〇年間は横ばいらしいが、戦前、日曜日や特別な聖日のミサへの参加が求められ、アイルランド系住民の半数近くが集まっていた頃と比べると、大幅減であ

聖ブリジッド教会

ることは間違いない。[28] 食前の祈りを唱えているのは、筆者が調査した（一一家族の）中では三家族のみだった。

一九九五年の三月、シティ・ポイントにある聖ブリジッド教会に二人組の武装強盗が押し入り、ドアの抱き石に発砲して金を要求した。この一件は、とりわけ安全だと評判の地域、よりによってカトリック教会で起き、しかも襲ったのが、そこのミッション・スクールに通っていたアイルランド系の少年だったということで、インフォーマントにもショックを与えた。ボストン・グローブ紙（一九九六年三月七日付）は、サウス・ボストン情報センターの広報担当者ジョン・チッコーネ氏のコメントを引用している。「われわれはメッセージを送りたい。二度とこのようなことをしてはならない。このようなことは、この地域では許されないことであり、サウス・ボストンが他の地域とは一線を画す所以である。」

強盗は彼らの親族によって警察に引き渡され、違法薬物購入のためのお金目的と断定された。聖ブリジッド教会のキュロティ神父は次のようにコメントした。「われわれは、社会全体を覆っている問題に免疫があるわけではありません……。私は、まだここはとても安全な場所だと思っています。安定した、安全なコミュニティです。でも、コミュニティは変わってきているのです。」

確かに、これは例外的かつ極端なケースだが、一部のインフォーマントが感じているように、これは地域における教会の権威の弱体化を象徴しているのかもしれない。次節で見るように、それが、私的領域における個人の自由と選択肢を拡大し、地域における教会の権威の衰退と〈文化の政治学〉の先鋭化に一層の拍車をかけている。

ウェスト・ブロードウェイにある聖ピーターズ&ポールズ教会は、一九九五年に聖ヴァンサン・ド・ポール教会と合併した。二〇〇〇年にはウェスト・ロクスベリーの開発業者が聖ピーターズ&ポールズ教会建物と隣接する聖職者の住居を買収し、大司教区に二四〇万ドルを支払った。二〇〇三年夏、筆者がサウス・ボストンを再訪した際、そこには高級コンドミニアムが建設中であった。

サウス・ボストンはもちろん犯罪から自由ではない(29)。フィールドワークを始めるにあたり、筆者は何人かの友人から、サウス・ボストンは多くの「ゴロツキ」が住む「危ない場所」、あるいは「スラム」だと注意された。これは、かなり誇張された、侮辱的なステレオタイプには違いないが、「ギャング団」の存在はインフォーマントの間でもオープンに認められていた。しかし、サウス・ボストンでは「ギャング団の抗争」は、一〇代の子供達が対人関係上の技術や社会の規範を身につける、「社会的なスポーツ」の一種だと意味づけられている。

「うちは息子も私も、道端ではやんちゃをやり、地元のギャング団に属していました。これは一種の通過儀礼なのですよ。息子達に喧嘩をして欲しいわけではありませんが、叩きのめされたり、自分達の権利のために立ち上がらなかったりというのも困りものです。女の子達は、どの男の子が自分達のために立ち上がってくれるか知っていますしね！」

「他のグループが一線を越えると、喧嘩に発展しました。でも、ロサンゼルスあたりの本物のギャング団のように、銃を使ったりはしませんでした。実際の喧嘩は素手で闘いました。武器を使うのは、臆病者や卑劣者だけだとされていましたから。武器が使われたことは、ほとんどなかったです。面白いことに、よその地域のギャング団がわれわれの縄張りに侵入してくると、反目し合っていたはずのグループどうしが、急に同盟を結ぶことがありました。こうした若者の多くがアメリカ海兵隊に入隊していきました。」

オコナーはギャング文化の社会的側面を次のように描いている。

こうした若者のギャング団は、しばしば、長年にわたって互いに親密な同盟関係を維持した。ちょうど同窓会メンバーや退役した元戦闘兵士のようなものだ。サウス・ボストン高校の元校長だったウィリアム・レイド博士は、新しい奨学基金のために多額を寄付した男性のことを思い起こす。誰の名前でその基金を設立すべきかを尋ねられた彼は、少しの間考え、そしてこういった。「オールド・ハーバーと八番街の角のギャング団にしておいて下さい。」[30]

その昔、道端で活発だったインフォーマントは、皆、高校卒業時、あるいは、家族を持った時に、ギャング文化から「足を洗う」ことにしたと告白している。ジム・ケリー（ジョン・ケリーとは別人）はかつて――ボストン市評議会議長としての地位を確立する遥か以前――あるギャング団の中心人物だったことがあり、ボストン・グローブ・マガジン誌のマイケル・レゼンデス記者は、三〇歳という

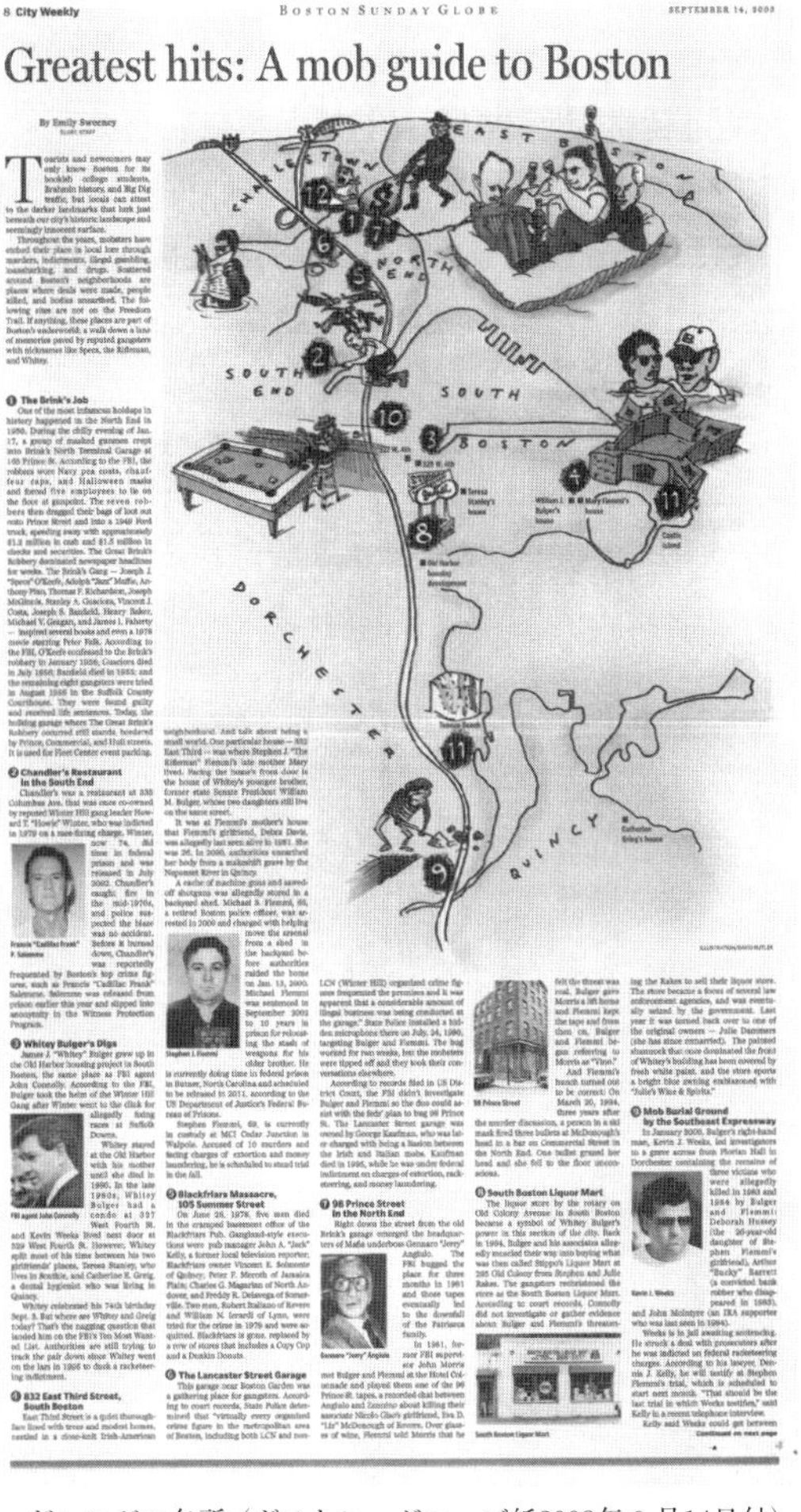
8 City Weekly
BOSTON SUNDAY GLOBE
SEPTEMBER 14, 2003

Greatest hits: A mob guide to Boston

By Emily Sweeney

Tourists and newcomers may only know Boston for its bookish college students, Brahmin history, and Big Dig traffic, but locals can attest to the darker landmarks that lurk just beneath our city's historic landscape and seemingly innocent surface.

Throughout the years, mobsters have etched their place in local lore through murders, indictments, illegal gambling, loansharking, and drugs. Scattered around Boston's neighborhoods are places where deals were made, people killed, and bodies unearthed. The following sites are not on the Freedom Trail. If anything, these places are part of Boston's underworld: a walk down a lane of memories paved by reputed gangsters with nicknames like Specs, the Rifleman, and Whitey.

1 The Brink's Job

2 Chandler's Restaurant in the South End

3 Whitey Bulger's Digs

4 832 East Third Street, South Boston

5 Blackfriars Massacre, 105 Summer Street

6 The Lancaster Street Garage

7 98 Prince Street in the North End

8 South Boston Liquor Mart

9 Mob Burial Ground by the Southeast Expressway

ギャングの名所（ボストン・グローブ紙2003年９月14日付）

やや遅い年齢でギャングを「卒業」したケリーについて、次のように報じている。

ケリーによると、彼が、酒場の荒くれからコミュニティのリーダーへと変身を遂げたのは、最後の一杯を飲んだ一九七一年三月二四日のことだったという。「近しい人達、私のことを大切に思ってくれた人達に辛い思いをさせていたことが身にしみた」と説明する。「母、姉妹、前妻、友人達……皆、私のことを好いてくれました。子供達もどんどん大きくなってきていました。彼らに、自分達の父は狂ったことをする狂った男だと思われたくなかったんです。そんなわけで、私は目が覚め、こういいました。『これまでだ。もうやめだ』と。」[31]

時として、本物の組織犯罪に関与もした、こうした成人のギャング団は、忍び寄る外部の価値に対する「まちの掟」を取り仕切る重要な社会的役割を担っていた。サウス・ボストンにおける組織犯罪のもっとも著名なリーダーとされるバルジャーの兄弟〝ホワイティ〟は、恐喝罪で州警察とＦＢＩの追っ手が迫った一九九五年に行方を晦ました。インフォーマントの中には、ホワイティの犯罪行為そのものは非難しながらも、「合理的ではない」と常に罵倒され、外部から「教化」されてきたサウス・ボストンを守り続けてきたことを擁護する者も少なからずいた。マクドナルドは、サウス・ボストンで過ごした一九七〇年代の自分の少年時代について、こう振り返っている。

強制バス通学以来、敵方がわれわれにもたらす様々な面倒のただ中にあって、誰もが、目に見えるか見えないかは別として、自分のヒーロー、強力なチャンピオンを胸に抱いていた。ホワイティは、政治家よりもパワフルだった。政治家は彼のために働いているのだというのが母の口癖だった。ホワイティ・バルジャーの顔を拝んでみたかったものだ。皆が盛んにコネをひけらかす、そのパワーに自分も触れてみたかった。[32]

ある警官は、先述の聖ブリジッド教会強盗事件について、匿名を条件に次のようにコメントしている。「もしもホワイティがいたら、こんなことは起こらなかったろうに。[33]」（一九九六年三月七日付ボストン・グローブ紙）。インフォーマントを困惑させているのは、「素手」に代わって徐々に「武器」が使われるようになり、その結果、「社会的なスポーツ」の精神が蝕まれ、彼らの場所に「外部の」権威が入り込むことにあるらしい。

このように、「合理的な」社会の拡大は、地元地域の安全網と倫理基準を保証するうえで中心的役割を担ってきた、三つの制度の権威を揺るがしてきた。サウスィの精神は今も守られ、体現されているが、ドイル氏のいう「全体像」としての覇権や正統性は、戦後、彼らが対峙してきた、一連の、より大きな社会の新たな像によって相対化されていった。「自分をここへ連れて来てくれた女の子とダンスを踊る」という原則は、いまだに大切にされ、強く求められてはいる。しかし、新しい機会が扉をたたき、新しいルールが広がる時、その原則の遵守は絶対不可欠ではなくなりつつあるようである。

そうはいっても、これは決して一方的なプロセスではない。歴史的継続性を体現化し、社会の「全体像」を取り戻そうとする意識的な努力も存在する。「サウスィ・デー」は、サウス・ボストンを去った家族達が、毎夏、親族や友人と懐かしのビーチで再会できるようにと、一九七〇年初期に考案された。この年に一度の「里帰り」の日には、いまだ郊外に「亡命中」の家族達と、食べ物、飲み物、ゲーム、歌、思い出などを分かち合う。三日間にわたる路上安売りとコミュニティ関連のイベントが開かれる「ブロードウェイ・バザール」は、一九九六年にサウス・ボストン商工会議所とサウス・ボストン・メインストリート・プログラムによって共催され、戦後、ショッピング・モールやスーパー・マーケットの出現により競争力を失ってしまった、零細なファミリー・ビジネスの再活性化を試みている。二〇〇〇年、サウス・ボストン・ポップ・ワーナーとサウス・ボストン・クラダー協会が共催した「大サウスィ親睦会」には、現在は郊外に住んでいるが、サウス・ボストンを故郷と思っている人達約三千人が一堂に会した。

実際のところ、インフォーマント全員が、地域に根ざした大小様々な団体と関わりを持っている。サウス・ボストン市民協会、サウス・ボストン住民の会、サウス・ボストン情報センター、ボストン公立図書館サウス・ボストン分館、サウス・ボストン地域の家、サウス・ボストン・アイルランド系アメリカ人協会、サウス・ボストン・ヨットクラブ、サウス・ボストン劇団、退役軍人連合評議会サウス・ボストン支部、少年少女クラブ、SoBAD（反ドラッグ／アルコール団体）、キット・クラーク養老院、キャスル・アイランド協会、ゴールド・スター・マザース（母親支援団体）、マッタパノック女性クラブ、ヒベルニア古代修道協会、ラボーア・センター（カトリック系慈善団体）、その他サウス・ボストンにある多くの宗教、政治、スポーツ、健康、教育関連ボランティア団体などである。

「われわれにはお金はありませんが、時間はあります。だから他の人を手助けしてあげられます。」

たとえば、ラボーア・センターは、子供と高齢者向けのサービスを提供するカトリック系慈善団体のコミュニティ・センターである。毎年恒例のクリスマス・ハウス・ツアーは、センターのための資金集めのイベントであり、地元ボランティア三百人以上が参加している。サウス・ボストン地域の家では、育児、スポーツ・レッスン、自習室、家庭教師、経済援助、職業指導、コンピュータ・トレーニング、薬物相談、高齢者のための買い物ツアーなどを提供している。こういった団体や事業の多くは、カトリック教会からの援助、あるいはジレットやボストン・エジソンなどの、サウス・ボストン／アイルランド系関連の企業からの寄付によって成り立っている。「人助け」は高く評価されており、他人や社会に対してコミットメント的ではない人々は、「自己中心的」、「甘やかされている」、「未熟者」として非難される。そこには「労働者階級」の美徳と地域への誇りがかかっており、その誇りこそは、大恐慌の壊滅的窮地から「サウスィ」を守り、ロウアー・エンドの「寄生虫」達と彼らとを区別してきたものである。「こればかりは譲れません。」

彼らの妥協を許さない姿勢は、しばしば、外部の者だけでなく、地元の住人からも、島国的・排他的と見られている。最近、あるイタリア系のコーヒー・ショップがウェスト・ブロードウェイにチェーン店をオープンしたが、一苦労だったらしい。「何故、ノース・エンド（イタリア人居住地）から来た店を助けてやらなくちゃならないんだ？　それが理由でした。」「サウス・ボストンで生まれなければ、よそ者とみなされます。たとえサウス・ボストンに四〇年住んでいても。」同じく、最近、新しいパブがオープンした際、サウス・ボストンの外から来た客には割引があるという悪意に満ちた噂が流れた。壁には「ヤッピーは帰れ！」とか「リベラル派お断り！」などの落書きをされたという。

サウス・ボストンではまだ反黒人・反アジア人の感情が強いという話も耳にする。たとえば、ジャーナリストのダン・ピアソン氏がボストン・マガジン誌（二〇〇〇年一〇月八日号）で報じているように、ジム・ケリーは、一九九二年、「アフリカ系アメリカ人として初の連邦最高裁判所判事となったサーグッド・マーシャルの仕事を称える決議案の承認を拒否」し、後に、「一連の黒人教会焼き討ち事件を非難する決議案を阻止。さらにジャッキー・ロビンソン（黒人初のメジャー・リーガー）の生涯を記念することを画策した議員に食ってかかった」うえ、一九九九年には「サウス・ボストンで黒人サーカス団に興行許可を出すことに反対」した。「熱心な右派でケリー自身が称賛する人物」と公言しているパット・ブキャナンでさえ、かつて毎年恒例の聖パトリック祭の朝食会の席上で、「サウスィでは自分も穏健派で通るだろう」とジョークを飛ばした。

キャリア・アップ

新しい機会とルールは、仕事に関わる領域にも影響を及ぼし、若者達は、起業精神とともに官僚的・実利的な合理性を強調するホワイトカラーに惹きつけられた。[34] 四〇代初頭のあるインフォーマントは、かつて大学を中退したことについて次のようにいう。「サウス・カロライナ沖の島でのらくらと日がな一日飲んだりコカインを吸ったりしていました……。私は恋人にふられ、大学の学生選挙に敗れ、そして成績も最悪でした……。しかも、その時すでに二一歳だったので、両親から離れて、もっと自立した生活をしたかったのです。大学の学費はローンを組んで自分で払っていましたので、両親は私の決意を受け入れてくれました。」

しかし、彼はその島で、三〇代前半なのに薬物のせいで、歯がぼろぼろになっている男と出くわし、我に返った。「その男は五〇歳ぐらいに見えました。彼を見て、ただただ恐ろしくなり、学校へ戻る決心をしました。それからは一生懸命勉強して、もっと理性的に振る舞うようになりました。」

マサチューセッツ大学ボストン校を卒業してから、彼は市役所と州議会で働いた後、自分の組織を立ち上げ、サウス・ボストン、特にロウアー・エンドの暮らしが向上するよう努めている。「この地域の恵まれない人達のためのボランティアが、前より減っています。だから、様々な社会プログラムを推し進める、堅固たる組織を作ることが絶対に必要だと思ったのです。この界隈であんな歯は見たくありませんからね。」

彼の日課はかなり規則的で、中流階級のホワイトカラーの時間的枠組みにしっかりと埋め込まれている。「私は典型的なアメリカ人です。月曜から金曜まで、朝八時から夕方五時まで働き、夏には二週間の休みを取ります。夕食後は家族と一緒です。週末には子供達をホッケーの試合や映画に連れて行きます。両親はこの近くに住んでいて、それは今日のアメリカではあまり見られないことですが、われわれは時々彼らを訪ねています。」

今までの業績を誇りに思いつつ、彼はより広範囲の人々に手を差し伸べるために、「あと数回」キャリア・アップを図ろうと野心的である。「今の仕事は気に入っていますが、だんだんと挑戦的ではなくなってきています。実は、今、ワシントンD.C.に興味を持っているのですが、私にとって不利なのは、そこで自分を売り込むための専門的な学位を持っていないことです。」

現状維持や上昇移動を続けるための鍵として、インフォーマント全員が学位の重要性を強く認めている[35]。特に、大学の学位がないことは、高卒の人達が引け目を感じる原因となっているようである。ある家族の場合、子供が、つい最近、大学を中退したことで、明らかな緊張が走っていた。両親は絶えず——夕食の席でも、居間でも、車の中でも——大学の重要性について諭していた。両親は大学の学位を持っていない。「だからこそ、それがどんなに重要かが分かるのですよ。」

雇用市場は、より競争的になり、学歴の条件はより厳しくなっていると感じている。「うちの家族で、初めて高校を卒業したのは私でした。高校の卒業証書があれば、良い仕事を見つけるのに十分だったのです。私の子供達は、全員、大学を卒業しています。給料の良い仕事を得るには今では大学の卒業が不可欠だからです。しかし、どこかで読んだのですが、多くの子供達は、良い仕事を得るために大学院に進んでいるらしいですね。それはちょっと行き過ぎですよ。」

ある女性のインフォーマントは、終戦直後のまだ一〇代だった頃に看護師の資格を取り、五人の子供を育てながら、地元の病院でパートとして働いた。「平日は子供の世話で手一杯だったので、週末だけ働きました。週末は、私の代わりに夫が家にいてくれました。とても協力的でしたよ。私は一日に一二時間ぐらい働きました。もちろん、夫の収入もありましたよ。バケーションなんかなくて、当時のレクリエーションといえば、通りの向こうの海岸に行くことぐらいでした。でも、時が経つにつれ、私はプロの看護師としてもっときちんと仕事をするには、充電が必要だと感じるようになりました。それで、四〇代でエマニュエル・カレッジに入学して、学士号と修士号を取得しました。それまでには子供達も、皆、大きくなっていましたが、私はまだ病院で働いていたので、学費は自分で払いました。」彼女は一九九二年に六三歳で退職したが、今はサウス・ボストンを拠点に、独立したセラピストとして活動している。それは彼女が（修士号を取得した）一九七八年以来、経済的な安定と個人的な満足のために従事し続けてきた仕事である。

彼女を取り巻く環境は「充電」を許したが、家族の稼ぎ頭としてフルタイムの仕事を持つ者にとっては、彼女のパターンを真似るのは難しい。「大学院卒の学位があればキャリア・アップできることは分かっていますが、いったん家族を持ってしまうと、学校に戻るのは本当に難しいのです。学費は高いし、八時間働いて子供と遊んだら、時間もエネルギーもほとんど残っていません。そこがジレンマです。」

GI世代は、政府の援護策の恩恵を享受できたが、ベビーブーマー世代は、インフレの急騰や企業のダウンサイジングに特徴づけられるような、将来性が先細る時代に生きてきた。多くの人が高い学位を取ることによって競争力をアップしようと望んでいるが、その資格そのものの取得が困難な場合、人生の期待値を低め、自らのアメリカン・ドリームを妥協せざるを得ない。今日の多くの中流階級のアメリカ人によく見られるケースである（Ehrenreich 1989; Krugman 1994; Newman 1988, 1992）。

右記の二つの仕事（地域の社会プログラム運営とセラピーの提供）は、いずれもコミュニティやそこに住む人々と密接な関わりを持つものである。若年の成人の中には、故郷を見捨てたくないからと、教育上のメリットやキャリア・アップの可能性があるにもかかわらず、地域内に留まる者もいる。それでも、若い世代の大半はサウス・ボストンの外の、より官僚的な環境で仕事をしているようである。(36) そダウンタウンで秘書をしている、子を持つ母は、次のように語る。「私の計画は、息子が大学に入ったら仕事量を減らして、彼が卒業したら仕事を辞めるというものです。私は、息子の教育と自分達の社会年金のためだけに働いているのです。」

公益事業の会社で働く彼女の夫曰く、「私は請求書の支払いのためだけに働いています。定年後ですか？　さあ、分かりませんね、木でも切っているかもしれませんよ。」

ある意味、経済的安定という点では、前の世代の方がもっとプレッシャーがあり、より切実だった。家族が生き残るために、複数の仕事を掛け持ちしていた辛い日々のことを振り返るインフォーマントは多い。七〇代前半のある男性のインフォーマントはこう振り返る。「昔は、子供達が起きる前に仕事に出かけ、子供達が寝た後に帰宅したものです。時には、週に二日しか家に帰れないこともありました。今の子供達にはもっと自由があり、家族との時間も前より持てるようになりました。それはいいことです。」こういった類の話はGI世代の間で広く聞かれる。

しかし、彼らはまた、過去の職場にはもっと人間味があって、コミュニティ的な雰囲気だったと指摘する。「大恐慌の時代だったので、仕事があるということは、誰にとってもものすごく貴重なことでした。私は週に百時間ほど働きましたよ。時には、三晩連続でトラックの中で寝たことだってありました。本当にしんどかったです。でも、働くことは楽しかった。感謝祭やクリスマスには、わざわざ上司が、われわれの自宅まで、七面鳥やケーキを持ってきてくれたりしてね。そうして忠誠や結束を固めることができました。今では、上司は、皆すぐに仕事を辞めてしまうことを知っていますし、働く方も、簡単にクビになることを承知しています。互いの信頼感がないのです。当時、われわれの間の労働倫理は、『満足なら、仕事を辞めるべきではない』というものでした。私は病気で仕事を休んだことなどなかったし、上司に対しても正直に接していました。今の若い人達は、動き回って、すぐに転職してしまう。彼らはあまりにも近視眼的です。」

「私は建設作業員や新聞配達人や郵便集配人をやりました。どの仕事も楽しかったです。特に、同僚と一緒に働くのが楽しかったですね。おしゃべりをしたり、一緒にラジオを聞いたり、色々ね。学位のことを気にする人なんて、誰もいませんでした。競争なんてなかったのです。まあ、昇進試験は幾つかありましたけど、私はそういう試験は一つも受けたことがありません。われわれは上司を信頼していたし、彼らもわれわれを守ってくれました。仕事に関して不安を感じたことはありません。昨今は、何もかもが、あまりにもビジネスライクになっています。もしミスをしたら、クビだ、で済まされてしまいます。」

上昇移動により、若い世代は、体力的にはそれほど大変ではないが、経済的にはより競争の激しい、中流階級ホワイトカラーの仕事の中に身を置いている。彼らの日常生活は、より自由で豊かになった。しかし、それは同時に、こういった仕事を成し遂げるのに必要な、客観性、効率性、競争性、機能性といった資質が重視されていったことを意味する。ミスや失敗は恐れられ、責任は回避され、人間的な素養は軽視される。「あまりにもビジネスライク」な職場環境にあっては、社会関係は抽象的な概念に置き換えられ、特に、その仕事が地元の暮らしに直接の関連性がない場合、人間的な深いつながりを養うのは困難かもしれない。

ベビーブーマー世代と彼らの親の世代とを区別するもう一つの点は、人生における仕事の意味であろう。眼科病院の送迎ワゴンを運転していたある年配のインフォーマントは、誇らし気に語る。「そうですね、ほとんどの患者は今の私よりも高齢でした。でも私はその仕事が大好きでした。お年寄りの方々を助け、喜んでいただけるのが嬉しかった。どうしてかは分かりません。良い社会というのは高齢者が尊ばれる社会だと思いますが、アメリカ社会はそれを失いつつあります……。なぜかというと、地位や財力と結びつかないと、高齢者は役立たずと見なされているからです。私には彼らを敬う気持ちがありますし、彼らから好かれたいと思っています。お年寄りの笑顔を見ると、ものすごく満たされます。私は政府の役人として働いていた時期もあったのですが、それは、とんでもなく非人間的で官僚的な仕事でした。人情味を失っていく気がして……。だから半年で辞めてしまいました。給料は良かったのですが、くだらない仕事だと思ったのです。」

郵便集配人として働いていた別の元ＧＩはいう。「私は何の野望も抱かずに生きてきました。いいかえれば、何か目標を定めて、そのために懸命に努力するような生き方を選ばなかったということです。野望がなければ、敗北もありません。『キャリア』なんてものも求めませんでした。そんなものは必要なかったのです。金は重要ですが、でもそれは目的のための手段であっても、目的そのものではありません。いいですか、私には親切な同僚と上司に恵まれた良い仕事がありました。三週間の休暇を取って、アイルランドを旅行することもできました。健康ですし、妻も子供達も良くしてくれます。家も車もあります。ほかに何を期待すべきでしょうか？　私は十分満足しています。よく、どうして自分はこんなに幸福で運が良かったのか、そして今も良いのか、不思議に思います。世の中のことを、あまりくよくよと考えることはありません。私が一番心配なのは、妻と娘の健康です。」

このライフスタイルは、ベビーブーマー達のような、もっと「頑張り」、自分をもっと良く「売りこみ」、もっと「挑戦的な」状況の中で、自らを「向上させる」ライフスタイルとは対照的である。もう一人別の、七〇代前半のGI世代のインフォーマントはいう。「野望を抱くのは必ずしも悪いことではありません。もっと刺激的な人生が送れますからね。だから、私は自分の哲学を子供達に押しつけるつもりはありません。でも、子供達には、それが唯一の生きる道だとは思ってほしくないのです。」

このインフォーマントの息子で、三〇代後半の銀行員はこう応える。「それは分かってるよ。二〇年後には、きっと自分の子供達に同じことをいっているよ。でも、社会は変わってきていて、もっと意欲的であるよう求めているんだよ。社会では野心家の方が好まれるのさ。」

四〇代前半でコンピュータ技師をしている別の息子がつけ加える。「ブルーカラーに戻るのは恥ずかしいね。とても耐えられない。まさに人生の敗北。立身出世するには、自分で努力するしかないよ。自分で突き進んで行かないと。どこまで行けるかは分からないけど、大切なことは、最善を尽くすことさ。」

父は何と応じて良いか分からず、黙り込んでしまった。

最善の努力と正直さが、どれだけ報われるかは難しい。仕事内容が「あまりにもビジネスライク」で、本人がそれほど競争力のある資格を持ち合わせておらず、経済が後退期にある時はなおさらかもしれない。彼らは、「家」、「車」、「長期休暇」といった「中流階級」の象徴を失うことによって、「寄生虫」の地位に落ちぶれないようにと必死なのである。自由や選択の幅が拡大することで、人生は一層、挑戦し甲斐のある、刺激的なものになり、「自己実現」は、自己が「燃え尽き」るまで、一心不乱に追求することが可能だ。それでも、このライフスタイルは、「労働者階級」の美徳や地域という、もう一つの彼らの誇りの源と矛盾する危険性をはらんでいる。家族やコミュニティに対して十分な貢献ができないことに「罪の意識を感じ」つつ、競争力で他者から引き離されるのではないかと恐れているインフォーマントは少なくなかった。

このように、「労働者階級」の美徳と「中流階級」の価値の緊張が、ある種のジレンマを引き起こしているのと同時に、こうした「仕事」をめぐる〈文化の政治学〉にどう折り合いをつけるかは、個人にとっても重い問題になり得るようである。実際、先述のコンピュータ技師は、かつてシリコン・バレーにあるソフトウェア会社に入社を打診されたことがあったが、高齢の両親を「見捨てる」ことはしたくなかったし、そのようなことをする「自己中心的な」人間だとも思われたくなかったので、その申し出を断った。「ものすごいジレンマに陥りました。本当に大変な決断でした。」

ある年配の女性は、彼女の子供達とその世代一般についてこう話している。「彼らは、郊外で、もっと良い暮らしをしていますよ。でも、時々、彼らが『彷徨っている』印象を受けます。まだ何かを探しているというか……。彼らには『関係性』が欠けているような感じがします……。まあ、よく分かりませんが。私には彼らが何を考えているのか分かりません。」

「関係性」をいかに育んでゆけるか——より多くの若者が「決してあなたを見捨てはしない」故郷「サウスィ」の外で働くようになった今、一層差し迫った問題のようである。

「アイルランド人らしさ」

振り返ってみると、ブラーミンのインフォーマントは、何かと控え目だったり、抑制が利いている感覚を大切にしていたように思う。彼らの機知、ハーバード大学をめぐる逸話、世界史や異文化や古典芸術についての深い知識などは、いつ聞いても飽きることなく、思わず話が横道にそれてしまうことも多々あった。筆者の研究の学問的側面にも関心が高かったように思う。

一方、アイルランド系のインフォーマントは、むしろ、筆者がきちんと両親に手紙を書いているか、風邪を引いていないか、といったことを気に掛けてくれたように思う。ほとんどの場合、初めて会ったときから昼食や夕食をご馳走してくれた（食事は、朝食はオートミール、昼食や夕食がチキン・スープ、ミートボール入りスパゲッティ、ピザといった標準的なメニューだった）。ブラーミンのインフォーマントの場合、そのレベルの付き合いに至るにはしばらくかかった。

アイルランド系の彼らは、かなりのエンターテナーでもあった。ある若い夫婦は、大袈裟なジェスチャーを交えながら、日々、夕食の席で喧嘩する様を演じてくれた（たとえば、妻が夫に向かってグリーンピースを投げながら怒鳴ると、怒った夫は席を立って退室するといったように）。とある年配の夫婦との食事の席では、日本から来たフィールドワーカーのためにと、素晴らしいアイリッシュ・ダンスを披露してくれた。気前良く時間を割いてくださり、地域内外にある様々な名所旧跡を案内してくれた人もいた。筆者の研究の参考になればと、わざわざ新聞の切り抜きを送ってくれた人もいた。また、筆者の風邪を大変気遣って、裏庭で穫れたての新鮮な野菜をわざわざ届けてくれた人もいた（自宅の玄関扉を開けると、お見舞いのカードと一緒に置かれていた）。親しみやすさ、人情味、手厚いもてなし、といった資質は、「アイルランド人らしさ」の美徳の証しとされているようである。

夏の夜ともなれば、人々が家の前の階段に座り、通りかかった友人や知り合いと世間話をする光景を目にした。このような機会には、男性の友人をニックネームで呼ぶ（たとえば「女たらし」、「おしゃべり」、「いかれぽんち」、「タマネギ」、「変わり者」、「とんま」、「クレージー」など）。ニックネームで呼び合うことは、「アイルランド人らしさ」の表現の一つとされ、彼らの地域の外を特徴づける「非人間的な」人格や対人関係とは明確に区別されている。オコナーは語る。

若い頃につけられたニックネームは、墓場まで持って行かれた。ある観察者が示唆するところによると、この習慣は、彼らの溢れるユーモアのはけ口というだけではなく、少なくとも一部は、識別のための実用的な手段として、アイルランド人の間で一般的に見られるニックネームの使い方に由来している。アイルランドの教区民の中には、ライアン、フラハティ、ケリー、サリバン、マーフィーといった同じ姓の家族がたくさんいるのが普通だった。個人を区別する実用的な手段として、アイルランド人は、人を描写し、地元民の考えの尺度を示唆するようなニックネームをつけることに熟練していった。……ニックネームは、地区の若者の間の恒久的な絆としての働きをし、長年のうちに仲間意識をさらに強固なものにする助けとなった。(37)

インフォーマントによれば、時には友情の印として、他の民族集団の男性構成員にニックネームや「アイルランドっぽい」名字を贈ることがあるということである。

彼らの「中流階級」への上昇移動は、物質文化に容易に見て取れる。エアコン、ビデオ、CDプレーヤー、パソコン、留守番電話といった「モダンな」製品は広く所有されている。ファッション、家事、車、園芸、娯楽、スポーツなどの特集を組む大衆雑誌が、立派なテレビセットと一緒に居間に置いてあったりする。ブルックス・ブラザーズやSAABにはちょっと手が届かないという人でも、L.L. Bean、Lacoste、Gap、シボレー（〝シェビー〟）、フォード、プリマス、ホンダなどは、若い世代で人気がある。こういった製品はどれも、彼らの趣味・趣向がより大きな「中流階級」社会の消費文化に影響されていることを明示しているといえよう。

しかしながら、分析上興味深いのは、彼らが物質文化の上昇移動に――特に「寄生虫」たちの「野蛮な」生活環境との比較において――誇りを抱きつつ、アメリカ人全般、特に金持ちの消費主義や物質主義を嘲笑っているという事実である。こうした反応は、明らかに矛盾しているが、彼らのアイデンティティを特徴づけている、他者に対する両義的な心情――つまり、金持ち（あるいは「ダウンタウン」）への反発と貧乏人（あるいは「ロウアー・エンド」）への軽蔑――を反映しているといえよう。

野球、フットボール、バスケットボール、アイスホッケー、ゴルフ、テニス、水泳は人気があり、ボストン・ブルーインズ（アイスホッケー）、ボストン・セルティックス（バスケットボール）、ニューイングランド・パトリオッツ（フットボール）、ボストン・レッドソックス（野球）といった地元チームのロゴを、ウィンドブレーカー、トレーナー、帽子、車のバンパーなどでよく目にした（ブラーミンの場合には、そうした印象がない）。

レクリエーションのスタイルにも、彼らの「中流階級」への上昇移動が反映されている。かつては、折りたたみ式の椅子を持ってビーチに行くとか、ニューイングランド地方内部でドライブ、ピクニック、スキーなどを一、二日するのが、もっとも一般的な形だった。今日では、ボストン湾でのセーリング、復活祭前後のフロリダ二週間の旅、海外旅行などが人気のようである。「私は退役軍人なので、普通なら百ドルから一五〇ドルはする立派なホテルに、二人で一泊六〇ドルで泊まれるんです。引退してから、われわれ夫婦は、アイルランド、イスラエル、オーストラリア、ヨーロッパ、アメリカの各地を旅行してきました。ほとんどの場合、一人あたり一千五百ドルもあれば十分です。オーストラリアに行ったときには、二人で一万ドルほどかかりましたが、生涯で一番贅沢な旅でした。」

GI世代とベビーブーマー世代のインフォーマントは全員、アイルランドを訪れ、遠戚と会ったことがある。たいてい、彼らの自宅には、アイルランドに関する本、遠戚の写真、アイルランドの小旗がある。こうした旅行は、自分達の民族的ルーツを確認するという名目で、よく地元などでも企画されているが、ある若いインフォーマントの夫婦は、こうした旅行には、民族的伝統への忠誠を示し、近所の人やクラブのメンバーとの会話を弾ませるための、ある意味「義務的」な側面もあったという。

インフォーマントの大半は、酔っ払いは昔のアイルランド人の特徴の一つだと即答する。「男らしく見せるために、酒を片手に握っていることが非常に大切だったのです。暴力的になったり無作法をしたりしなければ、酔っぱらうことは許されていました。女性を侮辱したり、女性に飲酒を強要したりすることは禁じ手でした。普通、男連中は酒場で飲んでいました。私の六人の兄弟のうち四人はアルコール依存症でした……。だから、私はアルコールが大嫌いです。ついこの間まで、男達は、友人に誘われると、飲むのを断ることはできませんでした。近頃は、そういう時に、紅茶やジンジャーエールを飲んでいても大丈夫です。アメリカでは、アルコール依存症が大きく問題視されていて、サウス・ボストン内部でも悪いレッテルを貼られるようになってきました[38]。付き合い方も変わってきているのです。」ミンストレル・ショー（白人が黒人に扮して行う演芸）は、政治的圧力のなか、次第に息絶えていった。

「ホワイト・エスニシティの夕暮れ（白人アメリカにおける民族的差異の縮小）」（Alba 1985）とともに、かつての二流市民が「ゲート（差異による障壁）を壊し」（Christopher 1989）続け、ついには中流アメリカ人という「るつぼ」に溶け込んでいったということかもしれないが、その代償もあるようである。「われわれは独自のカラーを失いつつあります。」こうしたセリフは、文化的に同化を続ける白人民族集団から共通して発せられるものらしい（Alba 1990; Lieberson & Waters 1988; Shannon 1989）。

ただし、強調されるべきことは、こうした同化プロセスは、決して一方通行なのではなく、「労働者階級」の美徳に対する彼らの強いプライドによって、制約され、緩和され、抵抗されている点である。このプライドは、親しみやすさ、人情味、手厚いもてなしといった資質、ニックネームで呼び合うこと、過度な消費主義や物質主義への軽蔑、祖国アイルランドのシンボルを飾ること、などを通して表現され、かつ培われている。ニックネームで呼び合うことは、「中流階級」文化の匿名性に対する彼らの強い批判なのだ。

トリプル・デッカー

「サウスィの人だから」

ダブル・デッカーやトリプル・デッカーの木造集合住宅は、この地域における親族関係の「広く、揺るぎない結束」の象徴として広く理解されている。オコナーは、こうした住宅について、次のように説明している。

最小限の広さの土地に、最大限の広さの居住空間を確保することで、移民のための建物として効率的であるのみならず、三、四世帯を集めて一つの拡大家族を形成することにもなった。こうした家族は、この地域ではどこでも見られるような共同生活のパターンとして、洋服を交換し、食べ物を分け合い、金を貸し合い、互いの子の世話をし、病人の看病をし、死者を埋葬した。(39)

GI世代のインフォーマントのほとんどは、アイルランド系二世ないし三世で、一九一〇年代末から一九二〇年代初頭に生まれ、かつて、両親や祖父母と一緒にこうした住宅に住んでいた。オコナーは続ける。

社会年金、失業保険、退職手当、老人ホームが普及する以前は、若い夫婦が、祖父母、未婚の叔母、独身の姉妹、未亡人となった義理の姉妹、別居した義理の兄弟などを引き取るのが慣わしだった……。ほとんどの場合、住民は通りごとに家族の名前を挙げることができた。[40]

こうした居住に関するパターン自体は、今日のサウス・ボストンでは、どちらかというと珍しく、古風な感さえするらしいが、インフォーマントは、今でもそうした住宅に親族と一緒に住んでいる家族を幾つか知っており、また、今回、調査対象となった一一家族のうちの二家族は、実際にこうした居住形態を採っていた。その一方、両親や親族から譲り受けた家に住むことは、インフォーマントの間ではかなり一般的なことだ。「以前は家を借りていたのですが、二年前に叔母の家を買うことにしました。彼女には広すぎるようになったからです。一二万ドルで購入しました。彼女は特別な計らいをしてくれて、一〇年間無利子で毎年五千ドルずつ払い、残りは信用組合の融資プログラムで払えばいいようにしてくれました。このような取引はサウス・ボストンではとても一般的で、親族がここに住んでいるならそうすべきという考えがまだあります。」[41]

しかし、社会的・経済的そして地理的な流動性が高まるにつれて、親族間の互恵的関係と相互依存は、以前ほど不可欠でも、可能でもなくなっている。ブライアン・ドーハー氏の家族が、その典型である。祖父母の世代には、高校を卒業した者はおらず、ウェイトレス、学校職員、修理屋、力仕事といった職種が一般的で、全員がサウス・ボストンのアイルランド系カトリックと結婚し、親族全員がサウス・ボストンの半径六〇〜九〇メートル圏内に住んでいた。祖父母は地域で初めて電話を所有した人達だったが、ブライアンは彼らを当時のボストン社会における「低い」階級に位置づける。

彼によれば、両親の世代が「大きな飛躍」を遂げた。ほとんどの者が高校を卒業し、ボストン・エジソン、公立高校（指導助手）、郵便局、ボストン市役所で働いた。ほとんどがサウス・ボストンのアイルランド系カトリックと結婚したが、親族の何人かは、社会・経済的には同程度だが、民族的・地理的背景の異なる人と「仕事場で」出会って結婚した。親族の中には、十分な居住空間を確保したり、強制バス通学から子供達を守るために、アーリントン、リン、ドーチェスター、サウス・ショアといったボストン郊外に引っ越したり、あるいは職を求めて、フロリダやカリフォルニアなどへ転出した者もいる。ブライアンの見解では、この世代の人達は「中流の下」に属し、高い移動性、郊外での生活、背景の異なる人との結婚、住宅や乗用車の所有といった、幾つかの「中流階級」の特徴を帯びるに至った。

ブライアンは彼自身の世代を、「あらゆる点で」前の世代を凌いだ「中流の中」と定義する。彼の三〇人の従兄弟達のほとんどが、大学の学位（修士号を含む）を持ち、ホワイトカラーの仕事をし、出身の異なる、様々な「白人の」民族的背景を持つ配偶者がいる。また、彼の兄弟姉妹のほとんどがサウス・ボストンやドーチェスターに住んでいるが、従兄弟たちは「全米に」分散している。

他のインフォーマント同様、ブライアンも、祖父母の兄弟姉妹（そして全員ではないにせよ、その配偶者）の名前と、彼らの職業、またどんな人かをいうことができる。彼は、ビーコンヒル、ウェスト・ケンブリッジ、ノース・ショアのブラーミンのインフォーマントと同じぐらい積極的に、親族とカードを送り合ったり、電話をしたり、訪ねたりしている。平均すると、二〇通のクリスマス・カードを滅多に会えない親族などに送り、毎週「ただおしゃべりするために」何人かの親族に電話をしている。感謝祭には一〇人から一五人の親族と食事をし、クリスマスには約八〇人の親族に挨拶をする。たいてい、年に一回は葬式に、三、四回は結婚式に出席するという。「クリスマスには、まず妻の実家に行き、数時間過ごしてから、次に私の実家に行って、そこで食事をします。一日に百人以上の人に会うのですよ！　それからね、うちは七月からクリスマス・ショッピングを始めるんですよ。前年の余りものの値段が一番安くなる時期ですからね。」

他のインフォーマントも、ブライアンと同じく、互いの扶助と義務に基づく親密な親族関係を口にする。「うちの子供達はカリフォルニアやウィスコンシンにいるので疎遠になっていますが、二ブロック先に住んでいる姪や甥とはとても親しくしています。互いの家の鍵を持っていて、緊急時には私が彼女の後見人になることになっています。実際、今日の午後は、姪のために子守りをしに行く予定です。」「たとえ入院した場合でも、従兄弟全員を見舞うわけではありません。でも、その病院がボストン近郊にあって、面会可能であれば、お見舞いに行くのは義務だと思っています。」「親族の引っ越しを手伝うかですって？　もちろんですとも！　少なくとも、この近辺であればね。そうやって将来のために貸しを作っておくんですよ！」

その一方で、ブライアンは、親族関係において気がついた、些細ながら重要な変化について指摘する。「子供達の職探しに関して、親族がしてやれることは、もはやほとんどありません。大学を通じたネットワークの方が良いからです。」「まあ、昔は、親族の間で金銭の貸し借りもしましたが、今では、皆、多かれ少なかれ、経済的に安定しましたし、借金というのは、自己管理能力や自立心の欠如の表れだと見られがちです。ちょっと恥ずかしいことですから、まずは銀行に行きますね。」

困ったときに「一番頼りになる」のは親族だという考えは今も残っているが、その機能の大半は、本人や外部の代理業者によって今や遂行可能であり、また地理的距離も大きくなっていることから、親族の求心性は徐々に薄れ、どちらかというと個人の好みや選択の領域に変容してきている。

ベビーブーマー世代の子供達（いわゆる「MTV世代」や「X世代」）は、従兄弟のことは何とか認識しているが、その関係は実質的なものというよりは、単なる系譜上のものになりつつあるようである。当時、高校二年生だったブライアンの娘はこう語る。「結婚式やお葬式で会うぐらいですね。もちろん互いに挨拶はします。でも会話自体は、嘘はつかないまでも、表面的な域を出ません。そういうことってないですか？　私には親しい従兄弟が二人いて、彼らとは仲良しです。それは、彼らが昔からよく家に来ていて、私とすごくウマが合うからであって、彼ら以外の従兄弟たちとはほとんど会いません。」

家族の一大イベントがあると、親族の交流は増すし、親族の重要性を否定したインフォーマントは皆無である。しかし、彼らには、親族との関係をより密にすべき誘因がないように思える。特に、郊外に離れて住んで、独立している人達はそうである。こうした現象は、ボストン・ブラーミン達の間にも確かに見られた。しかし、「家族信託」や「別荘」が、親族関係の希薄化に歯止めをかけているのに対し、アイルランド系カトリックのインフォーマントには、この傾向を食い止める手立てがほとんどなく、残されているのは個人の「常識」、つまり「恥」・「罪」・「義務」の意識に頼ることぐらいだ。

実際、こうした意識こそは「労働者階級」の美徳にも連なるものであるが、それを、新しい機会やルールとともに育った若い世代に継承するのは、一層困難になってきている。と同時に、このことは、親族のあるべき姿をめぐる混乱、誤解、相克を助長しかねない。ブライアンは語る。「より独立した生活になるにつれ、親族から遠のいていった者もいます。そんな冷たい親族の名前を何人か挙げることもできます。多くは郊外に住んでいて、親族のことを気にかけないことで、世間から自分達を孤立させているのです。サウス・ボストンでさえ、親族が近くに住んでいるのに、敢えて、子供の世話に毎年五千ドル以上払っている人達がいます。人はいったん金や地位を手に入れてしまうと、家族や親族を振り返らなくなるものなのでしょうが、それにしてもね……。」

ブラーミンと比較すると、彼らアイルランド系のインフォーマントは、近所の「白人」アメリカ人との付き合いの程度が高いように見受けられる。その多くは、同年輩、同性のアイルランド系カトリックで、昔、同じ学校へ通っていた人だとか、同じ職場で働いていた人などだ。「私はハーバード大学を卒業した人や、年に一〇万ドルも稼ぐような人とは付き合ったことがありませんね。」

しかし、戦後の高い流動性を反映し、インフォーマントの友人関係は、次第にサウス・ボストンの民族的境界を超えつつあるようだ。「もっとも近しい友人はアイルランド系だけではありません。アルバニア系、リトアニア系、ポーランド系の人もいます。戦前は、どの民族も同族内にとどまっていたものですが、われわれは、職場や政治的な集まりや地域活動で出会い、打ち解けたのです。ただ、互いの家を訪ねたり、一緒に飲みに行ったりすることは決してしませんでした。夜には、皆それぞれの居住地へ帰っていきました。ポーランド系はアンドリュー広場、リトアニア系はドーチェスター・ストリートの西側のDストリート辺りに住んでいました。サウス・ボストンにはたくさんのユダヤ系が洋品店を営んでいましたが、住んでいたのはマッタパンでした。あそこは一九六〇年代末から、黒人の居住地に取って代わりました。黒人とは強制バス通学が行われるまで、ほとんど接する機会がありませんでした。バス通学のせいで、今でも彼らに対して良いイメージを持っていません。握手するのも嫌です。でも、子供達はもっと心が広くて、ワスプやアジア系やヒスパニック系や黒人の友人もたくさんいます。それを嫌に思うことは全くありません。民族的背景が異なる人との、いわゆる『人種間結婚』をする人が増加の一途をたどっています。うちの子供達は、アングロ・サクソン系、イタリア系、ドイツ系、リトアニア系と結婚しています。戦前には全く考えられなかったことです。」

ある高齢の男性インフォーマントの場合、同年代の六人の親友たち（スコットランド系、ポーランド系、ドイツ系、イギリス人、フランス系カナダ人、アイルランド系）と、毎日、午後三時頃、「おしゃべりするためだけに」近所のデリにたむろする。「『おお、今日も生きてたか！』といって互いに挨拶し、一時間ほど噂話をするんです。」同年代の多くがそうであったように、かつては、毎晩同じパブに立ち寄って、友人とビールを一、二杯ひっかけてから、家に帰って温かい夕食を食べていたという、この彼にとって、これは慣れ親しんだスタイルなのだ。男性は、ビールを飲んだり、週末にトランプをしたりして友人と交流することが多く、女性は、忙しい夕食時を避けて、昼食を共にすることが多い。

しかし、特に若者の世代の場合、こうした親近感を維持することは、より困難になってきているようである。「今日では、より多くの女性が家の外で仕事をするようになり、生活のペースも、とても速くなっています。そのため、紅茶やコーヒーを飲みに家を訪ねることさえ難しくなってきています。」

学校の友人や昔の同僚が全米に拡散するようになると、互いに密に連絡を取り合うことが難しくなる。しかし、「サウスィの文化」は、今でも求心力があるようである。「ちょっと前に、高校時代のクラスメートと、三〇年ぶりにばったり出くわしたんです。しばらくの間、そこの通りで話をして、同窓会を開くことに決めました。当日まで一ヶ月という急な通知だったのですが、三〇人いたクラスメートのうち、来られなかったのはたった一人だけでした。他の皆からは『出るぜ！』という返事がきました。信じられますか？　ニューヨークやシカゴやアトランタからはるばる来た人もいたんですよ。たとえ何年も会っていなくても、あっという間に昔に戻れるんですよ！」このインフォーマントは、お気に入りのサウス・ボストン高校の校歌を得意気に披露してくれた。

ここで過ごした日々を覚えていよう
離れていても覚えていよう
ここで作った友人を覚えていよう
忘れずに戻ってこよう、いつの日か
ハイツとストランドウェイを覚えていよう

丘の上の高校
サウスィの人だから
我が故郷　サウスィ

教義と現実

戦前、子供の結婚に関しては、母の意見も参考にはされたものの、強い影響力を持っていたのは父だった（Horgan 1988）。今日では、そうした決定は子供に委ねられ、サウス・ボストンのアイルランド系カトリックの間でも、他民族との結婚がより一般的になってきている。「本人が幸せならそれでいいです。うちは国連みたいになってきています！」という、先述のオレアリー氏の言葉がそれを象徴している。

しかし、インフォーマント本人（彼らの子供、兄弟姉妹、親族、友人は除いて）に関するかぎりは、この「国連」は、同じサウス・ボストン出身のアイルランド系カトリックが支配的な構成である。四〇代前半の公務員トーマス・キーフ氏は振り返る。「私は妻とは、四年生の頃、聖ピーターズの音楽隊で一緒でした。後になって、チャールズ川のボート・クラブとマサチューセッツ大学ボストン校で再会し、また何年かして、もう一度会ったんです。一九八〇年のことで、私は二五歳でした。彼女は国防総省で働いていて、私は地元のレストランで働いていました。当時はそれぞれ恋人がいたのですが、互いに激しく惹かれ合ってしまったのです。かなり早いうちに結婚することを決め、二年間結婚資金を貯金しました。式は一九八二年に聖オーガスティンズ教会で挙げました。五百ドルほどかかったのですが、彼女の両親が払ってくれました。結婚式のあと、全員でダウンタウンに移動して、バック・ベイのホテルで披露宴をしました。私の両親は、お祝いとして千ドルを出してくれました。それで飲み物代は十分賄えました。食べ物代は、彼女の両親が払ってくれました。両家それぞれ約五〇人の親族と七五人の友人が出席しました。親族というのは、叔父叔母とその配偶者も含めてです。距離的にも心情的にも近かった従兄弟何人かとその家族も来ました。ゲストは、陶磁器、ランプ、毛布など、様々なプレゼントを持ってきてくれましたが、一番典型的な贈り物は現金でした。五〇ドルから百ドルといったところでしょうか。新婚旅行はフロリダに一〇日間行ってきました。」

インフォーマントが配偶者と出会った場所には、海岸、ボランティア活動、ダンス・クラブなどがあるが、それらは「全てサウス・ボストン」だった。披露宴を新婦の家や、地域の社交クラブで催した人もいる。自分の貯金から披露宴の費用の一部を出した人もいる。また、親族を中心とした、もっと小規模な結婚式を選んだ人もいた。ニューヨークや西海岸を新婚旅行先に選んだ人もいる。しかし、ほとんどはキーフ氏のケースと似たりよったりである。ベビーブーマー世代の子供達は、儀礼的なものにはあまり魅力を感じない世代だが、それでも、「ちょっと遠ざかっていた」カトリック教会での式に憧れる者も多いようだ。

アイルランド系カトリックの多くは、一九七〇年代まで家族計画のための避妊具を使用していなかったという声も多かった――同年代のブラーミンのインフォーマントなら、まさにカトリック流の保守主義の典型と見なすかもしれないが。「それを使ったら、すぐに死ぬといわれたのです！」七〇代半ばの男性のこの一言に、子供達（と筆者）は吹き出した。しかし、宗教的教義と科学的合理性のはざまにあって、妊娠中絶、同性愛、避妊の問題について公の場で討議することは気まずいようである。「こういう話題は、非常に政治的な問題なので、誤った相手に話さないように注意しなくてはなりません。今でも、こういう問題に神経をとがらせている人達がいますからね。[42]」。「婚前交渉は禁じられており、子供ができるリスクを負ってのみ可能なことでした。子供ができたので結婚した友人も何人かいます。一九七〇年代初頭でさえ、コンドームの使用には罪悪感があったし、妊娠中絶は罪だと考えられていたのです。今でも、中絶は殺人だとして眉をひそめられます。この地域の住人のほとんどが『コンサーバティブ・デモクラット（保守的な民主党支持者）』で、『プロ・ライフ（妊娠中絶反対派）』です。」

ブラーミンのインフォーマントの間では、一九二〇年代初頭からすでに避妊具が使われていたようである。七〇代半ばのブラーミンの男性インフォーマントは、彼らの友人の間でも、結婚するまで童貞でいることは例外的だったと語る。一方、サウス・ボストンの同年代の男性インフォーマントのほぼ全員が、結婚するまで性的な経験は一度もなかったと、宗教的教義を遵守したことに誇らし気だ。純潔が重んじられているためか、複数のブラーミンのインフォーマント（男女）のように、公然と浮気を認めた者は一人もいなかった。

インフォーマント一人あたりの年収は一万五千ドルから四万ドルである。キーフ氏の世帯の場合、夫婦共にフルタイムの仕事を持っており、二人の年収を合わせると六万五千ドル前後になる。[43] 税引き後はたいてい四万二千ドルから四万四千ドルに下がる。ミッション・スクールに通う一〇代の子供を二人抱える、彼らの年間平均支出は約四万ドルである。家と車を持ち、毎冬フロリダで二週間の休暇を過ごし、適度にお洒落もする、いわゆる「中流階級」の生活スタイルである。「暮らし向きに不満はありません。でも、いざという時のために貯金するのは、ちょっと難しい状態です。」(44)

多くの家族が、少子化の一因は教育費の高騰にあるとしている。キーフ氏はいう。「ミッション・スクールに通わせる場合、親は年に二、三千ドル払わなくてはなりません。私が子供だった時分はタダでした。だから、今の親達にとって、五人も六人も子供を持つことは不可能ですよ。うちは二人しかいませんが、もうこれ以上作るつもりはありません。この二人の可愛い子供達に全力を注いで、是非、ボストン・ラテン校に行かせてやりたいんです。あそこは最高の公立学校で、大学進学のための奨学金をもらえる率が高いのです。私立のボストン・カレッジ高校だと、家計への負担がかかりすぎます。」キーフ氏はカトリック教会が産児制限を禁じていることは十分承知しているが、経済的観点からすると「非現実的」だとしている。

彼の家族の場合、医療保険のほとんど全額を雇用主が負担しており、以前、この家を所有していた親族の計らいにより、住宅ローンの半分には利子がつかないことになっている。「われわれ家族はとても恵まれています。」

夫婦間の家事分担は、この五〇年間に大きく様変わりした。GI世代の男性にとって、家族の生活を支えるために、仕事を掛け持ちするのは一般的なことで、家事のほとんど全ては妻が行っていた。六〇代後半のある女性インフォーマント曰く「私は電話交換手でしたが、一九四七年に結婚した時に仕事は辞めました。そうすることが慣わしのようなもので、家庭を支えるのが女性の『本当の』仕事だとみなされていたのです。」

修理や力仕事などは男がすべき領域とされていたが、それ以外の家事に関して、夫達は知識も術も無いに等しかった。「夫はトラックの運転の仕方を知っていました。私は家庭をどう切り盛りすべきかを知っていました。われわれはどちらの仕事も大変だと知っていました。それで十分公平だと思いましたよ。退職後、夫は料理を少し覚えました。私は運転免許を持っていないので、買い物は彼がしてくれます。」

「単純明快だったのです。家庭の雰囲気作りは妻の仕事でした。与える人は妻でした。アイルランド系の女性はとても強いですからね！」「男は稼ぎ手でした。外で働いていたのは夫です。アイルランド系の男性は、総じて、妻には優しかったです。誤解が生じる隙がないほど、全てが明確でした。うちの場合、夫はとても優しく、週末に私がパートの看護師として働いていた時は、食事も作ってくれました。」

多くの女性が外で働き、男性もフルタイムの仕事一つしか持たないようになったベビーブーマー世代になると、この区別はもっと柔軟で、可変的になった。ある夫婦の場合、妻が料理、テーブルの片づけ、掃除の一割と、洗濯、アイロンがけ、庭仕事、飾り付けの四割を担当し、夫が料理の九割、買い物、洗濯、靴磨き、修理の六割を担当している。皿洗い、整頓、そして買い物の四割は二人で分担している。「もちろん、夫に助けを求めれば、いつでも手伝ってくれます。」

別のケースでは、妻は証言する。「結婚した時、それまで料理も洗濯もしたことがなかったので、なんだか恐かったです。一九七四年のことで、私はたった二〇歳でした。」

彼女の夫は筆者に微笑みかけて、こう付け加えた。「私は二六歳で、一万五千ドルほど借金がありました。でも、お金は問題ではありませんでした。われわれは愛し合っていましたからね。何が問題だったか分かりますか？　彼女が料理について何一つ知らなかったことです！　だから私が料理担当になりました。それは良かったんです。その代わり、料理担当は掃除をしないというルールを作りました。でも、でも、でも……彼女がフルタイムで働き始めると、そのルールは完璧に廃棄されてしまいました！　だから、私は、くる日もくる日も、気が狂ったように料理と洗濯をしています！」妻も子供も笑い転げた。

この夫婦の場合、妻が掃除、アイロンがけ、飾り付けをし、夫が料理、テーブルの片づけ、皿洗い、整頓、買い物、洗濯、靴磨き、修理、庭仕事をする。「妻が助けを必要とする時には、私は助けています。でも、その逆は必ずしも真なりではないのです！」妻はいい訳をしようとして、顔を赤らめた。といっても、こういった境界線は、言葉どおりに厳密なわけではない。たとえば、妻は、調理中の夫の横で、卵やキャベツなどの材料を手渡してあげていた。また、整頓は夫の仕事とされているが、夫が手洗いに行こうとしてソファから立ち上がった際に落ちたクッションを、妻が拾って周りを整えていた。「結局、われわれは役割をかなり融通し合っているのです。家庭というのは、会社や工場とは違いますからね。」

どのインフォーマントも、意志決定のプロセスが、より民主的になってきているという印象を共有しているようだ。[45]　GI世代の妻が証言する。「われわれの親の世代までは、基本的に家父長制でした。

私の世代の男性たちは、妻たちの意見に対して、もっとリベラルで頭が柔らかいです。どうしてかって？　きっと、男達は戦争で家を離れている間に力を失い、女は家の外で何年間か働いている間に、もっと自分に自信を持つようになったのかもしれませんね……。どうでしょう、よく分かりません。今は、もっと平等だと感じます。われわれはどんなことでも話し合っています。」

「妻か私のどちらかに、最終的な発言権があるということはありません。たとえば、子供達をミッション・スクールに通わせることは二人で決めました。高校の場合、子供達の意向を聞いたうえで、二人で公立校にやることに決めました。大学の選択は、全て子供達自身でしました。妻と私は、食べ物の好みも似ていますから問題ありません。もちろん、旅行の時はいつも一緒です。普通は、私が下調べをして、面白いと思った場所の中から、妻が行き先を選びます。」

この公平としてとらえられている感覚は、子供達も共有しているようだ。「あらゆる決定について、完璧に平等というわけではありません。でも、片方がもう一方を支配しているという感じはしません。」相互意志決定の原則は、ベビーブーマー世代によって受け継がれており、日常生活の力関係の不均衡なり非対称性について、筆者が深刻な苦情を耳にすることはなかった。(46)

ナンシー・ヴィーダー（Veeder 1992）は、アイルランド人とアイルランド系アメリカ人における夫婦間の意志決定プロセスを比較研究し、研究者が抱きがちな、公的・対外的・知性中心の「男性」領域と、私的・対内的・心情中心の「女性」領域という二分法が、往々にして、女性が力を発揮している「器械的」領域（たとえば、規則、責任、正義）――「表現的」領域（たとえば、関係、感情、所属）だけでなく――を軽視する傾向があることを指摘した。しかし、仮にそうだとしても、それはインフォーマントの親や祖父母が家庭生活を思い描き、実践する際に用いた二分法でもある。インフォーマントらは、この二分法は、戦前までは「自然なもの」とされ、より厳格に実践されていたと証言している。より若いインフォーマントは、こうした二分法的な発想を、「恣意的」、「差別的」、「理念的」、あるいは「時代錯誤」と見る傾向にあり、先述のとおり、日常生活の中では、この二分法に対して、かなりの柔軟性と即興性を持って対処している。

しかしながら、この二分法を「自然なものではなくする」プロセスは、カトリック教会の伝統的教義との矛盾を意味する。フェミニストを自負するインフォーマントこそいなかったが（急進的フェミニズムを蔑視する人はいたが）、女性の「平等」、「権利」、「選択」、「自由」といった概念は、彼らの言説の中に深く浸透しているようである。「結婚しないでボーイフレンドと暮らしても構いません。好きな人と結婚すればいいのです。いつ、何人子供を生むかも自分で決めればいいのです。子供を生まない道を選んだって構いません。夫に料理してもらってもいいのです。」

これは逸脱か、それとも解放か？　インフォーマントの反応は様々であり、メアリー・ダリー（Daly 1978）やエレン・ホーガン（Horgan 1988）によると、アメリカのアイルランド系カトリック全体でも様々である。ホーガンは次のように論じている。

これらの問題は、罪の概念や良妻賢母の教えと絡み合っており、女達にとって、女性、カトリック、労働者、妻、母、市民、そして弱き人間という様々な役割を切り分けることは難しい。……この国のアイルランド系カトリックにとっての問題は、聖職者や一般信者を問わず、伝統的教義とは

異なる現実を生きている者達からの不協和音である。(47)

この民族的・宗教的なアイデンティティと社会全体のアイデンティティとの緊張は、サウス・ボストンでも、妊娠中絶、同性愛、避妊などの問題の中に表出している。先述のとおり、こういった話を公の場で討議することは、「非常に政治的な問題」となり得るものである。しかし、インフォーマントの家事分担や意志決定プロセスに関するかぎり、「平等」、「権利」、「選択」、「自由」といった概念を重んじる社会全体のアイデンティティが優勢で、世代が進むにつれて、「夫婦間の分離」(Bott 1957) の程度は減少しているといえよう。

家族研究の観点から重要なのは、家事分担や意志決定プロセスに関する平等感や公平感というものは、単純に数量的なものに還元し得るものではなく、状況性――つまり、分担や決定が行われる文脈がどう理解されているか――に左右されるということである。「家庭というのは、会社や工場とは違いますからね。」この一言は「ハートなき世界における安息の地」(Lasch 1977) という近代家族のイデオロギーを明示しているとともに、実際の生活の中における柔軟性、偶然性、即興性、不確定性を、数量的な定型に還元することに対する彼らの戸惑いを示している。

ナンシー・アーランダーとキャサリン・バールは、家事研究における五つの主要な理論的枠組み(すなわち、二〇世紀前半の「家庭管理研究」、一九五〇年代の「機能主義」、六〇年代の「資源理論」、七〇年代の「新家政学」、そして八〇年代・九〇年代の「フェミニストの貢献」)を再検討した結果、これらのアプローチを貫く共通のパラダイムを明らかにしている。

これら全ては、合理性、人的問題への専門的・技術的解決、実証的測定、効率性を喚起する点において近代的である。……それは全て、経験科学、工業生産、経済力、社会的プロセスや価値の金銭的指標への変換、などを称揚する特定の時代と社会に深く根ざしたものである。その根底にあるのは、重要なのは経済生産と経済力であるとして、家族を他の社会的組織と同一視する経済的なモデルである。……そうした経済的枠組みに基づいて書かれた現在の論文の多くは、家事をすることは不適切で、時間の無駄であり、成人の品位を下げさえするものだと示唆しているのである。(48)

先述のとおり、GI世代の女性インフォーマントは、皆、家事研究における形式的（数量的、経済的）アプローチが前提としがちなように、家事を「不適切で、時間の無駄であり、成人の品位を下げさえするもの」ととらえるのではなく、小さな不満を除いては、家事へのコミットメントを肯定的に意味づけている。そうした証言は、家事の「道徳的」側面――すなわち、実際の社会生活の文脈において家事がいかに意味づけられているか――の分析を求めるアーランダーとバールの主張に正当性を与えるものである。そして、その主張は、第Ⅱ部第2章で詳述するように、家族や親族の研究における「意味中心の」のアプローチと立場を同じくするものである。

他の多くの家族同様、筆者の調査対象家族でも、夫婦間の意見や感情の摩擦は珍しいものではない。「先月、大喧嘩をしました。私はアイルランドにいる仲の良い友人の結婚式に出席したかったのですが、うちの経済状態では、妻や子供達を一緒に連れていくのはきついと思ったので、自分の分のチケットしか買わなかったのです。そうしたら妻がキレました。本当にカンカンでした。まあ、確かに、私が少し軽率でした。」

摩擦のほとんどは、帰宅が少し遅かった、ちょっと長電話をした、リサイクル用ゴミ箱に缶と瓶を一緒に入れた、といった「些細なこと」によって引き起こされる。平均すると、インフォーマントは、月に三、四回口論をしており、ブラーミンの場合同様、皆それぞれに、対処法を心得ている。「怒鳴ります。それで夫は黙ります。」彼女の夫が応じる。「彼女の怒鳴り声は凄まじいんですよ。今でも驚きます。」妻がいい返す。「子供が一〇人もいる家庭で育ったので、大声を出すなんて、ほぼ日常茶飯事でしたよ。」

「妻に対して腹を立てた時ですか？ 何時間かボートを漕ぎに出かけます。それで気分がとても良くなるんです。それが終わって、家に戻ると、妻は待っていてくれます――おいしいデザートを作ってね。」「寝る前にキスして、それで仲直りです。」結婚生活について、カウンセラーのところに相談に行くのは、「非常に稀」である。それには、相談料が高くつくという理由と、司祭に仲裁してもらったり、友人（親しい近所の人や親族を含めて）に慰めてもらったり、勇気づけてもらえるという理由がある。

サウス・ボストンの離婚率に関する統計的なデータは公表されていないが、インフォーマントは、全国平均（約五〇パーセント）より相当低い（二五〜三〇パーセント）のではないかと見積もっている。婚前契約書にサインしたというインフォーマントは一人もおらず、近所の友人の中にもいないと全員が答えた。「聞いたこともありません。」「まあ、われわれはそんなに裕福じゃありませんから。」

弁護士は比較的裕福な者だけが雇っており、司法調停のプロセスは、たいてい、円滑に進むようである。といっても、「離婚」はカトリック教会の忠実な信者（特に、高齢の世代）の間では、今もタブーで、懺悔の後、「別居」を選ぶ傾向がある。加えて、中には、離婚後、「メンツを保つ」ために、地域から転出する者もいるようだ。これら二つの要因が、サウス・ボストンでの離婚率を正確に理解することを一層困難にしている。しかし、筆者の調査対象家族に限れば、離婚と別居を合わせた率は、GI世代ではおよそ一〇パーセント、ベビーブーマー世代では二五パーセントだった。

敬虔なカトリックである六〇代半ばの妻の場合、一〇年前に、夫に対して「別居」を申し出た。「なんだか『燃え尽きた』ように感じて、自分自身を見つけたかったのです。週末に働きながら五人の子供を育てることで犠牲にしてきた、自分の人生を謳歌したかったということです。彼に対する憤慨なんて、全くありませんでした。実際、われわれはかなり仲が良い方でした。とても優しかったし。でも、何か満たされていなかったのです。今でも彼のことが好きだし、しょっちゅう会っています。でも、彼と一緒に住むつもりはありません。私は幸せな結婚生活を送ったのですから、もうそれで十分です。それが私の人生です。」

この夫婦は、強制バス通学の時に、子供達を「守る」ために、ボストン郊外のニーダムに引っ越した。別居後、彼女はサウス・ボストンの実家に戻った。彼女は夫と共同で確定申告書を提出しており、ニーダムにいる子供達にも会っている。「子供達はわれわれの別居を嫌がっています。別居して以来、一度もここには来ていません。身動きが不自由になったら、仲良しの友人何人かと一緒に暮らしますよ。」

このケースは、彼女が経済的には夫と離れておらず、子供達も全員独立している点で、まだ幸運である。離婚後の「貧困の女性化」(Brannen and Wilson 1987; Delphy 1984; Ehrenreich 1983; Goldin 1990)はサウス・ボストンでも例外ではなく、公共の福祉に頼らざるを得ない状況を生み出している。[49]

離婚には躊躇しながらも、この女性は、他のインフォーマント同様、同棲についてはオープンであった。「どこか別のところで一緒に住む分には問題ありません。この家の中でセックスをするのは不可能です。それはタブーや罪なような気がします。」

「結婚にはロマンティックな一面がありますが、いつまでも長続きするわけではありません。いったん結婚したら、花やチョコレートは洗濯物に変わってしまいます。一緒に住むということが、どういうことなのか、現実的にならなくてはなりません。」

「本当にそのパートナーと生涯を共に過ごしたいかどうか決めるには、良い方法です。そうじゃないと、子供達へのリスクが高すぎます。恋愛や結婚に対して幻想を抱いてはいけません。」

このように同棲は、日常生活の現実の前でロマンティックな恋愛を試す――上手くゆくかどうかは別として――ためのメカニズムとして認められている。しかし、ある司祭はこの状況を違ったように解釈する。「まあ、現実に起きていることは受け入れなくてはなりません。しかし、私は彼らがしていることを正しいとは思いません。良い社会というのは、常に、生涯にわたるコミットメントを必要としていて、家族というものは、長年にわたるコミットメントによって支えられている社会のもっとも基本的な単位なのです。しかし、われわれの文化は家族の役割を矮小化し、その求心力を喪失させてしまいました。人々は長期的なコミットメントをすることを恐れています。家族や社会のために責任を取ることから逃げているのです。」

人々は、コミットメントすることに慎重なだけなのか、あるいは、責任を取ることを本当に恐れているのだろうか？　ニュアンスは少々異なるが含意は同じである。「関係を保つということは、われわれの社会においては、並外れて大変な仕事なのです。」

躾と押しつけ

親子関係はよりオープンで、柔軟で、可変的なものになってきた。「今日、子供は、単に見られるだけではなく、『聞いてもらえる』存在になりました。昔は、親と意見を戦わすことなど稀でした。[50]」セックス、お金、離婚といった「大人の話題」を夕食の席で持ち出すことさえ、差し支えないようになった。「子供が早熟なのは、洋服や化粧だけではありません。一〇代半ばの子供でも、離婚、子供の虐待、違法薬物、政治のことなど、とてもよく知っています。私があれぐらいの年だった六〇年代半ばには考えられなかったことです。」

親子関係のあり方は、主に二つの理由に大きく影響を受けてきた。一つには、兄弟姉妹の数が、GI世代の「八〜一〇人」から、ベビーブーマー世代の「五〜六人」へ、さらに、MTV世代の「二〜三人」へと減少したことである。もう一つには、上昇移動のプロセスに伴い、かつて複数の仕事を掛け持ちしていたような、多くの家族が経済的不安定さから解放されるとともに、家で子供と過ごせる時間が長くなったことが挙げられる。「父は私の模範でした。それは間違いありません。でも、私は子供達との関係を、父とわれわれの関係よりもっと近しいものにすべく努力しています。私が子供だった頃、父は三つの仕事を掛け持ちしていたので、あまりそばにいなかったのです。」

年配の中には、こうした戦後の現象が、親の権威を失墜させ、子供を親族から遠のかせるとして、多少危惧を抱いている人もいたが、大半のインフォーマントは、より平等で、愛情に満ちた家族関係への前進と受け止めているようである。

筆者の調査対象となった家族では、子供の世話をする人を外部から雇った家族は一世帯もなかった。それは、成人した子供や自分達の母が手伝ってくれたこと、保育サービスは経済的に得難かったこと、また他人の手に預けると、子供の成長に悪影響を及ぼすと信じられていたこと、などがその理由である。また、多くの夫達が、より家で時間を過ごせるようになり、家事や子育てに関わるようになったことも挙げられる。

鍵っ子という概念は強く否定されている。母か父のどちらかは、子供と一緒にいることを期待され、そのために、可能なかぎりの調整がされてきた。母の中には、父が家で子供を見てやれる週末にだけ仕事をする人もいる。あるいは、夫が、妻の仕事に合わせて自分の仕事のシフトをずらしているケースもあった。インフォーマントの中には、こうした現象は、戦後強調された、女性の「自己中心的」な「自己実現」の追求の結果だとして、遺憾を表明する人もいた。しかし、このような見方は、家庭や育児における父の存在強化が、女性だけではなく、男性によっても求められたものであるという点を考慮していないと思われる。インフォーマントの大部分、特に若い世代、が期待しているのは、政治の世界で主張されているような、過去の「家族の価値」への回帰ではなく、職場環境の構造的再編

（たとえば、フレックス・タイムの充実、産休の長期化、保育サービス、賃金アップ）と、政府の政策的対応（たとえば、医療保障、学校の改善、手の届く住宅、最低賃金、職業訓練）だ。これは、保守的な価値を持つ彼らが、選挙になると民主党を支持する一つの理由である。

こうした構造的・イデオロギー的変化に伴い、若い夫婦の間では、以前にも増して育児が分担されるようになり、ジェンダー的差異が問われるのは、性教育の領域だけとする者が多い。しかし、親子間の距離が縮小し、育児を分担するようになったからといって、必ずしも、親業が軽くなったわけではない。「私の両親は、経済的困難にかなり神経をすり減らしました。父はパートタイムの仕事を四つ掛け持ちし、母は専業主婦でパートタイムの仕事もしていました。でも、われわれは別の種類のストレスで苦しんでいると思います。つまり、経済的により解放されるようになると、個人的な充足感や親業についての期待値が上がってしまうのです。私は自分自身の成長のために、もっとたくさん本を読みたいのですが、同時に父として、子供達のために、もっとたくさん本を読んでやることが期待されています。常に時間に追われて生きているような気がします。」

「通りはもう、昔のように安全ではありません。ですから、子供達の活動はもっときちんと組織して、管理されていなくてはなりません。今日では、全ての活動がきっちりと組織化されて、決められたスケジュールに則っています。われわれ親達は生活をそれに合わせなくてはならないのです。」「経済には先行き不安感があります。昔は、一生懸命働けば家が買えました。でも今はそうではありません。」こうした証言は、彼らが、夢に追いつき、そしてそれを守るために、もっと速く走れという圧力を感じていることを示唆するとともに、ベビーブーマー世代の中流階級の家族の多くと共有している感覚といえよう（Ehrenreich 1989; Krugman 1994; Newman 1988, 1992)。

親業の難しさは、家庭の躾をめぐっても明確に表れていた。「父は正直であることと正義を大切にしました。こうした美徳を守らない、ならず者を見つけると、すぐに殴り倒したものです。こんな父ですから、私が授業をさぼろうものなら、どんな反応をするか想像できるでしょう？　今なら、裁判沙汰ですよ！　お尻を叩くことが禁じられている昨今とはいえ、若い親達は、子供達の反社会的な行動に寛大すぎますよ。」「父は娘を殴ってはいけないという暗黙の掟がありました。だから、私の場合、母に叩かれました。そりゃもう痛かったのなんのって！　近頃では、若い母は子供を叱るのに、『何がママを悲しませるか分かる？』なんていうんですよ。全く、ふざけないでほしいですね！　お母さんが悲しくたって、悲しくなくたって、関係ないことです。一番大切なのは、子供が善良な市民に育つことなんですから。」

若い親達は、子供に価値を教え込むのは、自分達の責任であることは理解している。しかし、親の権威の弱体化は、親子間の意思疎通を容易にし、子供の自主性を伸ばすとして歓迎されている一方で、親の義務の遂行をより困難にしている。「自分の価値を他者に押しつけるなといわれているのに、どうして子供達に、『止めなさい！』とか『これをしなさい！』なんていえるでしょうか？」

道徳的権威と正統性の拠り所としての地域、宗教、親族の役割が弱まる今日、「躾」と「押しつけ」の区別はより曖昧で、主観的なものになっている。このことが、家庭での躾の問題を、より複雑で厄介なものにしている。筆者の調査対象家族に限れば、親達は、正解を探して「ハウツー」本を読んだりしない程度の自信は持っていた。筆者が何回か目撃したのは、親、祖父母、近所の人達、友人が、取材中のリラックスした話を中断して、大声で、通りにいる自分の子やよその子に、安全のための警告やおどけて指示を出すという状況である。しかし、「良い」親であるということは、時間的な意味合いだけでなく、認識論的にも、ストレスの源になってきているようである。

年配のインフォーマントの多くは、こと躾に関して、ミッション・スクールの先生達が非常に厳しく、かつ権威的だったと振り返る。「当時、先生達は、皆、修道女でした。教室に置いてあった物差しで叩かれたものです。そのことで文句をいう親はいませんでした。実際、親も軍隊も、先生達がそこまで子供達を良く躾てくれたことに感謝していたぐらいです。」

人口の流出、教会権威の衰退、物価指数の上昇などを反映して、戦後の教区学校制度は、行政上の再編成のなかで、規模縮小を余儀なくされた。今日では、聖オーガスティンズ校、聖ブリジット校、ゲート・オブ・ヘブン校、聖ピーターズ校、聖メアリー校の五校に通う約千五百人の生徒によって構成されている。かつては、教区民からの財政援助で学費はタダだったが、最近は毎年二千ドル程かかる。聖職に就く人の数が減ったため、宗教家ではない教師の数を増やさなければならなくなったことも、その一因である。

複数の学校当局者とインフォーマントによれば、サウス・ボストンのアイルランド系カトリックの子供の約七割がミッション・スクールに通っている。これに当てはまらないのは、経済上の理由から、(学費がかからない)公立校に行くしかない者、高い難易度で知られるボストン・ラテン校(公立)に入学できた者、ボストン・カレッジ高校(私立)の高い授業料を払える者である(51)。男女別学制度は、女子生徒のキャリアコースの多様化に対処するために、より緩やかなものになってきている。ほとんどの親はミッション・スクールの宗教色と厳格な躾に満足しているが、今日では、生徒達が「革新的」、「自立的」、「野心的」であるような教育により重きを置くようになったと証言する。エドワード・マーフィー氏のように、それを残念に思う親もいる。

家庭でも学校でも道徳教育が控え目、かつ妥協されるようになるにつれ、子供達の生活において、個人の自由や選択の幅が拡大されるようになった。地元の違法薬物カウンセラーは次のように見ている。「若者の間のアルコール依存症や違法薬物の問題は、多分に、道徳的権威――つまり親や先生――からの圧力がないことに原因があると思っています。問題のある子供達は、快楽と気晴らしだけを追求しているのです。」

興味深いことに、戦後の育児や親子関係の変化のなかで、もっとも嘆かわしく皮肉な結果の一つとして、インフォーマント全員が異口同音に指摘するのは、親と一緒に夕食をとらない子供が出てきたことである。筆者の調査対象家族に限れば、まだ親子達は一緒に食事している。それでも、高校を卒業したばかりの二人の若者によれば、彼らの友人の中には、自室で、親と同じテレビ番組を見ながら食事をしている人もいるということである。「家族のサイズが小さくなったからだと思います。つまり、プライバシーというものが可能になったのです。そのため、家族そのものが、何となく息詰まるものになったのだと思います。」こうした家族にとって、自宅とは、こちらが彼らと話さなくてはならない時に、彼らもこちらと話さなくてはならないような場所なのであろう。

インフォーマントが一緒に食事することが重要だと考えるのは、「食べ物」そのものを分かち合うことではなく、「一体感」や「過去・現在・未来のビジョン」を分かち合うためだ。「私が本当に大切だと思うのは、子供達に、先祖が経験してきた苦しみの歴史について伝えることだと思います。あの子供達が、今ある状態を当然だと思わないようにしなくてはなりません。」

「妻と私は、孫が一人生まれる度に、木を一本植えてきました。われわれのことを忘れないで、自分達の家族に誇りを持ってもらうためです。」「孫達のために、今、家族史の本を書いています。自分達が生まれる前の生活がどんなだったか知ってもらうためにね。」

しかしながら、自分達の居場所に対する歴史的感覚を、後世に継承し続けてゆくのは、一層難しくなっているようである。「郊外には祖父母がいませんので、子供達に歴史を教えることができず、子供達は『今』だけに重点を置きがちです。」「一世代違うと、その差は大きいですね。われわれの世代の価値を、他の世代に押しつけることはできません。世代が進むにつれて、歴史とのつながりがどんどん失われ、自分の世代だけに興味を持つようになっていっている気がします。」「工業化した生活のスピードそのものが速すぎるということもあります。田舎へ行けば、今でも海岸を散歩しながら、自分のことや父のことについて振り返ってみる時間がとれるでしょうが、都会ではそんなことは不可能です。皆、『今』だけに気がいってしまいがちです。」

新しい人生の文脈の中で、より良いチャンスや、より高い達成感のために「丘を登り続けろ」という期待とプレッシャーが存在する。しかし、これは決して一方的なプロセスではない。先述したように、歴史的継続性を体現化し、社会の「全体像」を取り戻そうとする意識的な努力も存在する。問われているのは、「労働者階級」の（あるいは「伝統的な」、「サウスィの」、「アイルランド系カトリックの」）美徳と、「中流階級」の（あるいは「戦後の」、「社会全体の」、「個人主義的な」）価値との緊張をいかに――「貧乏人」や「寄生虫」の立場に陥ることなく――折り合いをつけるかということである。彼らの社会生活は、こうした対照的な原理を統合するための〈文化の政治学〉――つまり、プライドのせめぎ合い、アイデンティティの拮抗、価値やスタイルをめぐる葛藤――の中で織り成されている。それは歴史や伝統にしても然りである。結局のところ、こうした奮闘と努力のプロセスの中で、それらは、祝われ、発明され、誇張され、無視され、捨てられ、忘れられる対象なのである。

第3章　ボストン再訪
――「近代」のジレンマと〈文化の政治学〉

1　「文脈」を求めて

ニューイングランド地方が「アメリカ」文化の形成に及ぼした影響については、学術的にも、また広く一般にも知られているところである。そして、それは、このアメリカ北東部の中心地の一つであるボストンについても然りである。このフィールドワークは、そのボストンにおける二つの対照的な社会集団について、民族誌学的な比較分析を提供することを目的とした。その二つの集団とは、すなわち、a）上流／中上流のアングロサクソン系プロテスタントの家族（ボストン・ブラーミン）と、b）下流／中下流のアイルランド系カトリックの家族（ボストン・アイリッシュ）である。往々にして「白人」（あるいは、ごく大雑把に「白人中流」）アメリカ人として一括りにされてしまっているが、この両者間には、宗教・民族・階級だけではなく、道徳、流儀、趣味・趣向の面でも特筆すべき対照性が存在する。

筆者が興味を抱いたのは、これら二つの集団が、いかに戦後社会の急速で複雑な変化を内面化しながら、それぞれの文化的歴史や社会的現実を作り上げ、日々の生活を「実践」(Bourdieu 1977) しているのかという点である。

文化的歴史と社会的現実の構築

経済の全米化、社会福祉の制度化、輸送・通信システムの発達、法的・官僚的機構の拡大、社会移動性の増大、社会的人口構成の変化といった構造的な側面、そして、能力主義、合理主義、フェミニズム、多文化主義の浸透といったイデオロギー的な側面が、戦後を特徴づける重要な変化として広く指摘された。そして、後期近代（あるいは「ポストモダン」）の時代における、これらの構造的・イデオロギー的変化が、かつては居住地域、職業、教育、経済、組織的所属、民族、宗教、文化的価値などの同質性やつながりに基盤を置いていた彼らの社会的・文化的空間の境界を断片化し、曖昧にしてきたと理解されている。

ビーコンヒル、ウェスト・ケンブリッジ、ノース・ショアのブラーミン家族の場合、長子相続制の不在、累進課税制度、相続人の増加、物価指数の上昇、離婚の広がり、保守的な資産管理などが経済資本を浸食し、それは転じて、避暑地の別荘、ヴィクトリア朝風の結婚式や装飾、社交クラブの会員権といった「象徴資本」(Bourdieu 1984) の維持を困難にしている。それに伴い、こうした象徴に埋め込まれた集合的記憶、心証、アイデンティティの希薄化が憂慮されている。

彼らの居住地域には「経済的ダーウィニズム」の論理が浸透した。煩雑な法的・官僚的手続きは、確かに、家族の資産やアイデンティティを守っているが、それは、むしろ、外部の「専門家」(法制度や官僚制度) がサイを握っている類のアイデンティティである。

能力主義と競争原理の浸透は、どこで学び、どこに住み、どこに属し、どんな仕事をするかといった「オールド・マネーのカリキュラム」(Aldrich 1988) をより手の届きにくいものにした。そして、より公正な社会に向けた政治的圧力は、社交クラブの扉をこじ開けていった。市民的美徳に根ざした名誉や誇りといった価値は、高度に形式化し、競争的で、込み入った社会の中では体現しにくくなっているようである。威厳のある節度とみすぼらしさ、そして奇抜さと奇妙さの境界線が、だんだんと曖昧になってきている。全体的な下降移動は、「ヤンキーの覇権の終焉」、「絶滅の危機に瀕したワスプ種」、「ピラミッドの平坦化」といった表現によく反映されている。

こうした中で、「中上流」であることが、「他者」との差異として、彼らの自己定義において強調されている。「他者」は、特に、彼らより下位の人々 (「ノー・マネー」、「中流階級」、「普通の人々」、「大衆」) と、「何の脈略もない、あるいは、今まで経験したことのないような文脈の中で生きている」とされる、彼らより上位の人々 (「ニュー・マネー」、「新参者」) のことを指している。と同時に、こうした新たな社会の現実を受け入れ、自分自身の人生を切り拓いてゆくことに戸惑う者も多い。

サウス・ボストンのアイルランド系家族の場合、戦後の経済的繁栄や、GIビル (復員兵援護法)、社会福祉の制度化などに助けられ、「ゲートを壊し」（Christopher 1989）、「典型的」な中流アメリカ人の地位を得ることができた。この上昇移動は、彼らの伝統や、アメリカン・ドリームの理念に対する誇りの源である。

しかし、それは同時に、地元地域の社会的安全網と倫理基準を保証するうえで中心的役割を担ってきた、様々な人間関係や制度の断片化をもたらした。かつては親族が担っていた社会的機能の多くは、今日では、外部の代理業者によって担われている。

ニュー・ディール政策の下、連邦組織の巨大ネットワークが出現し、わざわざ地元のボスにお伺いを立てる必要も無くなっていった。また、彼らがホワイトカラーの社会に統合されていくにつれ、職場環境は「あまりにもビジネスライク」で「非人間的な」ものになっていった。カトリック教会の伝統的教義も、外で働く女性が増え、同棲や家族計画を実践するカップルが増え、結婚を解消する人が増えているという現実の社会の文脈に、ますますそぐわなくなっている。

また、より大きな社会における「合理化」、「近代化」、「資本主義」の論理は、社会の全体像の断片化を助長した。戦後、ボストンの銀行が、「赤線引き（荒廃地域への担保融資などの拒否）」したことも災いし、住民は大挙して郊外へ転出した。「経済的ダーウィニズム」の論理は、「ヤッピー」の流入を招き、かつて「労働者階級」の地域だったサウス・ボストンのジェントリフィケーションに拍車をかけている。

マスコミの影響力の下、全米レベルのヒーローやヒロインが創出される一方、地元の才能は軽んじられるようになった。政治における「自分をここへ連れて来てくれた女の子とダンスを踊る」という原則は、往々にして、より大きな社会の利益と矛盾した。戦時中こそ、多くの人が連邦政府への忠誠を見せたが、強制バス通学、アファーマティブ・アクション、公営団地での人種統合、雇用の海外輸出といった一連の問題を通して、アンクル・サム（アメリカ連邦政府）に裏切られたように感じている。また、一種の「社会的なスポーツ」として「ギャング団の抗争」を正当化するのは困難になってきている。さらに、アルコール依存症に関する懸念が広がるにつれ、アルコールの摂取は非常にデリケートな問題となった。

このように、様々な側面において、「アイルランド系のカラー」が希薄になっていくと感じられる一方、彼らは「他者」――特に、地域に対する誇りを共有・模倣しようとしない「ロウアー・エンド」の人々（「貧乏人」、「寄生虫」、「人間倉庫」）と、サウス・ボストンを「教化」しようとする「ダウンタウン」の人々（「金持ち」、「リベラル」、「よそ者」）――に憤り、そうした人々との対比のなかで、自らの居場所を定義づけようとしている。ロウアー・エンドに対しては「中流階級」であることが、ダウンタウンに対しては「労働者階級」であることが、それぞれ肯定的に、かつ威厳を持って、強調されるのである。

「居場所」の喪失と個人主義的言説の台頭

ボストン・ブラーミンとボストン・アイリッシュ双方のケースに共通しているのは、道徳的権威と社会的正当性の基盤を成していた、自分達の「居場所」に対する歴史的・地理的感覚の希薄化と脆弱化である。かつて社会的な関係と象徴の厚い網の目の中に編み込まれていた、集合的な「記憶」や「伝統」は求心力を失い、それは転じて、人々がますます目の前の生活に没頭するようになっていったことを意味した。あるインフォーマントの表現を借りれば、「自分の目先の利益だけを崇拝する」感覚の強化である。

フレデリック・ジェイムソンが指摘するように、歴史性の喪失は、過去と未来双方の感覚の喪失を意味する。つまり、「われわれが生きている現在の独自性をより明確に把握するために必要な、過去の差異性に対する感覚の衰退」(1)である。個人は、歴史的にも、空間的にも筋書きのない社会的文脈の中で生きることを求められている。あるインフォーマントの表現を借りれば、「私達にはしがみつくものが何もない——歴史にも、地域社会にも、仕事にも、家族にも。」

道徳は法的・政治的手続きに委ねられ、正義は、何かしら実質的な目的というよりも、然るべき手続きそのものと同一視されるようになった。社会は、多様で、異質で、断片化されていると理解され、統合的な文脈、あるいは連結した全体として「想像」(Anderson 1983)することが困難になっている。

「自助」や「独立独行」といった個人主義的な価値は、それ自体は尊いものであろう。しかし、現実の状況は、個人が自分自身を道徳的指針や社会的実践のレファレンスとすることを余儀なくさせている。「自己発見」、「自己表現」、「自己充足」、「自己成長」、「自己実現」といった概念は、日常生活の言説の中で顕著になり、「気分よく思えること」は自己の実存を確証するものとして、超越的な力や権威を持つに至っている。あるインフォーマント曰く、「『嫌ならやめてしまえばいい』——そんな考え方に歯止めがかからなくなったのが今のアメリカだ。」消費行動、資格証明、セラピー、恋愛、身体的魅力などは、そのためのリソースとして重視されるようになった。官僚的・法的権威は、個人の権利を保護し、「居場所」を防御するための不可欠な手段となる。この点について、ベラー達は次のように述べている。

> 個人をより大きな社会的文脈に関係づけるために文化的・個人的なエネルギーを仕向ける代わりに、マネージャーやセラピストの文化は、われわれの人生の特定の領域を小世界そのものとするよう懸命に仕向けるのである。[2]

現代のアメリカ人は、少なくとも筆者が調査した若い世代のインフォーマントの一部に関しては、神経衰弱になったり、燃え尽きたりするほどに、より高いレベルの「自己充足」や「成功」——すなわち、欲求の充足とあらゆる衝動的感情の表現——を求めて、さらに「頑張り続ける」よう駆り立てられている。今日の社会における「過度の個人主義」や過剰な自己中心主義に対して憤りを露わにしたインフォーマントは多い。

社会的関係は、各個人の一人称的な視点から評価・判断されるようになり、それゆえに、内容的には可変性を増し、形態的には多様性を増すことになる。といっても、形態の多様性は、社会における文化的テーマを否定するものではなく、むしろそれを反映している。ブルデュー（Bourdieu 1977）は、任意で自発的に見える社会的行動も、実際には、より大きな社会的力学によって影響を受けていると主張したが、アメリカ社会の場合、一人称的な言説の強調が社会的関係を形作るうえで決定的に重要な役割を担っている。そして、同時に、次節で見るように、この個人主義の論理は、南北戦争後、特に第二次世界大戦後の社会構造と価値観の大規模な変動のなかで先鋭化してきたのである。

本書第II部の第2章で考察するように、「家族」という制度は、それ自体を「純粋な形」(Schneider 1968) としては有益に分析できない。何故ならば、それは、社会の歴史的・イデオロギー的なマトリックスと不可分に結びついているからである (Maybury-Lewis 1979; Yanagisako 1985)。筆者のインフォーマントが明らかにしたように、「家族」は「社会」を語る際の拠り所となるレファレンスであり、「社会的認知図」のかなり中心的な場所に置かれている。そして、それは、個人主義の一人称的な言説によって、より可変的で多様性に富んだものとなると同時に、家族生活や家族関係の変容と多様化によって、個人主義の論理はさらに助長されることになる。

「恋愛」は、あらゆる社会的カテゴリーを超越すべき、結婚への原動力として強くイデオロギー化され、それゆえに、過失が法的に立証されなくとも、「自己成長」の名の下に結婚を解消することができる。どの親族と付き合うかは個人の裁量に委ねられているため、親族は「最良の友」にも「他人」にもなり得る。

結婚の半数近くが離婚に終わってしまう今日、同棲は、早まって結婚へのコミットメントを決めてしまうことなく、「気分よく思えること」を享受するための方策として、広く受け入れられている。若いカップルの多くは、形式・儀礼にこだわらず、より自分達を表現できる結婚式を好む。また、育児においても、自己表現や自己主張に強いアクセントが置かれている。マリアンヌ・グレスタッドは、後期近代のノルウェーにおける、世代間の価値伝達をめぐるジレンマを次のように記しているが、それは筆者のインフォーマントにもかなり当てはまるものである。

個人が家族のリソースであるというよりも、家族が、個人の自己構築のためのリソースになりつつある。自分自身であるという理想を達成するために、子供達は、親の信念や好みではなく、自分自身の信念や好みによって、自らの価値観を正当化しなくてはならない。今日の親達は、特定の考え方や特定の価値観というよりは、自己を発見し、成長させるための能力を伝達することが望まれている(3)。

親の価値観や判断を「押しつける」ことなく、子供を「躾ける」最良の方法とは何であろう? 子供の自主性を抑圧することなく(あるいは、それに寛大になり過ぎることなく)、かつ、過剰な負担を背負うことなく、親の愛を表現するには、どうすればいいのだろう? 育児や親業は、その期待値が、単に経済的機能を満たすというレベルを超えているため、結婚同様、求められるものも高くなっている。

また、避妊や生殖をめぐる技術革命は、セックス、結婚、生殖、育児の分離を助長し、個人の自由裁量の領域を拡大し、私的領域の形態の論理的可能性を増大させた。養子の普及は、系譜的(生物学的)につながりがなくとも、「自然を超えて(after nature)」(Strathern 1992)家族を形成することを可能にし、こうした傾向に拍車をかけた。また、経済的動機や自己充足のために公的領域に参加する女性が増え、家庭における「伝統的」なジェンダー区分は、その妥当性や現実性を欠くようになり、家族をめぐる境界線は、より一層、曖昧で、状況的で、柔軟なものとなった。

主体的選択と能動的実践

こうした状況を分析するうえで重要なことは、この個人化と多様化のプロセスが、反道徳かつ疎外的であるとして憂慮される一方で、個人の自由裁量の余地や選択の幅を広げるものとして、肯定的に理解されているという点である。

ボストン・ブラーミンの中には、自分の両親や祖父母が大切にしてきた、権威的かつ排他的な「エリート」文化に反発・抵抗し、伝統的な筋書きによって規定されない、別の人生を選んだ者もいた。彼らは、家名に頼って生きることをせず、社交クラブにも属せず、社交界デビューもせず、地位のために結婚せず、赤ん坊を乳母に預けたままにせず、子供をファミリー・スクールにやらず、家父長的にならないことを選択した。ボストンを去り、「由緒正しいボストニアン」との関係を断ち、「よそ者」と結婚し、価値観を共有する人達とのみ付き合っている者もいる。

彼らは「ボストン病」のわなに抵抗した能動的主体である。ブラーミン文化の偏狭な島国根性を超越し、新しい自己を実現するという彼らの決意は、大学、職場、近所で「他者」と出会ったり、別の生き方について学んだり、自らの社会的・経済的・文化的な卓越性の低下を目の当たりにすることによって後押しされた。

ボストン・アイリッシュのインフォーマントもまた、中流階級に自らを格上げするという形で、自己充足や自己実現を追求した積極的な行為者である。彼らは、古い家具、家庭用品、洋服、車、トリプルデッカー、レクリエーションを「モダンな」ものに置き換えてゆくことに誇りを抱いた。大学を卒業した者の多くは、より心が躍る、挑戦的な機会を求めた。親族間の義務から解放されるために、外部の育児サービスに高額を払うことを選んだ者もいた。子供の数を抑えるために、家族計画が実行され、その分、十分な親の愛情と養育費を投入できるようにした。父親の多くは、自らが幼かった頃には享受できなかった、父子一緒の時間を確保すべく努力した。また女性の多くも、妊娠中絶、同性愛、避妊、同棲、女性のキャリア追求に否定的な民族的・宗教的なアイデンティティよりも、「平等」、「権利」、「選択」、「自由」といった概念を重んじる社会全体のアイデンティティを徐々に選択していった。

アンソニー・ギデンズ（Giddens 1991）は、現代社会における行為者は、社会の断片化のプロセスの中に囚われた、受動的で、無力な「自己陶酔者」（Lasch 1978）では決してないと主張する。実際に、多くのインフォーマントは、自分自身の人生の物語（ナラティブ）や詩学（ポエティクス）を編み、社会の「伝統」を成している境界線に「ゲーム」（Bourdieu 1977）を挑むことにより、社会変化そのものにおいて、むしろ能動的な役割を果たしている。彼らは、既存の人生における様々な社会的・文化的・物資的リソースを利用しながら、外部の社会から身を引くのではなく、むしろ積極的に関わってゆくことで、新しいタイプの社会関係を再構築しているのである。

と同時に、そうした例が明らかにしているのは、一つの支配的な（「伝統的な」）社会的趣向

（Bourdieu 1984）が、自動的に継承されたり、再生産されたりすることなく、それをもっとも体現する立場にある――つまり、その趣向の中に埋め込まれ、その趣向を享受する資格を有しているはずの――行為者自身によって拒否・破棄されてしまったことである。いいかえれば、自らが属する階級の独自性や卓越性を維持・再生産すべく、その基盤を成す象徴資本に絶え間ない投資をしてゆくというブルデュー（Bourdieu 1984）の社会的再生産のモデルに対するアンチテーゼということである。

文化の政治学

ボストン・ブラーミンとボストン・アイリッシュ双方のケースは、「近代」についての二元的かつ両義的な側面も明らかにしている。一方で、それは、個人の自律性、自由、選択、機会、充足感をより高めるものである。しかし他方で、それは、現存する社会の構造やイデオロギーの下にあっては、個人を歴史的・社会的に疎外・喪失した存在へと陥らせる危険性と背中合わせになっている。「自己充足」は、時として、社会関係や社会習慣を無視したり、あるいは自分自身が燃え尽きることによってのみ、実現可能となる場合もある。

こうした「自己」をめぐる二つの次元――つまり、個人主義の理想を上手く使いこなしてゆく自己と個人主義の現実によって矮小化されてゆく自己――は、〈文化の政治学〉を顕在化かつ先鋭化させる。リベラル派（あるいは楽観主義者）は、保守派（あるいは悲観主義者）ならば利己的・欺瞞的・孤立的と見なすであろう、社会の「命令」からの個人の「解放」や真の「自己」の可能性を説き、個人化ないし個人主義の肯定的な側面を強調する。一方、保守派は、リベラル派ならば抑圧的・狭量的・教化的と見なすであろう、社会の「脈略」、「慣習」、「タブー」、「歴史的感覚」の風化を説くことで、その否定的な側面を強調する。つまり、リベラル派が、新しい家族の多元主義や啓発された自己を賞賛する一方で、保守派は、家族の価値の崩壊や社会道徳の退廃を嘆くというわけである。ベラー達は、こうした〈文化の政治学〉を、次のように批判する。

リベラル派知識人は、個人の自由を志向するあまり、地域・宗教集団の伝統や組織を無知で潜在的に権威主義的であると風刺しがちである。彼らは公共政策に、司法と立法の両面で、相当の影響力を持っているため、事あるごとに自分たちの啓蒙的な考えを周囲に押しつけるのである。一方、一部の保守派は、急速な社会変化と過激な個人主義のもたらす影響に困惑するあまり、ファンダメンタリスト的な頑なさをもって伝統を単純化かつ固定化し、異なる考えを持つ人々を責めたてて、政治活動委員会に入って自らの信念の立法化を図ることもある。(4)

様々な統計が示すように、リベラル流の啓蒙主義や保守流の復古主義の双方に対して、アメリカ人は両義的な意識を持っている（Coontz 1992; Dionne 1991; Patterson and Kim 1991; Phillips 1990, 1993）。いいかえれば、アメリカ人の社会意識は、これらの相反する勢力とイデオロギーのはざまを揺れ動いているのである。

こうした点からすると、インフォーマントの小社会がより希薄化・断片化し、個人の自由と選択の領域が拡大しているといっても、これは決して一方的なプロセスではない。第1章、第2章で見てきたように、自分達の居場所の希薄化・断片化を憂い恐れ、歴史的継続性を体現化し、社会の「全体像」を取り戻そうとする対抗勢力や意識的な努力も多く存在する。

たとえば、ブラーミン家族の場合、慈善の精神やノブレス・オブリージュの理念を共有しない者は仲間内から強く非難される。社交クラブの「新参者」は、食事の最中に後ろを振り返ったり、他のメンバーの身分を詮索したりすることで、自らを嘲りの対象にすることがある。上流社会の、今もって狭い世界では噂話がすぐに広がるため、インフォーマントは、仕事についても、仲間内から反社会的だと見られないように細心の注意を払っている。自己顕示的な消費は、「悪趣味」、「ニュー・マネー的」、「中流階級的」として忌み嫌われる。

これらは、「ローウェル家はキャボット家とのみ話をし、キャボット家は神とのみ話をする」といわれた「大いなる過去」を想起させるものである。

アイルランド系家族の場合、アファーマティブ・アクション（そして、それに類する多言語主義や多文化主義）は「過保護」な政策として強く反対されている。父親達は、息子達が叩きのめされたり、自分達の権利のために立ち上がらないことを恥としている。親を独りにしたり、他人や社会に対してコミットメントしないことは、たとえキャリア・アップのためだとしても、「自己中心的」、「甘やかされている」、「未熟者」として非難される。妊娠中絶は人殺しとして非難される。また、離婚よりもしばしば別居が選択される。子供は外部の育児サービスに委ねてしまうと、丈夫に育たないと信じる人もいる。これらは、「あなたに試練をあたえ、失望させるかもしれない――でも決してあなたを見捨てはしない」はずの「故郷」を想起させるものである。

こうしたボストン・ブラーミンとボストン・アイリッシュ双方のケースで注目に値すべきことは、「古い文化」や「伝統」の位置づけが、不明瞭で、デリケートな問題になっていることである。ブラーミン家族の場合、それは「ノー・マネー」や「ニュー・マネー」に対する差異や誇りの源である一方、自分自身の人生を追求するために「超越」、「卒業」、あるいは否定しようとしているものである。アイルランド系家族の場合、それは「労働者階級」の美徳や、大恐慌の壊滅的窮地から「サウスィ」を守った、地域に対しての譲ることのできない誇りの源である。その一方で、新しい人生の文脈の中で、より良いチャンスや、より高い達成感のために「丘を登り続けろ」という期待とプレッシャーも存在する。ボストン・ブラーミンとボストン・アイリッシュ双方に共通しているのは、彼らの社会生活や社会的現実が、こうした相反するビジョンの絶え間ない緊張と駆け引きや、対照的な原理を統合しようとする営みのなかで構築されているという点である。そうした〈文化の政治学〉——つまり、プライドのせめぎ合い、アイデンティティの拮抗、価値やスタイルをめぐる葛藤——をめぐる奮闘と努力のプロセスの中で、「伝統」や「歴史」は、祝われ、発明され、誇張され、無視され、捨てられ、忘れられるのである。

「文脈」を求めて

実際には、彼らの解釈や気持ちはもっと入り込んでいて、両面性を持ち、非決定的であり、それは、一人一人のインフォーマントの心の中でもそうである。女性が家の外で働く機会が拡大したことは広く歓迎されているが、家にいる病気の子供の世話をめぐって罪の意識を感じさせられるのは、働く妻達の方である。また、「子供の個人性」ということが重んじられているが、子供が親に口答えするのは個人主義に走りすぎているとみなされる。セックス、病気、金銭などについて話し合うことも、以前よりは許容されるようになったが、現実的な描写はいまもってタブーである。若い成人が恋人と性交渉を持つことを気にする親はほとんどいないが、それは彼らの自宅の外で行われる場合についてのみである。若い人々はほとんどが教会に行かないが、そこで結婚式を挙げたいという願望には根強いものがある。自己実現のための離婚は理解されているが、そう簡単になされるべきではないとも思われている。

ある意味、インフォーマントの証言は、こうした相反し、対立する解釈や感情のバランスを取ろうとする、彼らの努力が紡ぎ出した詩学のようなものである。自分の意見を他人に押しつけたいと思う者はそういない。他者に生活を支配されることを望む者もそういない。過激になることを望む者もそういない。社会の二極化や分断を望む者もそういない。しかし、この〈文化の政治学〉に対して、均衡のとれた方法で、いかに折り合いをつける（つけ得る）かは、認識論的にも実践的にも難題である。「何もかもがすぐに手に入るか、あるいは、あまりにも難しいかのどちらかなのです……。」「関係を保つということは、われわれの社会においては、並外れて大変な仕事なのです。」こうした証言は、社会生活の中で自分達と「他者」との適切な距離を作り、居場所を確保することがいかに難しいかを端的に示しているように思われる。

ベラー達は、こうした問題は、中流階層において、より顕著で、苦痛を伴うものだとしている。

肝心なのは、下流・上流階級のアメリカ人が個人主義的ではない、ということではなく、むしろ、彼らの個人主義が、特定の社会関係や連帯のパターンの中に組み込まれていることである。そのことが、中流階級の空虚な自己や空虚な関係へと陥りにくくさせているのである。この違いは、中流階級のアメリカ人が抱く、下流階級の人種・民族集団や（通常、ヨーロッパの）貴族の間で見られるような、「意味深いコミュニティ」への羨望に満ちた幻想の中に見て取れる。(5)

実際、筆者は、フィールドワークの中で、インフォーマントの家族やそのコミュニティの「広く、揺るぎない結束」に深い感銘を受けることが多々あった。夕食の席は笑いと心地よい会話で満たされていた。自分のパソコンで系譜をせっせと更新したり、自伝を書いたり、家族の親睦会を企画したりする者もいた。親族（祖国にいる者さえも含めて）と頻繁に連絡を取り合っている者も多く、彼らに関する広汎な知識を持っていた。ずっと覚えていてもらえるようにと、孫一人一人のために植樹している者もいる。また、近所の高齢者の家の雪かきをする持ち家の人達も多い。ほとんどの人が、寄付をしたり、ボランティアを買って出ることで、地元の組織や社会を支えるための努力を惜しまない。結婚契約書で細かい取り決めを交わさなくても、安定した家庭生活を送れている。

ブラーミンの娘達の多くは、歴史を感じるために、祖母が着たウェディング・ドレスを着たいと望んでいる。ファースト・ネームは何世代にもわたって子孫に受け継がれている。来賓三百人の結婚式や、一五〇人が集う感謝祭のパーティーなども、さして珍しくはない。中には、今でも、感謝祭のディナーの後に、多くの親族が、老いも若きも一緒になって、フットボールをする伝統を守っている家族もある。時折、かかりつけの医師に、近隣に住むお年寄りの具合を伺ってくれるように頼んでいる者もいる。彼らは、皆、子孫のために最大限の資産を残すべく、政府に「ゲーム」を挑んでいる。自分の思い出を曾孫にまで語り継いでもらいたいと、かなり若い信託弁護士を選ぶ者もいる。

アイルランド系の親達の多くは、子供を朝早くにホッケーのゲームに連れていくための努力を惜しまない。中には、予算の範囲内で一人でも多くの親族、友人、近所の人にクリスマスのプレゼントをあげられるようにと、夏から買い物を始める者もいる。男達の多くは、今も、昔のニックネームで呼ばれている。ある家族は、上階で一人暮らしをしている高齢の女性にすぐ応えられるように、室内にインターホンを取り付けている。近所の日用雑貨店は、まだ、コミュニティ・センターのような機能を果たしている。ベトナム戦争記念碑の近くまで行った人は、そこに立ち寄ることが多い。親しみやすさ、人情味、手厚いもてなし、といった資質は、「アイルランド人らしさ」の美徳の証しとして重んじられている。

周知のとおり、トクヴィルは、今から一五〇年以上も前の一八四八年に、アメリカの「個人主義」が招きかねない負の結末を懸念した。「各人は永遠にただ自分自身のみに依存し、そして自らの心の孤独の中に閉じ込められる危険がある。」(6) しかし、筆者のインフォーマントに限ってみれば、彼らを意味深く社会と結びつける「慣習」や「心の習慣」に、トクヴィルもきっと魅了されるはずである。

それでも、ボストン・ブラーミンとボストン・アイリッシュ双方のケースが露呈していることは、これらの家族志向の強い集団、あるいは、下流（から中下流）・上流（から中上流）階級のアメリカ人の「意味深いコミュニティ」自体さえ、その集合的な歴史の断片化や、文化的結束の希薄化のプロセスの中で、「羨望に満ちた幻想」になりつつあるということである。〈文化の政治学〉は、彼らと社会の関係において、そうした重要な軌跡、変貌、方向性を示唆しているのかもしれない。

ニューマン（Newman 1988）は、一九八〇年代における中流アメリカ人の「没落」を調べるなかで、彼らが「成功」という概念を強調するあまり、より低い社会階級への「没落」の苦痛を和らげるための語彙・象徴・儀礼を持ち得ないでいることを指摘した。ブラーミン家族の場合、特に年配世代に関しては、「没落」の苦痛そのものは、今なお安定した社会的・経済的状況によって、意味づけしやすいように見受けられる。彼らはまだ、平等主義と民主主義というアメリカの理念の下で、あるいは上流社会の「古い文化」からの解放という名の下で、さらには「ノー・マネー」や「ニュー・マネー」との差異性において、自分達の社会的立場の転位を正当化することが可能だ。しかし、ニューマンの指摘は、経済的・文化的資本が、凡庸なものとなりつつある若い世代には、今後、ますます切実なものになるかもしれない。

アイルランド系家族の場合、教育、職業、住居、レクリエーション、余暇の長さ、自己顕示的な消費などに明らかなように、上昇移動の成功を誇りとしている。加えて、今も活発な親族や近所の人とのネットワークやコミュニケーションは、「中流階級」文化の匿名性に対するプライドや、外部の利益の侵入に対する連帯を可能にしている。しかし、それと同時に、多くの親達は、歴史や地域とのつながりが希薄になっている子供達が、豊かさと自己充足を模索するなかで、「孤独」で「彷徨っている」かのように見えるという。若い世代の多くは、一方で、中流アメリカの大いなる期待に追いつくために、あるいは少なくとも「寄生虫」の地位に落ちぶれないために、より速く走るように強いられていると感じている。そうした高い期待をどう実現したらいいのかということは、より差し迫った、非常に重い問いになりつつある――特に、経済的リストラクチャリングや政治的シニシズムによって特徴づけられるような、将来性が先細る時代においては（Coontz 1992; Dionne 1991; Galbraith 1996; Johnson 1994; Krugman 1994; Newman 1988, 1992; Patterson and Kim 1991; Phillips 1990, 1993; Sorensen 1996）。

これまでの議論を通して、個人主義の論理の下で、従来の境界やカテゴリーが超越され、新しい可能性が開かれてゆくプロセスと、従来の社会が断片化・希薄化してゆくプロセスの間の緊張や相克に焦点をあててきた。このダイナミックな関係（あるいは弁証法的関係）は、アメリカ北東部の家族志向の強い集団にあっても、その「伝統」や「歴史」の意味を揺さぶり、文化、アイデンティティ、プライドを揺さぶり、家族の領域の境界線を揺さぶっているのである。

アメリカにおける個々の行為者は、その人生において、より多くの自由と選択肢を持っており、そのアドリブ的な生き方は、人生をより心沸き立つような、ダイナミックなものにするであろう。しかし、アドリブは、それ自体が意味を成すためには、ある一定の脚本の文脈の中でなされなくてはならない。かつてレヴィ＝ストロース（Levi-Strauss 1976）が「熱い」社会と称した、社会的・文化的な移動性・流動性・変化が奨励されるような場所にあっては、個人は、不確実性や、自己と社会との間の絶え間ない緊張とともに生きることを運命づけられている。つまり、社会的な網の目の中で、道徳的にも意味深い形で、自らの人生を織りなし、意味を紡いでゆけるような文脈を育んでいくうえで、尽きることのない圧力や障壁とともに生きることを運命づけられているのである。

2 アメリカの窮状

個人の誕生

近代の精神や経験は、今村（1994）が主張するように、「時計」の中にもっとも端的に集約されているのかもしれない。一七世紀以降のその急速な普及とともに、ヨーロッパ社会は、微妙ながら重要な時間軸の転換を経験した。すなわち、循環的時間から直線的時間への転換である。そして、それは、社会的気質の変容にも通底する変化であった。「未来」という概念をほとんど持たない循環的時間は、ただ「過去」と「現在」に対応するものであり、それゆえに祖先が依拠してきた社会的慣習、信条、価値観を保守・再生する傾向がある。一方、具体性、正確さ、進歩を強く意識する直線的時間は、保守主義や伝統主義、あるいは再生主義を超えた「未来」にある、輝かしい新世界へと社会を誘う。

中世のキリスト教は、高利貸しや両替商が、直線的時間を道具的・実利的に操作することで、神聖で天賦の時間（循環的時間）を辱めているとして非難した。しかし、市の中心部にあった教会の鐘が、次第に、堂々たる大時計に取って代わられたのはこの時代のことで、それは商人や職人の間で産業的時間（直線的時間）が浸透したことを象徴した。労働者に対して直線的時間や禁欲主義を組織的に強制することは、近代産業にとって必須条件であった。たとえば、カール・マルクス（Marx 1947［1867-1894］）は、重商主義が、農民に農耕的時間（循環的時間）を放棄させ、代わりに産業的時間

（直線的時間）を刷り込むことで、「労働者」に仕立てていったプロセスを指摘している。また、マックス・ウェーバー（Weber 1976［1904-1905］）は、周知のとおり、近代資本主義の誕生と〝industry（産業＝勤勉さ）〟の発展、あるいはそれを支える労働倫理（禁欲主義）の因果関係について指摘した。

直線的時間の基本概念、すなわち具体性、正確さ、進歩は、ヨーロッパの哲学的潮流を特徴づけ、またそれによって理論的に体系化された。具体性と正確さは、ともに近代における数学的思考の優位を象徴するものであり、あるメカニズムが不可欠なパーツによって構成されているという発想を支えるものである。フランシス・ベーコンとルネ・デカルトは、その方法論的アプローチこそ異なれ、それ以上分割することのできない（indivisible）要素によって世界が構成されているというモデルを共有していた。その概念的枠組みにおいては、人間は自然から切り離され、個人は社会から区別され、心と体は分類された。アイザック・ニュートンとゴットフリート・ライプニッツの微積分法は、数量的に細分化が可能な諸要素の総和としての全体という、機械論的なパラダイムなしには存在し得なかったであろう。自然とは数学的言語で書かれたテキストであるというガリレオ・ガリレイの確信は、循環的時間とその世界観に基礎を置くキリスト教の教義への冒涜として糾弾された。「科学」は、次第に、外界の説明的枠組みとしての宗教に異を呈し、取って代わっていった。このような潮流のなかで、自然法は、社会の最小要素としての個人（individual）に政治的・法的な保護を与えていったが、それは、たとえば、世界人権宣言などに顕著に示されている。(7)

このような個人は、自己・社会・自然の改善や完成のために、自発的な意思や理性を発揮することが期待された（そして、今も期待されている）。この進歩的で企図的な行為者としての人間という概念は、近代ヨーロッパ哲学の理論体系における最大の関心事の一つとなった。フリードリヒ・ニーチェ、エドムント・フッサール、マルティン・ハイデガー、ジャン＝ポール・サルトルといった現象学や実存主義の思想家は、近代社会の中で危険に瀕しているとされる、人間生活の主観的で存在論的な側面を強調した。そうした懸念は、ポストモダニズムの批判的洞察へ思想的根拠を与えた。

進歩という理念は、イギリス、フランス、ドイツにおける政治革命や産業革命を正当化した。これらの革命は、循環的なものから直線的なものへという、社会的テンポと世界観の転換期に起き、絶対主義から共和主義への政治的変化、市民権という概念の発達、出自ではなく功績、そして平等の権利の原則に基づく新しい社会をもたらした。

しかしながら、政治的正当性の強化と経済技術主義の加速化が国民国家に求めたのは、異質で多様な人々を同質的な市民に変え、特定の種類の人々の受容と排除を規定する様々な社会的カテゴリーを作ることであった。このことが、後に、近代における「アイデンティティ」の問題を複雑にした。さらに、進歩に対する近代の関心は、合理性と非合理性、正常と異常、人間と動物、文明と未開などの二項対立をきわめて自明で自然なものであるかのようにせしめたが、そのことは、しばしば「合理主義」あるいは「人道主義」の名の下で、残虐な差別、抑圧、暴力を増強することになった。こうして、進歩というイデオロギーは両義的な意味を帯びるようになった。すなわち、一方では、啓蒙的、解放的、民主的であり、他方では、教化的、排他的、同化的というものである。そこに「他者」や「差異」への寛容（恐怖ではなく）をいかに担保し、文化的市民権（cultural citizenship）という概念の中に反映させてゆくかは、きわめて今日的な課題である。進歩的で企図的な社会の最小単位（「市民」）としての「個人」は、このような大きな社会的・文化的うねりのなかで誕生したものであり、アメリカの歴史は、文化的に特有な形で、このプロセスの続きを表すものである。

転換点としての南北戦争

イギリス、フランス、ドイツといった他の近代社会と比べて、アメリカが特異と思われる点の一つは、イデオロギーを掲げた政治的闘争を経ずに産業革命が始まったことである。一七世紀初頭のピューリタンの移民は、その行動において非常に進歩的かつ企図的で、聖書に基づいた彼らの共同体は、集団的理性、意思、契約という確固とした信念の下に築かれた。独立戦争は、イギリス本国の政治的・経済的支配から自由を勝ち取るために戦われたのであって、循環的時間に埋め込まれた旧世界からのイデオロギー的脱却のためではなかった。初期の移民には、すでに、直線的時間に連なる考え──すなわち、独立した市民としての個人と、そうした個人の相互信頼に基づく共和的社会という理想──が植え込まれていた。つまり、アメリカ社会は、ヨーロッパ社会と比べて、早い時期から近代的合理主義の精神と経験を受け入れるのに都合よくできていたのである。近代の理念は、「アメリカらしさ」、あるいはアメリカのナショナリズムの核を成すものとして積極的に取り込まれ、二〇世紀の「パックス・アメリカーナ（アメリカ支配による平和）」という「明白な天命」へ向けて、急速な近代化の拡張に正当性を与えた。

独立した市民によって契約された共和的社会という理想が、すでにアメリカ史の早い段階に存在していたとしても、その様態は時とともに変容してきた。たとえば、ゴードン・ウッド（Wood 1992）は、独立戦争がアメリカ社会に与えた急進的で革命的な衝撃を指摘し、平等主義の普及、出自よりも功績を重んじる傾向、自己利益への撞着、秩序の断片化、そして共和主義的美徳の喪失などを挙げている。しかしながら、多くの歴史研究は、南北戦争がアメリカ社会や家族に及ぼした影響はより深大だったとしている（Bledstein 1976; Chandler 1977; Haber 1954; Hall 1982; Higham 1974; Lynd 1939; Trachtenberg 1982; Wiebe 1975）。

南北戦争は奴隷制の廃止だけでなく、それまでの農耕中心で分散した自治共同体が集合した社会から、経済技術主義、官僚主義、領土拡張主義に基づく国民社会に転換していく分岐点を意味した。二〇世紀初頭の革新主義は、南北戦争後の「金ピカ時代」における飽くなき富の追求や自己顕示的消費が荒廃させた社会秩序の復古を求めた。しかし、皮肉なことに、そうした社会状況を「合理化」しようとするプロセスそのものが、市民の美徳や知恵に依拠していた、かつての共和的社会の諸相の断片化を助長することになった。ベラー達は、この意図しなかった展開について、次のように説明する。

（それをもたらしたのは）彼ら（革新主義の改革者達）が、新しい国民的共同体を実現する主たる手段として「合理性」や「科学」を信奉したことである。彼らは、政治的・社会的分裂を修復し、より「効率的」で「合理的な」国民社会を促進するために、社会工学の一種としての公共行政学に強い関心を抱くにいたった。(8)

道徳は法的・政治的手続きに委ねられ、正義は、何かしら実質的な目的というよりも、然るべき手続きそのものと同一視されるようになった。直線的時間の論理や近代の「分析的」思考は、南北戦争後、一層強化され、社会のあらゆる分野で取り入れられるようになった。ベラー達は続ける。

生活はいくつもの独立した機能領域——たとえば、家庭と職場、仕事と余暇、ホワイトカラーとブルーカラー、公的領域と私的領域など——に分割されていった。こうした区分けは、官僚的な産業組織のニーズに合致するものだった。つまり、大企業のように、各々の「部門」を機能的全体の中で調整・連携させるという、われわれ好みの社会の組織の仕方である。[9]

生活の部門化[10]によって、競争の激しい仕事からなる、実利的で「男らしい」世界と、家庭生活を育む、利他的で「女らしい」世界の二極化が進み、やがてその部門化は自明で自然なものとされていった。平和、道徳、調和に溢れる郊外の住居環境と、計算、競争、交渉に満ちた都市の労働環境という対比に象徴されるように、愛や家庭生活が「ハートなき世界における安息の地」として、ますます美化されたのはこの時期である。[11]また、元来、家庭の外で母親が組織していた社会的・政治的活動を祝うための機会だった「母の日」が、家庭の内での母親の役割を祝う特別な日として情緒化され、商品化されたのもこの時期である（Coontz 1992）。シュナイダーがアメリカの家族の特徴とした「広く、揺るぎない結束」は、原初的な本質というよりも、むしろ歴史的なプロセスの産物なのである。

南北戦争前のアメリカでは、女らしさや「女性の領域」という考え方は、存在しないとはいわずとも、決して顕著なものではなかった。しかし、商業的・産業的経済の広がりは、経済的共同体としての家族観を弱め、女性を家庭志向・文化志向に誘っていった。家父長的な家庭生活の優位性は、一九世紀初頭までに（ただし、地方ではそれよりずっと後になってから）次第に縮小し、その結果、論理、野心、大胆さ、活力、忍耐の場としての男性の領域とは異なる、感情、敬愛、細やかさ、華美、慎ましさの場としての女性の領域が顕著になり、拡大していった。[12]「家庭生活の崇拝」は、産業化、特に労働力として多くの女性が存在していたことに対する反動としても強化された（Cott 1977; Degler 1980; Ryan 1981）。

生物学的な差異に関するこのような社会的な解釈は、家族の部門化、あるいは、核家族化に拍車をかけ、またそれにより、一層強化された。ステファニー・クンツは、一九世紀のアメリカの社会政策の特徴について、次のように記している。

以前のような、親族や近隣の人達とのもつれた関係から核家族を解放し、それまで拡散していた子供達のための経済的・社会的責任を核家族内に集中させた。結婚最低年齢を設定し、両親の同意や結婚予定の公示を義務づけていた植民時代の法律は無効にされた。結婚にかかる費用は下げられ、結婚を執行する官吏が増員された。こうした措置により、親族や地域社会に相談することなく、より簡単に核家族を形成することが可能となった。[13]

国家は、それまでの親族のネットワーク、地域社会のつながり、地域の支配者に対して、自律的で、部門化し、核化した家族を創出し、権限を強化していった。それによって、近代化が推進されただけではなく、公的領域を特徴づける客観的で普遍的な原則が、私的・家族的領域を特徴づける主観的で個別的な関係よりも支配的になっていった[14]。

といっても、それ以前に、家族への公的な介入が存在しなかったという意味ではない。

一七世紀、一八世紀には、市当局者、目上の人達、詮索好きな隣人が、常に家庭内に入ってきて、誰と付き合うべきか、何を着るべきか、子供に何を教育すべきかを命じていた。そして、それに従わない家庭は、罰せられるか、強引に引き離された[15]。

つまり、一九世紀の特徴は、私的領域への公的介入そのものではなく、裁判所、警察、軍事機関、行政・立法部門、高度に官僚化された民間組織などによって、規制が形式化、専門化、中央集権化されたことであった。

アラスデア・マッキンタイア（MacIntyre 1981）が「官僚的個人主義」という概念で指摘したように、個人はプライバシーにより一層敏感になり、自分の居場所と権利を確保するために、官僚的権威や手続きにますます依存するようになった。このことは、皮肉にも、合理化の強化や私的領域の脆弱化というプロセスそのものを助長した。

さらに、合理化の強化や私的領域の縮小は、恋愛のロマン化や性愛化を促し、「デート」文化が、一九二〇年代のダンスホール、レストラン、キャバレーでブームとなった（Bailey 1989; Rothman 1984）。クンツはこの現象を次のように解釈している。

デートは……市場で商品やサービスを消費するという公的世界への誘いである。ゆえに、そのような世界に馴染んでいて、そこで行動するための経済的なリソースを持っていた男性が主導権を握った。デートはしばしば、女性が公的消費という新しい世界に接する唯一の方法を意味していた。(16)

恋愛イデオロギーの強化は、身体そのもののロマン化や性愛化を引き起こし、セクシャリティは、アイデンティティのレファレンスの一つとなった。しかしながら、ロマンスやセクシャリティは、どちらも人の心をとらえ鼓舞する一方で、表現手段の画一化とともに、逆に、私的領域そのものの意味に矛盾をもたらした。同姓の親しい友人や親子間に存在した私的な心の絆や情感には、邪悪の烙印が押された（D'Emilio and Freedman 1988; Faderman 1990）。男性も女性も、映画や広告やプロの専門家によって広められた「真の愛」や「究極の美」を体現しようとした。ロマンスやセクシャリティは、こうして、競争と消費に象徴される公的領域の文化に組み込まれ、その結果、私的領域は公的領域の論理により左右されるようになった。と同時に感情的・官能的な親密さが重んじられるなか、ロマンティックな慰めや期待を刺激したり、提供することがなくなってしまった関係については、その清算が許されるようになり、一九世紀末までに、アメリカの離婚率は世界一高くなった（Mintz and

Kellogg 1988)。

インフォーマントの生きた時代

一九世紀後半から二〇世紀初頭にかけて明らかになっていったのは、近代化の進行によって引き起こされた社会的な矛盾に対し、既存の政治経済システムが適応不全に陥っていったということであった。西欧、アメリカ、ソ連、日本といった近代社会は、様々な、時に相容れない手法やイデオロギーに傾倒したが、問題の性質と解決策の本質は概して同一のものであった。つまり、こうした国々は、「近代的」な窮状を乗り越えるために、社会システムをより計画的、統制的、管理的なものにするための抜本的な変革に着手したり、近代の論理そのもの、すなわち経済技術主義、官僚主義、合理主義を一層強化したりした。適度に管理され、社会化された資本主義（「福祉国家」）は、アメリカが、大恐慌によって巻き起こった社会的混乱を鎮めるための「巻き返し（ニュー・ディール）」として採用した政策である。それとともにそれまでの、七〇年間にわたる共和党優位の体制は、一九三三年、フランクリン・ルーズベルト大統領率いる民主党に取って代わられた。

ニュー・ディール政策の理念には、近代的精神の真髄が鮮明に反映されていた。そこでは、政府、官僚、知識人の中の「もっとも優秀で聡明」なエリートが、合理的、進歩的、企図的な精神を発揮し、政治・経済システムを是正し、アメリカに「偉大な社会」を作り上げようとした。そして、そうした社会工学が引き起こしたのは、ＡＡＡ、ＦＣＣ、ＳＥＣ、ＴＶＡ、ＵＳＭＣ、ＷＰＡといったアルファベットの略称に特徴づけられる官僚的組織の広がりである。この「アルファベット・スープ」は、同時に何百万人もの労働者に職を与え、福祉国家の実現を助長した。さらに、ニュー・ディールの理想主義やリベラリズムは、政治や経済の改革だけではなく、科学の進歩、技術革新、教育改革、公民権運動、都市開発、福祉事業、外交政策（日本の占領政策やベトナム戦争も含めて）など広汎多岐に適用されていった。

ところが、ベトナム戦争にもっとも如実に示された、その負の結果や反響は、アメリカの啓蒙主義や欧米の合理主義への疑念を増大させることになった。それとともに、宗教、文学、芸術、生活様式など、文化領域における「オルタナティブ」な形態に関する意識が高まったが、これは、後年における、多文化主義やポストモダニズムの精神にも受け継がれていった。さらに、第二次世界大戦後の空前の経済的繁栄も徐々に終焉に向かい、国際関係も緊迫するなか、反共的な風潮が高まり、ニュー・ディール流のリベラリズムを支えたリソースや社会工学の正当性も失われていった。こうした状況の下、一九七〇年代以来、共和党は着々と政治的アピールを取り戻し、社会的には新保守主義、経済的には新資本主義へと国内のイデオロギー潮流を変えていった。一九八〇年のロナルド・レーガン大統領の就任は、ニュー・ディール時代の終焉と福祉国家的リベラリズムの否定を象徴した。共和党のイデオロギーや政策的処方箋は、網の目のような官僚的規制から個人や民間部門を解放することによって、沈滞した経済や社会的風潮を活性化することを主眼とした。科学、技術、ビジネスにおける個人のイニシアチブが謳われ、巨大な軍産複合体までもが支持された。それに反して、政治経済への国家的関与は低減し、社会福祉制度も縮小された。貧困と失業の問題は、財政赤字の悪化や深刻な世界経済の低迷により、構造的に長期化した。保守陣営からも、「小さな政府」と「伝統的価値観」への回帰は、社会的試練を超越するというよりも、むしろ一層深刻にしたとする声が上がった（Peterson 1993; Phillips 1990, 1993; Will 1992）。

その後、イデオロギー的な覇権争いは白熱化し、保守陣営もリベラル陣営も他方を圧倒するには至っていない。リベラル陣営の啓蒙主義と保守陣営の伝統主義、あるいは民主党の社会工学と共和党の自由放任に対するアメリカ人の両義的な姿勢は、様々な統計に示されている（Coontz 1992; Dionne 1991; Patterson and Kim 1991; Phillips 1990, 1993）。つまり、アメリカにおける政治意識は、近代化に伴う負の側面を制御しながら、近代そのものの理想を擁護・追求するという課題をめぐる、この二つの相反する手法やイデオロギーのはざまで織り成されているのである。

この両義的な感情は、戦後アメリカ社会における私的・家族的領域をも形取っている。南北戦争後の新たな社会的展開——すなわち、社会の合理化や部門化、家族の核化、家庭領域の女性化、恋愛のロマン化、身体の性愛化——は、より広汎に、かつ、その度合を強めていった。一九五〇年代には、いわゆる「家族の価値」のイデオロギーが最盛期を迎えた。

未婚者が幸せになれると考えるアメリカ人は一割未満だった。当時人気のあったアドバイス本は、「暮らしの中心は家族だ。そうでない人は、正しい道をかなり踏み外してしまっている」と宣言していた。……一九世紀の中流階級の女性は、家事を進んで召使に任せたが、一九五〇年代には、どの階級の女性も家庭内で不要不急の仕事を作り、全て自分でやらなければ罪の意識を感じた。一九五〇年代半ばまでには、「家事は女性らしさや個性を表現するための一手段」とする傾向が女性の間で高まっていると、様々な広告調査が報告していた(17)。

しかし、このような家族の優位性に対する強い信念は、ブルデュー(Bourdieu 1977)が「象徴的暴力」と称したような、人々の思想や行動に特定の規範を押しつけることになった。戦争中に雇用され、戦後も公的領域に関わり続けたいと考えていた女性の多くは、選択の余地がほとんど与えられることなく、主婦、あるいは低レベル・低賃金の「女性的」な仕事に就かざるを得なかった(Hartmann 1982; McLaughlin et al. 1988; Milkman 1987)。「ママイズム」や「創造的家庭作り」を受け入れない女性は、異常、ノイローゼ、統合失調症などのレッテルを貼られた。また、未婚の男性や女性は、未熟、自己中心的、逸脱者、病的と分類された(Ehrenreich 1983; Hartmann 1982; Miller and Nowak 1977; Mintz and Kellogg 1988; Warren 1987)。さらに、家族を「ハートなき世界における安息の地」とするイデオロギーは、様々なタブーやマナーを作り出すことで、核家族をより独立・孤立させていった(Eisler 1986; Pleck 1987)。

リンダ・ゴードン(Gordon 1988)によると、女性が近親相姦や性的虐待を語れるようになったのは、一九七〇年代にフェミニスト運動が起こってからであった。また、クンツによると、「一九五〇年代に交された結婚の四分の一から三分の一は離婚に終わり、この一〇年間に二百万人の正式な結婚関係にある夫婦が別居」し、さらに「多くの夫婦は、ただ耐え忍んでいただけ」であった(18)。そして、より多くのアメリカの主婦達――特に若い母親達――は、女性としての役割に「囚われている」と感じていた（Chafe 1986; Crawford 1978; Friedan 1963; Miller and Nowak 1977; Mintz and Kellogg 1988）。クンツは続ける。

精神安定剤が一九五〇年代に開発されたのは、医師が女性を診て必要としたためである。一九五五年には事実上存在しなかった精神安定剤の消費量は、一九五八年には四六万二千ポンドに上り、ほんの一年後には、一一五万ポンドにまで急増した(19)。

男性もやはり男性としての役割や自己イメージに「囚われている」と感じ、自分自身に不満や苛立ちを覚えていった（Ehrenreich 1983）。象徴的暴力は、特に、白人中流家庭のイメージを共有するためのリソースや扶助にほとんど手が届かなかった貧困者やマイノリティーを苦しめ、さらに負の烙印を押すことになった（Barnouw 1975; Danielson 1976; Patterson 1986; Stack 1996; Tylor 1989; Wilson 1996）。

家族のイデオロギーがアメリカ社会に浸透していく一方で、構造的変動がその体現を妨げ、家族のあるべき姿と実際の姿との食い違いに、人々の欲求不満と苦悩は増した。

産業の拡大、生活費の高騰、新しい家庭用電化製品の普及、出生率の低下などによって、未婚・既婚によらず労働力としての女性の需要が増えた。一九四〇年から一九五〇年の間に、職場に進出した女性の数は二九パーセント増加した。一九五〇年代末には、一六歳以上の女性の四割が職に就いていた。一九六〇年代には、働く女性は三九パーセント増加し、さらに七〇年代には四一パーセント増加した。こうした背景の下、大卒の女性が増加し、結婚や子育てを先延ばしにするようになり、それが転じて、公的領域への女性のさらなる参加、そして私的領域での役割やアイデンティティの再検討を促すことになった。一九四〇年から一九六〇年にかけては、働く母親の数は四〇〇パーセントも跳ね上がり、一九六〇年までに一八歳未満の子供のいる女性労働者は全体の三分の一近くを占めた(Chafe 1991; Easterlin 1980; Kessler-Harris 1982; Harrison 1988; Ryan 1975; Van Horn 1988; Weiner 1985)。一九五〇年代まで「清潔な洗濯済みの襟、新しいカーテン、独創的な料理などに道徳的意味、政治的重要性、社会的価値を見出すはず」[20]だった主婦達は、こうして自分達のためだけでなく、時として夫達のためにも、満たされない関係を絶ち、社会的に生まれ変わる選択肢を得たのである(Matthews 1987; Stacey 1990; Van Horn 1988)。

そして、結婚が脆いものになったことは、より多くの女性を仕事へと駆り立てた(Cherlin 1981; Gerson 1985)。一九七〇年代、平均収入の伸び率よりもインフレ率が高騰するなか、実質所得を伸ばし続けるには二つの収入源が不可欠となり、これによってより多くの女性、特に小さな子供を持つ母親が労働力に加わらざるを得なくなった(Coontz 1992; Van Horn 1988)。

一九六〇年には、七割の家庭で、少なくともどちらか一方の親が家にいた。二〇〇〇年までに、これとは対照的に、七割の家庭が、働く両親または単親によって支えられるようになった。アメリカの親達が子供達と過ごす時間は、一九六九年当時に比べて、一週間あたり二二時間減っている。[21]

二〇〇二年のアメリカ国勢調査によると、稼ぎ手としての父親と在宅の母親で構成される家庭は、全世帯の一割に過ぎない。一九五〇年代には八割近かった夫婦の世帯は、五〇・七パーセントにまで減っている。

さらに、高齢化が進むにつれ、次第に、高齢者のケアが家庭の大きな機能になっていった。一九〇〇年には四七歳だった平均寿命は、一九九五年には七五・七歳、二〇〇〇年には七七・二歳にまで延びた。高齢者を見捨てるアメリカ人という、マスコミが伝える寒々しいイメージは、様々な統計によって否定されているが、戦後の社会的人口構成の急激な変化は、「ハートなき世界における安息の地」という家族の理想像の体現を阻んできている。とりわけ、子供の数の不均衡な減少、親と子供の世話をしなければならない「サンドウィッチ世代」の増加、介護の精神的・経済的・身体的負担は、往々にして、「家族の価値」をより過酷なものにする（Hooyman and Kiyak 1988; Louv 1990; Moskowitz 1990）。

家族生活における、もう一つの大きな転換は、生物学的事実そのものの変化と、その社会的な影響の変化である。近代医学によって平均寿命は延び、子供達が巣立った後、親だけで過ごす時間が長くなるという新たな状況が生まれ、それゆえに、親業が以前ほど人生の中で突出した支配的な部分ではなくなってきた。この流れは、経済的負担や受胎調節の普及で出生率が減少したことでより顕著になった。また、避妊・生殖技術の進歩で、セックス、結婚、生殖、育児の分離が進み、家族のあり方のパターンが増大し、生物学的関係と社会的関係の間をデリケートなものにした。このことは、子供の養育権、養子縁組み、代理母、遺伝子テストなどをめぐる議論に明らかである（Coontz 1992;

Edwards 1991; Ragone 1994; Scanzoni et al. 1990)。二〇〇二年のアメリカ国勢調査によると、新生児の三分の一は未婚のカップルの間の子供で、子供と共に暮らす未婚のカップルの数は、一九六〇年代から八五〇パーセント増加している。

このようなイデオロギー的、構造的、技術的な変容とともに、家族の境界線が一層曖昧で可変的なものになり、その結果、離婚、単身者世帯、単親世帯、内縁関係（異性愛者どうしあるいは同性愛者どうしなど）などに見られるように、個人の自由裁量と選択肢が拡大し、家族の形態が多様化した（Landsman 1995; Stacey 1990)。クンツは、次のように述べている。

男性が一家の稼ぎ手である家族は、もはや大多数の子供にとって、中心的なものではなくなっているが、それに代わるような、新たな形態はまだ現れていない。今日、アメリカ人の多くは生涯を通して、様々な家族形態を経験する。たとえば、親が離婚した家族、未婚のカップルが子育てをする家族、共稼ぎ家族、同性カップル、働いている配偶者がいない家族、再婚などによる混合家族、子供が巣立った家族などである。(22)

一九五〇年代に全盛をきわめた家族観は、このように実際の状況では実現可能性や適合性が低くなってきており、アメリカ人はこの現実に対して両義的な感情を抱いている。つまり、リベラル派は、新しい家族の多元主義や啓発された自己を賞賛する一方で、保守派は、家族の価値の崩壊や社会道徳の退廃を嘆くのである。現代のアメリカ社会において、不確実性は、公的領域のみならず、私的領域までをも特徴づけているのである（Bellah 1985; Coontz 1992; Dionne 1991; Skolnick 1991; Stacey 1990）。

近代的ジレンマ

こうしたアメリカ社会の経験は、近代や近代化そのものについての含蓄を持つものである。経済の産業化は、労働の専門化や機能上の相互依存・統合を強め、またそれによって一層促進される。しかしながら、社会の相互関係やつながりは、市場の拡大、分業の進展、競争の熾烈化、組織構造の複雑化などによって、より不可視的で抽象的なものになりがちである。社会の全体像が見えない状況にあっては、人間が社会の網の目の中で連鎖して生きていると思える文脈を想像したり、育んだりすることは難しい。近代が持つ教化的、排他的、同化的側面を和らげるのにはどうしても欠かすことができない「他者」や「差異」への寛容性は、このような環境にあっては限界があろう。

断片化・隔離化した社会にあっては、個人は、プライバシー、自由、権利の保護と行使の名のもとに、法的・政治的手続きに依拠せざるを得なくなり、人間的な親密性と非人間的な客観性のはざまで、私的領域をよりデリケートで緊張に満ちたものとしてしまう。幼い子供が自らの親を告訴するケースは、その象徴ともいえよう。ユルゲン・ハーバーマス（Habermas 1984）が「私的領域の植民地化」と称したこのプロセスは、自意識が強く、排他的な存在としての個人の原子化を一層進める。最高の弁護士を雇う財力のある人達がより有利になるという厳然たる現実は、道徳や倫理の権威を骨抜きにし、個人の生活の実存的土台を一層蝕むものかもしれない（Auerbach 1976）。個人は、消費行動、心理学的専門家、恋愛、身体的魅力に依存して、自らの存在価値を確かめる。しかしながら、消費行動に基づくアイデンティティは、本来、儚く脆いものである。この種の自己探求は、変化を続ける市場に左右されやすく、経済の主軸が、よりグローバルなレベルで、財からサービスや情報へと移り変わった一九六〇年代後半からは特にそうである。いわゆる「脱工業化社会」（Bell 1976）、「後期資本主義」（Mandel 1978; Habermas 1975; Offe 1984）、「第三の波」（Toffler 1980）は、象徴的なもの（たとえば、学位や会員権、作法など）であれ、物質的なもの（たとえば、自動車や衣服、旅行など）であれ、「所有的個人主義」（Macpherson 1962）や「ディスタンクシオン（卓越性）」のためのゲーム（Bourdieu 1979）をエスカレートさせた。

また、合理主義や科学に基盤を置く公的領域が私的領域を覆うにつれ、精神状態の判断や管理に対する関心が非常に強くなった。このことは心理学（とセラピーやメンタルヘルスといった関連分野）が、学問領域として、そして、より重要なことには、大衆言説の一種として、広まったことに反映されている（Veroff, Kulka and Douvan 1981a）。

ロマンティックな恋愛の普及は、このような精神的自己への関心に由来する。しかし、そのような情緒的感情もまた一時的で、不安定で、とらえどころがない。想定された「ギブ・アンド・テイク」の均衡に疑いがかかると、恋愛はすぐに危機に陥るかもしれない。同様に、個人が脆弱化・原子化されるに従い、身体的・性愛的な卓越性と過剰な（時として破滅的な）ナルシシズムとの微妙な境界が崩壊する可能性が生じよう（Veroff, Douvan, Kulka 1981b; Peele 1976; Sennett 1977）。

さらに、ロマンスやセクシャリティは、公的領域の競争的な消費文化の中に深く取り込まれ、表現手段の画一化や没個性化に陥ることもあり得る（Cahoone 1988; Gergen 1991; Lasch 1978, 1984; Moog 1990; Sennett 1977）。この逆説は、クンツの指摘するように、ロマンスやセクシャリティがジェンダー区分の制約を受ける時に、より明白なものとなる。

男性は、女性の美徳や美貌をもっとも体現した女性を恋人に求めている。その彼女に見合う恋人になるべく、彼は、男性の美徳や美貌をもっとも体現しなければならない。この逆説は、次のように説明できる。各個人を他者から見て特別な存在にするのは、いかにステレオタイプの理想像に近いかということで、愛を完全なものにするのは、お互いが上手くジェンダー的役割に従っている時である。……各個人は「自らの半分（伴侶）」を見つけるプロセスで、自らの半分を失ってしまうのである。[23]

急速な近代化の時代における社会的つながり（時間的・空間的つながり）の断片化によって、個人の脆弱性は、より強固なものとなる。道徳的権威と正統性の源としての歴史から切り離され、不透明な将来を当てにすることのできない個人は、必然的に「目先の現在」に焦点を当てざるを得ない。同様に、近代化のプロセスに起因する高度な空間的流動性は、アイデンティティとしての居場所感覚を希薄化させる。ロバート・ウスナウは指摘する。

個人的であることは、厳しい道徳的義務を重んじる倫理的な体系というよりも、むしろ、非常に相対的な様相を呈するようになる。そこでは、内面的な追求に焦点が当てられ、公的あるいは集団的な価値は主に実利的な公算に左右されるようになる。(24)

社会の中に居場所を見つけられず、人生は単なる一種のゲームであるととらえる場合、個人はますます断片化、隔絶化、疎外化の影響を受けやすくなるであろう。ベラー達の言葉を借りれば、「人間どうしを結び付けている精妙なつながりが崩れることで（社会的・道徳的エコロジーは）ダメージを受け、人々を怯えた孤独の状態に置き去りにする。(25)」皮肉にも、進歩的で企図的な社会的存在としての個人という近代の理想とは裏腹に、個人の尊厳は矮小化されたり、蝕まれたりする危機に直面しているのである。

一九九九年、コロラド州デンバー郊外のコロンバイン高校で起きた、高校生による銃乱射事件（一三人射殺）などには、不確実性・閉塞性・抽象性を増す社会に生きる若者の「自己表現の暴発」との見方もあり、まさに自由な社会における不自由さを象徴したケースといえる。マスメディアや教室において、「一体、何故、人を殺してはいけないのか」という問いが成立するほどに、公的感覚（他者への想像力、共感、信頼など）の希薄化が懸念され、そのことが、不安・危険・恐怖の商品化（犯罪番組、防犯グッズ、セキュリティ・サービス、銃販売など）や、差別や暴力といった問題の根底にあるともいわれる。このことは根の深いポストモダン・アメリカの痛みであり、また現代の日本社会も共有している問題かもしれない。

アメリカの窮状

こうした近代化のプロセスに伴うアイデンティティの諸問題がある一方で、二〇世紀は、「馬車からスペースシャトル、洗濯板から洗濯機、羽ペンからコンピュータのキーボードへ[26]」という、目を見張るような変容を遂げた時代でもあった。アメリカ社会は、差別、貧困、病気、性差別、環境汚染、その他の生活環境全般において、様々な改善を成し遂げてきた。数多くの統計が、アメリカにおける近代化の冷酷な側面を示している一方で、そのような陰鬱なイメージを払拭するような前進を示すケースも多数ある。もしも、「歴史は歴史としてあるのではなく、常に何かのために書かれたもの[27]」であるなら、二〇世紀という過去も、イデオロギー的正当性を求める保守派やリベラル派による様々な解釈に委ねられることになる。

しかし、アイデンティティや社会生活の窮状を悪化させているように思われる社会構造やイデオロギーも、依然、存在する。戦後の資本主義が、私的領域の豊かさと公的領域のみすぼらしさのコントラストをより鮮明にしてしまったというジョン・ガルブレイス（Galbraith 1958）の批判は、保育、教育、住宅、インフラ、医療、交通、公益事業、その他の公共サービスに対する過小な政府援助にも当てはまる。その結果、政府への不信感が家族の孤立を深め、かつ家族への圧力を高め、またそれが政府への不信感を強めるという悪循環に拍車をかけることになった（Coontz 1992; Miller and Nowak 1977）。クンツは中国系移民のコメントを引用する。「アメリカでは援助のリソースはすでに崖から落ちた人達を救出する（あるいは処分する）ためだけに使われるが、他の場所では、そういうリソースは、人々を崖っぷちに追い込まないために使われる。[28]」実際、アメリカは、教育、医療、福祉、職業における保護・援助レベルにおいて、他の工業国よりもずっと下位にランクされている[29]（Hewlett 1986; Kammerman 1981; Luttwak 1993; MaFate 1991）。この状況を補うかのように、アメリカは、近代世界の中で、もっとも高度に練り上げられた法制度を作り上げた。たとえば、もっとも親密とされる関係においても、プライバシーや個人の権利が重んじられていることは、結婚契約書の長さを見れば一目瞭然である[30]（Brill 1990）。

独立独行や自助というオープンフィールドに残された、社会的に不安定で脆弱な個人は、自分自身の居場所の確保に駆り立てられ、それは転じて、社会の競争、不平等、断片化を一段と助長する。二〇〇二年のアメリカ国勢調査によると、国民所得のうち上位二〇パーセントの収入レベルの人が占める割合は、一九七三年の四四パーセントから、二〇〇〇年には五〇パーセントに増加しており、下位二〇パーセントの一三倍にあたる。また、国民所得のうち上位一パーセントの収入レベルの人が占める割合は、一九八八年の一〇パーセントから、一九九八年には一五パーセントに増加しており、下位九〇パーセントより多く、第二次世界大戦以来最高である。

（ヨーロッパ諸国とアメリカを比べると）世代間の社会移動性は類似している一方、富の分布については、ヨーロッパ諸国よりもアメリカの方が偏向している。それでも、『自分がなりたいものになれる』のはアメリカにおいてのみだと、多くの人が信じ続けている[31]。

家族へのコミットメントは今でも非常に高いものがあるが、政治的・経済的な構造や権力への批判やシニシズムは、この三〇年間の世論調査で確実に増えてきている（Kanter and Mirvis 1989; Newman 1988, 1993; Patterson and Kim 1991; Phillips 1990, 1993）。

「コミットメントからの逃避」は、家庭内よりも、むしろ家庭外で広まっている。……家庭外に信頼やコミットメントがほとんど存在しないのであれば、家庭内でそれを維持するのは難しい。……職場で、店頭で、政治で、テレビでいつも裏切られ続けたら、そうした価値を個人レベルで維持できる人はほとんどいないであろう。それができないことを家族の危機と呼ぶのは、肺炎を呼吸の危機と呼ぶようなものだ。肺炎が呼吸能力に影響を与えるのは明らかだが、正しく呼吸し直すようにいったり、呼吸法を指導したりしたところで、病気そのものを治すことにはならない[32]。

ベラー達は、アメリカ人が「共和政の礎を築いた人々にとって大罪であったもの、つまり公利公益よりも私利私益を優先させることに汲々としてきた[33]」ことを批判する。しかし、問題は、現行の社会の仕組みが招いている不安定で逆境的な状況では、そうするより他に選択肢がほとんどないことなのである。

アイデンティティや社会生活の窮状は、時代の変化とミスマッチのイデオロギーによって、さらに困難な状況に晒されている。「家族の価値」を求める声は、一九八〇年代以降の新保守主義の言説の中で顕著になり、クリントン大統領のかつての中道主義的な政治レトリックの中にさえ盛り込まれた[34]（Stacey 1996）。しかし、政府の関与や保護が後退するなかで、そのような情緒的な家族生活がいかに体現可能かという議論は、今日、保守派とリベラル派の政策論争の中で依然決着がついていない。

先述のとおり、高齢者の介護問題は、戦後の社会的人口構成の変化などを反映したものだが、往々にして、現代社会の道徳的退廃や倫理的崩壊の証しとされることが多い。また、一九五〇年代に最盛期を迎えた、核家族における夫婦・ジェンダーの役割についてのイデオロギーは、今も根強いものがある。労働力に占める女性の割合が増加しているにもかかわらず、家事労働や子育ては、今も女性の領域とされており、離婚後の貧困は「女性化」する傾向がある（Brannen and Wilson 1987; Delphy 1984; Goldin 1990; Hewlett 1986）。クンツは、「苦痛の多くは女性が勝ち取った平等に起因するのではなく、彼女たちが根絶しきれなかった不平等が原因である[35]」として、離婚、仕事、学校、医療を例に挙げて、この状況について記している。

手っ取り早く、低予算でできる離婚は、虐待的あるいは破滅的な関係に囚われていた人々にとっては重要な改革だった。それでも、女性と子供の生活水準は、離婚後に急激に落ちる傾向にあり、養育権をめぐる辛辣な争いは、当事者全員、特にどちらかの側に付かなければならない子供達に心の傷を残しがちである。子供の養育権を勝ち取った女性の大半は、十分な養育費を受け取れず、一方、子供達は、父親と一切連絡が取れなくなる[36]。

アメリカにおける仕事、学校、医療は、いまだに一九五〇年代の神話を基に組織されている。すなわち、各家庭にはいつでも母親がいて、日中に子供達を医者や歯医者に車で連れて行ったり、早下校の日には小学校まで子供を迎えに行ったりすることができ、また子供がインフルエンザにかかった時は家にいるという神話である[37]。シルビア・ヒューレットもクンツと同じ見解を示す。

ヨーロッパでは、……母性崇拝が開花したことはない。その結果、ヨーロッパ諸国の政府は、子供達のための保育園や幼稚園を設置する際に、イデオロギー的な支障――つまり、母親によるコミットメントを要求すること――はなかった。フランスやイタリアのような保守的な国々やスウェーデンのような社会主義国のどちらも、近代という時代に現実的に対応し、働く親のための家族支援を提供している。一方、アメリカは、一九五〇年代とその特異なイメージのハンディを背負ったままである[38]。

一九世紀末のアメリカでは、死亡率の減少と、労働からの女性と子供の分離が起こった（労働者階級は除く）。この新たな状況は、生存と生計を基本とした、それまでの家族の機能を次第に変容させ、子供の「神聖化」（Zelizer 1985）と親の「プロレタリア化」（Lasch 1985）を助長した。しかしながら、親から子に向けた独占的な愛情とケアの提供という考えは、子育てをより「社会的」な営みとして見ることを難しくした。クンツの指摘するように、「単親で子供が育てられるかという論争は、良い子育てでは、常に親以上の存在を必要としているという事実を忘れがち」なのである[39]。

核家族における「伝統的な」夫婦やジェンダーの役割を体現できないことは、落胆やストレスや憤りを引き起こす原因ともなり得る（May 1980, 1988; Mintz and Kellogg 1988）。実際、アメリカで頻繁に報告されている近親相姦や性的虐待は、主に男性によって犯されているが、それは、父親が男性・父親としての優越性や権威を追い求めたり、家庭の内と外との境界線が厳密に引かれている（つまり、密室化している）家庭で起こりやすいとされている（Gordon 1988; Gordon and Riger 1989; Herman and Hirschman 1981; Kempe and Helfer 1980; Rush 1980; Sanday 1981）。このような不幸な出来事は、父親の権威が失業などによって蝕まれた時、ますます悲惨なものになろう（Coontz 1992）。

さらに、啓蒙的な「進歩的」政策と同様、こうした伝統的な「家族の価値」は、文化的・経済的な理由から、異なった生活様式を持っている人々に対して、独善的で敵対的な価値を押しつけることにもなってしまう（Barnouw 1975; Danielson 1976; Patterson 1986; Tylor 1989）。もしもアメリカ社会が分裂するとすれば、おそらくそれは多様性そのもののためではなく、異なる生活様式の可能性への理解を閉ざす、時代錯誤の伝統主義的なイデオロギーや、小さな日常を生き抜く人々の現実や伝統から乖離した啓蒙主義的なイデオロギーが、何ら妥協することなく押しつけられる時かもしれない。

本フィールドワークの目的は、アメリカ人が、こうした複雑で、往々にして痛みを伴う近代化のプロセスをいかに内面化しながら、文化的歴史や社会的現実を作り上げ、日々の生活を「実践」しているのかを、ボストン地域におけるケース分析を通して考察することにあった。「生」への文脈を模索し、紡ぎ出し、育み、生き抜くインフォーマントの生き様を通して、現代アメリカ社会の現実を少しでも照射することができたのであれば幸いである。

II

郷愁と理念のはざまで

第1章　地上で最後で最良の希望
――「アメリカ」をめぐる相克

「東洋人には何の恨みもない。ベトナム人を殺すための軍隊などには入らない」と一九六七年の徴兵令を拒否したのはムハマッド・アリであった。「何の恨みもない」ベトナムの老若男女に、何故、自分は銃を突きつけなければならないのか？　アンクル・サムが掲げた「共産主義の封じ込め」や「自由や民主主義の拡大」という大義は、アリにとって自らの命を担保にするにはあまりに観念的で、不条理で、空虚なものに響いたに違いない。「丘の上の町」、「明白の天命」、「地上で最後で最良の希望」というアメリカ例外主義・選民思想の破綻。ピューリタン的自己理解・使命意識の終焉。「もっとも優秀で聡明」(Halberstam 1972) とされたエスタブリッシュメント達の欺瞞。一九世紀末にその「消滅」が宣言されたはずの「フロンティア」は太平洋を越えて「西進」し、一九六〇年代にはベトナムに「ニュー・フロンティア」を見出そうとしたわけであるが、アリの吐き捨てたこの言葉に

「アメリカ」という「文化の否定性」(青木 1988)が見事に表象されているのかもしれない。

ベトナムにおける思考の敗北。高度産業化・管理化に伴う社会的全体像の不明瞭化、人間関係の抽象化、個人の孤立・没個性化。「豊かな社会」(Galbraith 1958)の中の閉塞感と矛盾。「対抗文化」とは「アメリカ」という「物語」への異議申し立てであると同時に、その瓦解に対する危機感や不安の表れでもあった。フリー・セックス、ロック・ミュージック、サイケデリック・カルチャー、ヒッピーの隆盛は若者による「伝統」や「権威」の破壊を象徴したが、それは精神分析、カウンセリング、セラピーへと連なる内面的な「意味」への探究でもあり、またヒューマン・ポテンシャル運動、東洋文化志向運動、コミューン運動、価値回復運動へと連なる共同体的な「つながり」への模索でもあった。アメリカ史における「第四次大覚醒の始まり」(McLaughlin 1978)とも称される一九六〇年代であるが、それは既存の価値の否定からいかなる価値の創造や昇華が可能か、というきわめて弁証法的な挑戦を投げかけた時代であり、今日のアメリカ社会における「文化」という「本質的な困惑」(Needham 1978)をめぐる相克の本格的な幕開けを告げた時代であった。本章では「アメリカ」という実験をめぐるビジョンと手法の相克について検討したい。

揺れ動く「アメリカ」の正当性

ソ連の崩壊、東欧の自由主義化、湾岸戦争における勝利は「歴史の終焉」(Fukuyama 1992)と「明白な天命」の成就をイメージさせ、「第三次産業革命」の中心を成す最先端技術(特にバイオテクノロジーやＩＴ関連）、情報（マス・メディア）、国際金融、そして軍事の分野においては「米国一極構造」や「新たな帝国」とも形容される覇権を確立している。しかし、「グローバル・スタンダード」が「アメリカン・スタンダード」あるいは「アングロサクソン・スタンダード」とも揶揄されるように、普遍性や理想主義を装った「アメリカニズム」への反発も顕著になっている。「人権」と「貿易」を同一次元にリンクさせがちな対中外交、反カストロ派の亡命キューバ人（フロリダ州だけで一五〇万人以上）の票田を意識した対キューバ「封じ込め」政策の続行、独裁体制を貫く「ならず者国家」を始めとする七〇以上の国家に対する「制裁」乱発外交、イスラエルに寛大でアラブに厳格とされる中東におけるダブル・スタンダード外交、分担金滞納による国連改革への圧力、正当性が疑われたイラクへの単独行動主義的な軍事行動、などはそのごく一例である。

インドやパキスタンの核実験は時代錯誤のラディカリズムなどではなく、アメリカを頂点とする現行の核管理・不拡散体制（あるいは世界秩序そのもの）の不公正さと排他性に対する告発であり、「歴史以後」における「新たな歴史」の創出と「隠蔽されていた歴史」の顕在化を象徴している。スラヴォイ・ジジェクは、復古主義や原理主義などの一見プレモダンな現象は、過去の残骸などではなく、モダンな資本主義システムの中で生み出されるポストモダンな産物であるとしている（浅田1994）が、最新技術とグローバル・ネットワークを駆使したアルカイダなどによるテロリズムも、こうした文脈の中に位置づけることが可能である。アメリカにとって、覇権の配当と代償は背中合わせであり、潜在・顕在する反米・嫌米感情への対応も含め、ポスト（あるいはポスト・ポスト）冷戦期における「新世界秩序」とはまさに「新世界無秩序」化への可能性を孕んだ「リスク社会」（Bech

1992）そのものといえる。

「新しい中世」（Bull 1977）とも称されるグローバル化の時代は、民族・宗教紛争、人口・医療、人権、食料、貿易、犯罪、疫病、環境など、「国民国家」の枠を超えた問題群を際立たせている。「国境を超えた義務」（Hoffman 1993）は国際機関、地域連合、国民国家、企業、市民社会（ＮＰＯやＮＧＯ）などの重層的で多面的な協調ネットワークによって遂行されるべきものである。アメリカがこの義務をどう解釈し、このネットワークにどう関与するのか興味深いところであるが、こうした解釈や行動は、つまるところ、アメリカ人の自己理解、すなわち「アメリカ」へのビジョンと深く関わるものである。その理解を試みることは、内政と外交の境界線が明確ではなくなりつつあるグローバル化の時代、そして冷戦期のような外交の超党派性が弱まり、大統領選挙の争点ともなりつつある現代においては、尚のこと重要である。

サミュエル・ハンティントンはフォーリン・アフェアーズ誌に発表した論文「アメリカ国益の浸食」（1997）の中で、冷戦の終結によって「敵」を失ったアメリカがその文化的支柱をも喪失し、内部崩壊の危険に直面している点――より具体的には、過剰な商業主義や多文化主義の台頭により、伝統文化（プロテスタンティズムや自由民主主義）に基づく社会的統合や国益が浸食されている点――を懸念している。ハンティントンの定義する「伝統文化」や「国益」の妥当性については議論の余地があるし（もっとも彼にとってはそのこと自体が危機的なのであるが）、それが来るべきイスラムや儒教（つまり中国）との「文明の衝突」（Huntington 1993）を前にした憂国的な政治発言なのか不明であるが、ポスト冷戦期におけるビジョンの拮抗、あるいは〈文化の政治学〉の顕在化を示すものと理解できよう。二〇〇一年九月の同時多発テロ直後に国際社会から寄せられた同情（アラファトがアメリカ人のために献血したことを想起して欲しい）も、こうした国内の文化的拮抗の中で政治的に――特に「ネオコン（ネオ・コンサーバティブ）」と称される勢力を中心に――利用・流用されてゆくなかで、次第に反米・嫌米感情へと様変わりしていったわけである。

変遷する「アメリカ」のビジョン

「アメリカ文化」へのビジョンは時代とともに変遷している。作家イスラエル・ザングヴィルによる戯曲（1908）のタイトルであった「るつぼ（メルティング・ポット）」がアメリカのメタファーとなり、それまでの「アングロ・コンフォーミティ（同化）」論に取って代わった。様々な人種や民族が溶けて「アメリカ人」になるというビジョンは一八世紀にフランスから移住したミシェル・ギョーム・ジャン・ド・クレヴクールによる『アメリカ農夫の手紙』（1782）やフレデリック・ジャクソン・ターナーの『アメリカ史におけるフロンティアの意義』（1893）の中にも散見される。

第一次世界大戦前後になると、言語や宗教などの「不変固有」の伝統や文化を受け継いだそれぞれの人種・民族が協力・共存する場としてアメリカは「想像」され、いわゆる「サラダ・ボウル」論（異なる人種・民族からなるモザイクという考え）が隆盛となる。『文化と民主主義』（1924）においてホラス・カレンが用いた「文化多元主義（人種的・民族的多様性を内包する社会的統合という考え）」や「人類のオーケストラ」といった概念は、ランドルフ・ボーンの「世界連邦のミニチュア

（異なる人種・民族の権利が保障された、世界の諸文化の縮図という考え）」という文化連邦主義的なアメリカ理解や、作家ルイス・アダミックがウォルト・ホイットマンの「多民族からなる一つの国家（a nation of nations）」を引用しながら述べた「多様性は力なり」というレトリックの中にも共有されている。この頃から文化人類学においては「文化相対主義（自民族中心主義や文化間の優劣を否定する考え）」が唱えられ、各々の文化の機能的統一性や構造的類似性を論じ、文化間の格付けを否定する言説が流布されるようになった。それは「西洋の没落」とさえ形容された時代的不安の中で台頭してきた生物学的決定論や人種優越論への反駁であったわけだが、異なる文化が対等の立場で共存することを志向した点で「サラダ・ボウル」論とパラダイムを共有していたといえる。

「るつぼ」論についてはニューヨーク市のエスニック状況を分析したネイサン・グレーザーとダニエル・パトリック・モイニハンによる『るつぼを超えて』（1963）やマイケル・ノヴァックの『溶けないエスニックたちの興隆』（1972）によって批判が加えられ、「サラダ・ボウル」論にしても一九五〇年代後半から六〇年代にかけての公民権運動で明らかになった対立と抗争の構図を説明できるものではなかった。そもそも「るつぼ」論・「サラダ・ボウル」論ともに予定調和的であり、社会内部の差別や抑圧の構造に対して盲目的であり、さらに「るつぼ」や「サラダ・ボウル」に加わることを拒み自治を要求する集団については非寛容的であった。

一九八〇年代以降理論化の進んだ「多文化主義」（マルチカルチュラリズム）が、このような反省を基に、人種・民族・宗教・階級・ジェンダー・身体性・年齢・芸術文化的趣向などにおけるマイノリティが「知と権力の共犯関係」によって差別や抑圧の対象となっている状況に批判を加え、「差異への権利」と「社会的認知」を要求しているのは周知のとおりである。玉本（1996）は「多文化主義」を単一の普遍的ネーション（a nation of nations）を創り出そうとしてきたアメリカの理想に対する個人主義的伝統（a nation of men）からの「復讐」であると表現している。

広義に解釈する場合、「多文化主義」は「サラダ・ボウル」論と同様に、異文化の共存・共生を目指す「文化多元主義」や文化間の序列を否定する「文化相対主義」に連なるものであり、公共的な道徳性を有するものである。しかし、狭義に解釈する場合、論理面と倫理面の相方において幾点かの留意を要する。

第一に、「差異への権利」や「承認をめぐる政治」（テイラー&ガットマン 1994）が、社会的表象・代表権を獲得するためのマイノリティによる政治（いわゆる「アイデンティティ・ポリティクス」）を過剰にし、単なる資源獲得競争に陥ってしまう可能性である。「多文化主義」は分離主義的と同義とされ、「サラダ・ボウル」論に見られたような協調性・調和性とはかなり乖離したものとなる。

第二に、「多文化主義」という場合、「サラダ・ボウル」論同様、「文化」を一つの「整合的な体系」あるいは「均質的な統一体」としてとらえることを暗黙の了解としているが、個人の主体性に基づいた選択や創造性、文化の生成にまつわる流動的で、混成的で、不均衡的で、非決定的な側面を軽視してしまうことで、文化の自律性や実体性を本質化し過ぎてしまう危険性がある[1]。アンソニー・アッピアによると「ゲイあるいは黒人が行動すべき方法は一つではなく、それはいくつもある」[2]のであるが、それが「ゲイ文化」や「黒人文化」というように「文化」化され、抑圧的な中心に対して権利や承認を求める時、大きなジレンマに直面することになる。すなわち、ゲイは「ゲイ」的であること、黒人は「黒人」的であることを余儀なくされてしまうのである。皮肉な見方をすると、ゲイや黒人を「文化」として本質化してしまう言説は、ゲイや黒人の非支配性や周縁性を固定化・再生産しているとさえいえよう[3]。これは差異をめぐるカテゴリー（たとえば、カラーライン）の使用そのものが差異を無意識的に固定化・再生産していると見なすか、あるいは差異を脱コード化していくための確信犯的な戦略と見なすか、といった議論にも連なる難しい課題である。と同時に、こうした危険性は、「他者」を文化的に自足した「真正」な共同体と見なす言説にも当てはまる。皮肉な見方をすると「〈他者〉の独自性にたいする多文化主義的な尊敬とは、とりもなおさず、自らの優越性を主張するための形式に他ならない[4]」ということもあり得よう。いずれにしても「支配ぬきの差異」というアドルノの理想へ向けた理論的通過点であっても、その到達点ではなさそうである。

第三に、先ほど、広義に解釈された「多文化主義」は「公共的な道徳性」を備えるものであると記したが、その公共性の公共性、つまりどの程度アメリカを超えた普遍的な道徳性と正当性を持つのかは疑わしい。越境や混血による文化的混淆が日常化している地域、宗教や言論の自由すら保障されていない地域、「文化」を主張するための経済的基盤すら持ちえない地域、「国民言語（国語）」の普及を含め安定した国民国家の建設を急務としている地域――こうした地域にとっては「多文化主義」は「普遍的」というよりは「アメリカ（あるいはカナダやオーストラリア）」という「地域限定的」なイデオロギーないしレトリックにしか聞こえないかもしれない。

以上、簡単にではあるが、「多文化主義」の批判的検討も含めながら、「アメリカ」をめぐるビジョンの変遷を概観した。公民権運動以降、次第に経済的な安定を獲得したマイノリティは「差異への権利」と「社会的認知」獲得への政治的要求を増殖させ、それに伴って社会の緊張感と不安定さを顕在化させた。このことはハンティントンの憂慮するような「アメリカ国益の浸食」を意味するのか、それとも民主主義の健全な進歩を意味するのか。現代アメリカにおいて文化と政治の関係は緊迫した新たな局面を迎えており、「アメリカ」をめぐるビジョンに関する議論はきわめて政治的な性格を帯びている。

脱構築される「アメリカ」

「多文化主義」が「アメリカ」のビジョンとして台頭するのと呼応して、アカデミズムにおいても社会的な「現実」の多面性や文化的な「歴史」の多声性の解明を射程としたアメリカ研究が隆盛している。ピューリタン時代のニュー・イングランド地方を出発点とする歴史に代わって、「ピューリタン以前」の先住民やカトリック系移住者の視点、あるいはフランスの影響が及んだ南部やスペインの強い影響下にあったカリフォルニアを中心的視座に据えた歴史記述。女性の視点から描いた第二次世界大戦史や男性史。「黄金の一九五〇年代」に対するマイノリティの視点からの批判的検証。このような再考や脱親和化を通して、従来の解釈や視点を「正当」とせしめてきた思想的あるいは政治的な力学が解明されると同時に、隠蔽されてきた「現実」や「歴史」の多様性が明るみに出されている。第Ⅰ部序章の冒頭で紹介したハリス＝ケラーのアメリカ学会における基調講演の中に出てきた「プロセスとしてのアメリカ」という考え方はこのような知的文脈と呼応している。

たとえば、独立革命期の植民地における多言語状況を検証したマーク・シェル（1995）は主張する。「アングロフォンのアメリカ人たちによる、独立したアメリカ語というさまざまな虚構的な理想化に支えられ、独特の一言語使用の、言語的に記憶喪失な国民文学と文化が、アメリカに、壮観なほど発展したのである。なぜなら、文学においてもまたアメリカの政治においても、一般に公用語という問題が、成功裡に、現われてこなかったからである……そういうわけで、かつては多言語を使用し、数千の二言語使用の学校を有していた国が、かろうじて、二〇世紀になり単一言語使用になったのである。」(5) 彼が、ハーバード大学の同僚ワーナー・ソローズと現在進めているプロジェクトでは、アメリカへの初期移民が母語で生活体験を記した文芸作品を発掘することにより、「英語」以外の言語空間に描かれた「アメリカ文化」や「アメリカ文学」の豊かさに注目している。こうした研究は「国民とは記憶喪失の共同体である」と述べたエルネスト・ルナンのナショナリズム批判（Renan 1994［1882］）などにも連なる理論的含蓄に富むものであり、過去一世紀の間の「アングロ・コンフォーミティ（同化）」論から「多文化主義」への文化的ビジョンの変遷を象徴するものといえよう。

一方で、「正当」なるものの脱権威化・脱中心化は、いかなる古典のリストを教室で読むかという問題（いわゆる「キャノン（正典）論争」）を先鋭化させた。ジェシー・ジャクソン師が一九八七年にスタンフォード大学で行った講演の中で、同大の必修科目「西洋文化」の内容がヨーロッパ中心主義に偏向していると批判したことに端を発し、教養科目「西洋文明研究」の廃止を含む大幅なカリキュラムの改編がなされ、かつこの論争が全米各地の大学に飛び火したことはよく知られている。「多文化主義」が国家主導で推進されてきたカナダやオーストラリアとは異なり、アメリカでは公民権運動の流れをくむ「下からの」運動であり、連邦レベルにおける政策化はされていない。しかし、クリントン政権時代の一九九四年には連邦教育省および全米人文基金（NEH）の財政援助の下、数多くの教員組織や歴史研究機関が二年間にわたって協議を重ね、マイノリティの歴史観を考慮した「全国歴史基準」（ナショナル・ヒストリー・スタンダード）を作成し、初等中等教育への勧告を行った。各市各州のレベルでは、たとえば、ニューヨーク市教育委員会が一九八九年に多文化教育政策を採用し、カリフォルニア州が一九九〇年のカリキュラム審査委員会において、九社中七社の歴史社会科教科書が多文化的視点を欠くとして不認可処分とするなどの動きが見られた。

一方、より過激なケースとして、モレフィ・ケテ・アサンテ、アサ・ヒリアード、レナード・ジェフリーズらが推進するアフリカ中心主義史観があり、ヨーロッパ的思考に対するアフリカ的思考の優位や人類文明の源としてのアフリカ文化を説いている。こうした言説は決して新しいものではないが、白人に対する先天的劣性を信じる黒人も多く存在するといわれる現状の中（辻内 1994）、黒人としての誇りや自尊心を育むものとして、ポートランド市（オレゴン州）やデトロイト市（ミシガン州）の一部の学校の指導要項に組み込まれたが、こうした背景には「多文化主義」そのものが、実は、白人による差別隠蔽のイデオロギーあるいは陰謀ではないかという根強い不信感がある。

「多文化主義」を徹底することにより分離主義的傾向が助長され、やがて排他的な「単文化主義」あるいは「文化的全体主義」へと陥るのであれば、それはあまりにも逆説的といえよう。『アメリカン・マインドの終焉』（1987）においてアラン・ブルームが、こうした「バルカン化」の危機への原因がギリシャ・ローマの古典を軽視したアメリカの高等教育にあると憂慮したことはよく知られている。ブルームのような保守派の反応は大同小異であるのに対し、リベラル派陣営においては足並みの乱れが目立つ。

「るつぼへの回帰を」（1994）と題する論文においてアーサー・シュレジンジャー・ジュニアは、『アメリカの分裂』（1991）に引き続き、「多文化主義」の過剰を危惧している。「〝キャノン〟が政治的抑圧の道具であるとする英文学科内のイデオロギー攻撃は、階級、人種あるいは性の〝ヘゲモニー（覇権）〟を強化している作品群が現存することを示唆している。しかし、偉大な文学のほとんど良質な歴史の多くは正当なるものに対してかなり反抗的なのである。アメリカの古典を考えてみるとよい。エマーソン、ホイットマン、メルヴィル、ホーソン、ソロー、マーク・トウェイン、ヘンリー・アダムス、ウィリアムとヘンリー・ジェームス、ホルムズ、ドライサー、フォークナー。かれらが支配者階級の従僕だろうか？　アメリカ帝国主義の手先だろうか？　……アメリカ文化の起源が本質的にヨーロッパにあることを否定することは歴史を歪曲することである。[6]」

これに対してロナルド・タカキはシュレジンジャーの著書『ジャクソンの時代』が黒人やインディアンに関する記述を蔑ろにしている点を指摘し、シュレジンジャー自身が歴史を歪曲していると反論する。「両方の集団は巻末の索引にも載っていない。加えて、時代を画した二つの出来事、すなわち、ナット・ターナーの蜂起やインディアンの強制移住について全く言及されていない。（当時の大統領）アンドリュー・ジャクソン自身、彼の時代史から省かれていることに驚かされたことだろう。残念ながらシュレジンジャーは彼自身が定める学術水準すら満たしていない。[7]」こうした批判を踏まえ、タカキはより多様で、公正で、内包的な歴史の「鏡」を通してアメリカ人が自己理解と他者理解を深めてゆくべく「多文化主義」のさらなる推進を支持している。「キャノン論争」だけにとどまらず、両者の見解の相違は「アメリカ」をめぐるビジョンにおいて際立っている。シュレジンジャーのアメリカは「共通」の理念、言語、政治組織、運命という不可侵の文化的なコア（核）に支えられた統一体として「想像」されている。「かつては〝多数の中の統一〟(e pluribus unum)とされた。しかし今われわれは〝統一〟(unum)を過小に評価し、〝多数〟(pluribus)を崇めている。るつぼはバベルの塔に屈しているのである。」[8] 一方、シェルやソローズと同様、タカキは「ヨーロッパ的起源」や「アングロフォン」を脱中心化することにより、アメリカを統一体としてではなく多中心的で多極的な「プロセス」として「想像」している。タカキにとっては「多文化主義」の進行によるアメリカの核分裂を危惧するシュレジンジャーは本質主義的発想に囚われており、ゆえに保守派のブルームと同罪とされる。[9]

しかし、シュレジンジャーのようなリベラル派の代表的論客が保守的な立場をとる背景には、アフリカ中心主義史観に象徴されるような、人種・民族の自尊心を高揚させるための「集団的心理療法」として歴史が乱用・流用され、「批判的分析、緻密さ、客観性」という歴史学（より広くは学問そのもの）の生命線が断ち切られることへの危惧がある。[10] それはポストモダニズムへの危惧ともいえよう。

一九六〇年代以降隆盛したポストモダニズムは「現実」、「意味」、「アイデンティティ」、「社会」、「世界」、「歴史」などの概念を「脱親和化」・「脱中心化」・「脱構築（解体）」し、より「多声的」・「生成的」・「対話的」・「間主観的」・「非決定的」なものとしてとらえ直すことを射程としていた。そこでは誰が、誰に対して、何のために、いかなる権威をもって、どのように「知」（あるいは「言説」や「物語」）を生産・流通・消費するかが注目され、支配をめぐる「知と権力の共犯関係」が問題化された。こうした権威や伝統の破壊、キャノンやコアの不認知、差異や多様性への志向は、対抗文化や多文化主義と流れを同じにするものであり、「丘の上の町」としてのアメリカを平坦化しようとした時代思潮に合致するものであった。（そもそも、ヒエラルキーを否定し、「自由と平等」を理念とするアメリカはポストモダニズムにとって格好のマーケットだったのかもしれない）。

こうした中、浮かび上がってきた「表象性の危機」あるいは「文化の窮状」（Clifford 1988）という状況については見解の分かれるところであろう。無自覚あるいは無批判に行われてきた思考や価値判断に内省を促し、認識や理解の方法に弾力性を与えた貢献は否定できない。しかし、ポストモダニズムの論理的かつ倫理的な問題点には無視できないものもある。

そもそも「脱構築」しようとする対象を「対象」にせしめているのは「脱構築」を行おうとしている者自身ではないのか？「脱構築」を行う者は自らの「物語」を作り出しているだけではないか？「脱構築」を行う者による権威の否定は自らの権威化への戦略ではないのか？こうした問いを突き詰めてゆけば「何事について何も語れず、何事について何も理解しえない」という虚無的な相対主義、あるいはクリフォード・ギアツ（Geertz 1988）のいう「認識論的心気症」（epistemological hypochondria）――つまり、認識行為に対する限りない不安――に陥りかねない。それはまた「何でもまかり通る」という自己陶酔ないし御都合主義と表裏一体ともいえよう。シュレジンジャーが多文化主義を批判するのは、アフリカ中心主義史観に代表されるように、それが往々にして史実の歪曲と政治化を際限なくしてしまう危険性があるからである。アフリカ中心主義史観は黒人を解放するかもしれないが、それは他のマイノリティの「歴史」の抑圧を意味する点において差別の構造の改訂版にしかすぎない。浅田彰（1994）が指摘するように、ポストモダニズムは「レイシズムと闘う手段としてのレイシズム」という「メタ・レイシズム」の温床とさえなり得る可能性を秘めているのである。リベラルな外見を装うポストモダニズムがリベラリズムの敗北を意味するという逆説は、まさに良薬も度を過ぎると毒薬になるということだろうか。

また、ポストモダニズムの相対主義や御都合主義は、近代からの貴重な遺産であった批判的精神を放棄し、実際の社会事象を単なる「テクスト」（Derrida 1976）や「言語ゲーム」（Lyotard 1984）をめぐる形而上学的な批評空間へと収斂することさえ容認してしまう。[11] 蓮實重彦（1998）は批判する。「レヴィ＝ストロースの構造主義に始まり、フーコーの知の考古学、デリダのディコンストラクショニズム、ドゥルーズがその一人に数えられたりするポスト構造主義、フェミニズム批評、ジェンダー・スタディー、ニュー・ヒストリシズム、ポスト・コロニアル批評、など、こうした方法のことごとくは、そのつど現実の事態に即応するふりを装いつつ、一九四〇年代に二〇世紀の首都ロサンジェルスの周辺で起こっていた文化的諸矛盾の分析を避け、あたかもそこに提起されていた問題などすでに精算されてしまったかのように振る舞うための口実を、大学と呼ばれる知の空間に提供しているにすぎない。[12]」そもそも「ポスト」モダンというとロマンチックな響きがあるが、実際には「スーパーモダン」（Auge 1995）、「グローバル・モダニティ」（Featherstone, Lash and Robertson 1995）、「（新しい）帝国（領土や境界をもたない、中心をもたない、国民国家をも包摂する新たなグローバルな権力ないしはネットワーク）」（Hardt & Negri 2000）などと形容されるプロセスが進行しており、人々はその中を生き抜いている。それは「テクスト」や「言語ゲーム」のみに収斂されることのない「生きられた」（そして「切実な」）現実なのである。

「キャノン論争」と同様、一九九〇年代に全米を席巻した「ＰＣ（ポリティカル・コレクトネス）論争」では、特定集団への差別を含意するとされる言葉の使用の是非をめぐる議論が展開された。言論表現への意識を高めることによって、政治的・社会的不公正の再生産を断ち切ろうとするＰＣ派の意図に反し、それは「何事について何も語れず」という相対主義、あるいは一九五〇年代のマッカーシズムの裏返しともいえる「リベラル・ファシズム」（Balibar 1991）と背中合わせの危険性を持つ。さらには、「言葉狩り」を恐れるあまりに無批判な態度や「事なかれ主義」を助長させることは、より根本的・構造的な次元における差別や不平等の問題の打開を遠ざけるものであり、まさしくポストモダニズムの逆説や限界を象徴しているといえるかもしれない。

チャールズ・リンドフォルムは、そもそもポストモダニズムのような個人主義的かつ名目論的なイデオロギー自体、高度近代化によってもたらされたアノミー（無規制）という「個人の欲望に限界がなく、目的もなく、結論もない」状況の産物そのものであると分析したうえで、「アイデンティティをなし崩しにしようとすることは……それを本質化するのと同程度に危険であり、ほとんどの場合、それに反応するかたちで本質化は行われる」[13]と危惧の念を表明している。

同様に、ベラー達による『心の習慣』では、現代アメリカにおける個人主義の稀弱性が指摘されているが、それは公共性の危機に瀕したアノミー社会が招いてしまったポストモダン的自我への批判であり警告といえる。「絶対的な価値や〝厳格な〟道徳的義務から自由な個人は、まわりの人々や様々な社会的役割に合わせて行動することができる。そこではあらゆる役割をゲームとして演じてみたり、都合よく特定の社会的アイデンティティを保つことが可能である――決して〝根本的な〟アイデンティティなど変えることなしに。何故なら、そのアイデンティティは個人的欲望と内面的衝動を発見し追求することのみに依拠するからである。自分自身が道徳的指針の拠り所とならざるを得ないのであれば、人は常に自らの欲望を把握し、感情を直感できなくてはならない。そして欲望を最大限に満たし、衝動を余すところなく表現するよう行動しなくてはならないのである……結局、個人なるものはその時々の状況によって変わる社会的仮面の連続ということになる。つまり、完全に自律した個人と社会状況によって完全に規定されてしまう個人とは正反対に位置しないのである。[14]」

こうしたポストモダニズムの論理的かつ倫理的な諸問題と背中合わせになりながら、「多文化主義」は「アメリカ」をめぐるビジョンを揺さぶり、思想的・哲学的な「混迷の深み」(Himmelfarb 1992)と対立の様相を際立たせているといえる。「多文化主義」(あるいはその極限としてのポストモダニズム)が個人化・多様化を志向するのは明白であるが、それをもって「個」あるいは「多」の時代が担保されたと祝うのは早計かもしれない。それはリンドフォルムやベラー達が示唆する「孤」と「無」の時代の幕開けなのかもしれない。そして何よりも、次節で論ずるように、個人化・多様化を肯定的にとらえるリベラル勢力に対し、保守勢力は「伝統」へのプライド、記憶、郷愁の喚起による巻き返しを先鋭化させており、両勢力の「アメリカ」をめぐる相克は、政治的に流用されると同時に、政治そのものを流用するほど熾烈な状況にある。「政治」のうねりは「文化」を巻き込み、「文化」のうねりは「政治」を巻き込んでいるのである。

「アメリカ」をめぐる主導権争い

「多文化主義」による「正当」の脱中心化は、現実の政治的・社会的動向に影響を受け、かつ影響を与えていった。ウォルター・デイヴィスはいう。「少なくとも四つの側面が考えられる。すなわち、公立学校での祈祷を禁じる一九六一年の最高裁判決、公立学校における強制的な人種統合、ベトナム反戦運動、妊娠中絶に関する一九七三年のロー対ウェード判決に象徴される性革命である。これら四つの改革をまとめて見てみると、伝統的な世界観を支えていた主な制度、すなわち家族、宗教、学校、国家の全てが包囲されることになる。[15]」

こうしたリベラル陣営による「伝統的な世界観」への包囲網がもたらした価値の揺らぎを不服とする保守陣営の怨念は、やがて「保守大連合」として政治的に結集していった。一九八〇年の大統領選挙におけるレーガンの圧勝は、一九三〇年代以来の基本的な政治潮流であった「ニュー・ディール体制」と一九六〇年代から七〇年代初頭まで国内を席巻した「対抗文化」に対する保守陣営の勝利を意味するものであり、「大きな政府」主導の統制経済と官僚的福祉国家体制が招いた閉塞感の打開、世俗化するキリスト教的価値観の復権、希薄化する愛国心と国家的威信の回復がその射程とされた。

「レーガノミクス」に基づく大幅減税、政府支出削減、規制緩和による市場経済・民間活力の活性化。「対抗文化」に象徴される社会的退廃の矯正のための「家族、仕事、隣人」の価値の強調。軍産複合体の増強を背景にした「強いアメリカ」の再建とグレナダ・レバノンへの干渉、リビア爆撃、ニカラグアのコントラ支援。こうした一連の政策は「古き良きアメリカ」を奪回するための「国家の記憶の支配力を賭けた闘い」[16]であり、保守陣営は「伝統」へのプライド、記憶、郷愁を喚起することによって、「リベラル」や「大きな政府」という言葉を負のレッテルへと化し、リベラル陣営を逆包囲するに及んだ。

任期最後のテレビ演説でレーガンは、一六三〇年にアメリカへ移ってきたピューリタンの指導者ジョン・ウィンスロップのアルベラ号での説教「キリスト教徒の慈愛のひな型」を引用し、「世を照らす光」となる「丘の上の町」としての「アメリカ」を再確認した。また、その楽観的な振る舞い、ユーモアとレトリックに富んだ演説、アメリカン・トラッドを基本に据えたダンディーな服の着こなしなど、巧みな演技力とメディア演出とともに、レーガンは陰鬱で自虐的な「アメリカ」像を排除し続けた[17]。

このような郷愁的反動を支えたのは「保守大連合」を構成した諸派であるが、リベラル陣営から転向したとされるダニエル・ベル、ピーター・バーガー、ネイサン・グレイザー、シドニー・フック、アーヴィング・クリストル、ダニエル・モイニハン、リチャード・ニューハウス、マイケル・ノヴァック、ジョージ・ワイゲルなどの「新保守主義者（ネオ・コンサーバティブ）」がその知的根拠を示した。つまり、「パブリック・スクェア（公共圏）」（Neuhaus 1984）が世俗的な人間中心主義とリベラリズムによって蝕まれている現状を改善するためには、社会に意味と目的を与える「聖なる天蓋」（Berger 1967）が必要であり、アメリカにおいてそれはユダヤ・キリスト教的伝統と価値であるという見解である。それは国家の運命と宗教の理念の不可分化、アメリカ例外主義・選民思想の強化、

「高貴なる戦争」としてのベトナム戦争の修正主義的解釈へと連なった。レーガン政権下で設置され、「宗教省」とも揶揄された「宗教と民主主義に関する研究所（Institute on Religion and Democracy）」はこうした潮流に呼応する形で、強硬な対中米政策には宗教的正当性があるとした(18)。リベラル陣営からの転向者達も福祉国家体制そのものは擁護しながらも、「結果の平等」を重視するリベラリズム（マクガバン主導の民主党）に異議を唱え、「機会の平等」による市場のメカニズムを支持した。

こうした「保守大連合」の主宰者的役割を担ったリチャード・ビゲリーやポール・ウェイリッチなどの「新右翼」は、メディアと財団とシンクタンクを三位一体とする強靭なネットワークを形成しながら「宗教右派」を一大政治勢力に導いた。そこでは神への服従はアメリカの繁栄によって報われるとの認識に基づき、共産主義の否定、家庭や教育への政府介入の拒否、男女同権・同姓愛・人工中絶への反対、大手マスコミやハリウッドへの抵抗、ロック・ポルノ・ドラッグの追放、「創造科学」（creation science）と「家族の価値」への支持などが説かれた。「宗教右派」はアメリカ最大のプロテスタント教派である南部バプテスト教会を中心とする「福音派」（エバンジェリカル）をはじめ、全米で約七千万人にも及ぶ支持者を持つとされ、「右翼」というよりは草の根保守であり、過激というよりは穏健なファンダメンタリズムとされている(19)。

このような宗教勢力を背景に「アメリカ」をめぐる主権奪回のための論争が激化した。リベラル陣営は公立学校における祈祷と聖書購読の禁止は憲法修正第一条にある「国教の禁止」に合致するとしたが、「宗教右派」は教育から宗教的次元を排除することは検閲にあたると反論した。同様に、従来のキリスト教解釈がワスプ（WASP）・男性中心に偏向していると批判する「解放の神学」などのリベラル陣営は、「キリストにあっては男も女もない」（ガラテヤの信徒への手紙三章）と女性に牧師への門戸を開くよう主張したが、これに対しては「全ての男のかしらはキリストであり、女のかしらは男であり、キリストのかしらは神である」（コリントの信徒への手紙一、一一章）と同じく聖書を用いた反撃がなされた[20]。

レーガンは、一九八〇年の共和党予備選挙中、「女々しいリベラル」と批判し続けたライバル候補のジョージ・ブッシュを敢えて副大統領に任命し、穏健的左派・中道勢力を「保守大連合」に取り込んだが、同様にブッシュは右派勢力の票を確保するため、かつて反共国粋主義団体であるジョン・バーチ協会に属し「宗教右派」とも関係の深かったダン・クエールを副大統領に任命した。そのクエールは人気テレビドラマ『マーフィ・ブラウン』の中で、キャンディス・バーゲン演じるニュースキャスターが未婚の母になるというストーリーを批判し、ハリウッドとの対決姿勢を強めた。またアル・ゴアらリベラル陣営が「国の宝」と称賛する『セサミストリート』の中に、両親が離婚した女の子のキャラクターが登場したことに対し、番組内容がリベラル偏向であると批判し、ＰＢＳ（公共放送局）の予算削減や番組廃止への圧力を加えた。

アファーマティブ・アクションをめぐる論争は有名であるが、ブッシュは反対派の黒人共和党員であるクラレンス・トーマスを連邦最高裁判事に擁立するという絶妙な「人種カード」を用いることで、マイノリティからの反発を緩和しながら、「怒れる白人男性」の間にくすぶる「逆差別」への不満の宥和を狙った。これによって、トーマスのセクハラ疑惑についても、黒人支持層の離反を恐れる民主党の追求は及び腰になり、保守陣営のリベラル陣営に対する包囲網は強固になった。トーマスは、アファーマティブ・アクションを支持することはマイノリティや女性の先天的劣性を認めることに等しいと述べたが、同じく黒人の社会学者シェルビー・スティールも『黒い憂鬱』(1991［1990］)の中で、是正措置が黒人の依存体質と劣等感を強め、自助努力や自尊心を弱体化させたと主張し、黒人内部における保守的見解に理論的正当性を与えた。

アファーマティブ・アクションについてはカリフォルニア大学理事会における廃止決議(一九九五年)、カリフォルニア州の住民投票による撤廃案の可決(一九九六年)をはじめ、近年、後退傾向が顕著になっており、リベラル陣営内部においても人種・民族差や性差そのものよりも経済格差・階級差をより考慮した改革を求める声が強くなっている(Berman 1998)。同州では英語の公用語化案(一九八六年)、不法移民への社会福祉切り詰め案(一九九四年)、二言語教育廃止案(一九九八年)などが次々と住民投票で可決されているが、こうした単文化的あるいはネイティビズム(移民排斥主義)的動向は、「多文化主義」が「過保護」の代名詞になってしまうほど、郷愁的な保守反動勢力が「アメリカ」の主導権を奪回していることを示唆している。住民投票では、保守系コンサルタントによる選挙・メディア戦略が功を奏してか、草の根保守の意向が強く反映される傾向があるようである。

「伝統」のアイロニー

「大きな政府」による管理・統制を求めながら、個人の自由な表現や活動を担保するというリベラル陣営のビジョンそのものが緊張を孕んだものだとすれば、自由競争を推進しながら、伝統的価値を回復するという保守陣営のビジョンも同じであった。二〇世紀初頭以来、近代化の過程で生じた経済的・社会的矛盾は「神の見えざる手」には負えなくなり、政府の介入による管理と統制を必要とした。それが「ニュー・ディール体制」であり、極限としての「ソ連」であった。レーガン—ブッシュ時代（一九八〇〜九二年）とはそうした体制への挑戦であり勝利であったわけだが、その勝利の代償はあまりに高いものであった。「資本主義が崩壊して社会主義に移行するはずだったのに、資本主義よりも前に社会主義が崩壊し、しかも崩壊した社会主義がそれによって勝利するのだとすれば、これ以上の歴史のアイロニーはありません」——ジャン・ボードリヤールは冷戦後の西欧諸国内において顕在化しはじめた自己崩壊の兆候をこう表現したが[21]、アメリカにおいても、冷戦や湾岸戦争の勝利により九〇パーセント以上の支持率を得たブッシュが、一九九二年の大統領選挙で敗退するという「アイロニー」が起こった。

『アメリカの破産』（1992）の著者デヴィッド・カレオは指摘する。「ヨーロッパの経験からいうと、アメリカの財政問題は、国民福祉に多すぎる支出をしていることではなく、むしろ少なすぎる支出しかしていないところにある……。フランス人やドイツ人が高い税金に対してより寛大なのはこれらの人々（とくに中産階級）が、国家からはるかに高い水準の恩恵を受け取っているという事実から切り離して考えることはできない[22]。」福祉支出の削減により児童扶助、教育、住宅、老齢者年金、医療保険、交通機関、インフラストラクチャーなどの「公共性の貧困」（Galbraith 1958）が顕著になる一方、私的領域の保護手段としての訴訟万能主義が横行し、「正義」の商品化を助長した。加えて、企業活動の規制緩和は市場万能主義を加勢し、また、労働と資本の国際移動、経済構造の情報化・知識集約化、累進課税率の削減などは所得の分極化を促進した。しばし引き合いに出されるように、一九九二年の時点で、富裕な最上位一パーセントの世帯が、全米私有資産合計の四二パーセント（一九八二年当時は三四パーセント）を所有する一方、最下位二〇パーセントの世帯は全米世帯収入合計の五パーセント相当を占めるにとどまり、しかも一〇パーセント以上の世帯が貧困線を下回るに至った。さらには会員制のスポーツクラブ、民間の警備会社、有料の幼児向けプレイセンター、ショッピング・モールなどが増加する一方、識字率や幼児の死亡率・貧困率は主要先進国で最悪となり、都市のスラム化、公立学校の荒廃、犯罪の急増、中産階級（特にヨーロッパでは労働者階級にあたる下層）の没落、失業者の増大、人種・民族をめぐる緊張の高まりとともに、「アメリカの第三世界化」（Luttwak 1993）ともいうべき状況が進んだ。[23] 低・中所得者層にとっては「大きな政府」の解体は「個人の自由」と「機会の平等」という理念の瓦解を意味し、「人権の盟主」を自負するアメリカはその自己矛盾を露呈した。

また、社会資本への投資や公的サポートの削減、実質賃金の低下による労働時間の増加と女性の労働者化、リストラやダウンサイジングなどの労働コストの切り詰めと雇用不安、性と結婚観の変化、平均寿命の延びと高齢化など、変貌を遂げる社会環境にあっては「伝統」的な（つまり「黄金の一九五〇年代」の）男女のあり方や「家族の価値」を求めることは非現実であり、「自助」や「成功」をアメリカの「伝統」として個人や家族に求める政治的言説は「象徴的暴力」（Bourdieu 1977）として人々の挫折感を深め、「文化的他者」や社会に対する憤りを煽ることになった。ウィンスロップの説教を引くほどに、「伝統」へのプライド、記憶、郷愁の喚起に努めたレーガン―ブッシュ時代であったが、社会的公共性を重視するアメリカの共和主義的「伝統」が忘却・棄却されてしまったのはまさに「アイロニー」であったかもしれない。

一九八八年の大統領候補テレビ討論会で、「もしも奥さんがレイプされ殺されたとしても、あなたは死刑には反対するのか」との質問に対し、反対の理由を冷静に述べたマイケル・デュカキス民主党候補は「冷酷」、「犯罪に甘いリベラル」という烙印が押された。たとえ論理で勝っても討論では負ける典型となったわけだが、その選挙戦を制したブッシュは一九九二年の討論会で、生活の窮状を訴える女性市民からの質問に対し、「失礼ですが、おっしゃっていることが良く分かりません。もう一度お願いできますか」と返答した。一方、ビル・クリントン民主党候補はその女性の目を直視しながら自分の政策を熱く語り、「レッセ・フェール（自由放任）」を謳ったレーガン―ブッシュ時代とは、実は国内軽視・弱者切り捨ての一二年間であり、「変化」への時は満ちたと訴えた。ブッシュは「大きな政府」を打倒した共和党こそが「変革」の担い手であると反論したが、「変化」というレトリックの専売特許は民主党が奪回し、「レーガン・デモクラット」は「クリントン・リパブリカン」へと「変化」した。

「アメリカ」の右旋回

そのクリントン政権に託された課題はかなり明白であった。すなわち、「大きな政府」や「リベラル」の烙印を押されることなく、「伝統的な世界観」の回復を求める保守陣営にも配慮しながら断片化・分断化された「アメリカ」の再生を行うことであった。

実際、「アメリカ」をめぐるリベラル陣営と保守陣営の主権争いは激化し、虚無主義と過激主義の温床とすらなっていた。

左のジェリィ・ブラウンから中道のロス・ペロー、極右のパット・ブキャナンとデヴィッド・デュークにまで、有権者はアウトサイダーや政治的変わり者に殺到し、彼らが潮流を一変させ、この社会の自己アイデンティティにとって中心的な地位を占める繁栄を取り戻すことを希望している[24]。

アメリカ人は次のように語られるのにすっかり身をゆだね切っている。すなわち、彼らはその公正な分け前を（リベラルによれば）「富者」や企業、右翼の守銭奴、日本人などによって奪われている、（保守によれば）福祉の詐欺師や補助金政治屋、左翼の社会工学者、日本人などによって奪われている、（全ての人々によれば）「特殊利益」によって奪われているというのである。あらゆる処置に際して手数料を稼ぐ政治家やロビイストたちの標準的なメッセージといえば、あなた方は現在獲得している以上の便益や所得移転に値する、というものである[25]。

加えて、ボードリヤールの「シミュラクル」（Baudrillard 1981）あるいはダニエル・ブーアスティンの「幻影の時代」（Boorstin 1962）という言葉に示されるような、「イメージ」が政治的空間を織り成す状況への懐疑、そしてそうした「バーチャル・デモクラシー」を操作するメディアへの不信感も高まり、アメリカ政治の主体が市民ではなく大企業、メディア、選挙コンサルタント、弁護士、利権団体であるとの憤りと失望が蔓延した。大統領選挙における投票率の低迷（一九九二年五五・二パーセント、一九九六年四九・一パーセント、二〇〇〇年五〇・四パーセント）、中間層や浮動層の増加、強固な個人主義・自由主義・孤立主義に基づく反福祉・反税金・反国家・反覇権を主張する「リバータリアン」の支持を得たペローの大躍進（一九九二年の得票率一八・九パーセント）といった現象は、対立と閉塞感を深める政治状況に対するポピュリズム的な異議申し立てと解釈された。連邦政府による内部査察に抵抗したテキサス州ウェイコーの終末論的セクト教団「ブランチ・デヴィディアン」の集団自殺（一九九三年）や民兵組織（ミリシア）によるオクラホマ市の連邦政府ビル大爆破（一九九五年）などは政治不信・反政府感情を背景にした事件でもあった（Esler 1997）。

こうした困難な状況にあって、政権発足時こそリベラル色を前面に打ち出したクリントンであったが、国民皆健康保険制度導入の挫折や中間選挙における大敗（一九九四年）以後は「右旋回」（Berman 1998）を強め、民主党左派（リチャード・ゲッパートやジャクソン師など）と共和党右派（ブキャナンなど）を除く民主・共和両党の中道勢力との連携・折衝による政治運営を指向するようになった。それは「家族の価値」や「小さな政府」といった保守的レトリックの使用や、生活保護制度の見直し、不法移民の取り締まり強化、暴力犯罪の厳罰化、ＮＡＦＴＡ（北米自由貿易協定）署名などに顕著であったが、民主党左派からの批判は好調な経済実績の前に抑え込まれ、共和党にいたっては民主党との差異を明確に打ち出せないというアイデンティティの危機に陥った。トーマス・フリードマン（1999）が指摘するように、NAFTAや自由貿易の拡大を支持し、グローバル化への統合を志向した点では、クリントンはゲッパートよりも共和党のニュート・ギングリッジ米下院議長に近いという「ねじれ」も起きた[26]。この中道路線は当時の政治顧問ディック・モリスによって進言されたといわれるが、モリス自身かつては共和党のコンサルタントであり、彼の指南を受けたビル・ウェルド（元マサチューセッツ州知事）は共和党員でありながらもプロ・チョイス（人工中絶容認）を表明し、一九九七年にはクリントンによりメキシコ大使に推挙されるという、まさに超党派的な人事の的となった（のちに共和党右派のジェシー・ヘルムズ議員率いる米上院外交委員会にて否決）[27]。

土地取引に絡むホワイトウォーター疑惑、献金疑惑、不倫疑惑などクリントン個人をめぐる疑惑は尽きることがなかった。しかし、政府機能が一部停止するという非常な事態（一九九五年）を引き起こし、「文化戦争」（Hunter 1991）とさえ形容された両陣営の対立と謀略の過剰に辟易した世論は、むしろ政治的信頼や公共空間の修復へ向けた妥協と協調を望んでいた。一九九六年の大統領選挙における中傷合戦（ネガティブ・キャンペーン）の沈静化や元ホワイトハウス実習生との不倫騒動（一九九七〜九八年）に対する共和党側の糾弾自粛は、そうした世論の「疑惑疲れ」や「攻撃嫌い」を踏まえた判断といえる。実習生との不倫告白直後においても、クリントン個人への信頼感こそ五〇パーセント前後に低下したものの、大統領としての支持率は六〇パーセント以上を維持しており、このケースが公的問題として政治化されること、あるいは議会により罷免されることを望んでいるのは三〇パーセント以下に留まっていた[28]。

もちろん、「右旋回」の象徴として掲げた「家族の価値」に対して、自らが背いたことはいかにも皮肉であり、政治運営の道徳的基盤を著しく損なったばかりではなく、後継者ゴアが二〇〇〇年の大統領選挙に敗北した一因ともされた。しかし、クリントン、ゴアともに地元のアーカンソー州、テネシー州を落としたことの意味はさらに大きく、「ニュー・エコノミーの到来」とも称された一九九〇年代後半の未曾有の経済的繁栄の中で、失業率や犯罪率こそ低下した一方、所得格差や地域格差が拡大したことと無関係ではなかった。実際、外部者の立入りを塀で遮断した「ゲーティド・コミュニティ（gated community）」が九〇年代に急増し、現在、全米で約二万のコミュニティに一千万人前後が暮らす一方、もう一つの塀で遮断されたコミュニティである「刑務所」の服役者数も九〇年代に倍増し、現在、全米で約二百万人が服役している（特に全人口の一三パーセントにすぎない黒人が、服役者全体の四九パーセントを占めるという人種的偏向が顕著である）。「スリーストライク法（三振アウト法、野球量刑）」（一九九四年）の制定以来、受刑者が増大し、刑務所の民営化や、警備・拘禁ビジネスは、現在に至るまで盛んである。

ブッシュ・ジュニアが掲げた「思いやりのある保守主義（compassionate conservatism）」というスローガンは、「弱者に冷たい共和党」というイメージを払拭すると同時に、「中道路線」を印象づけることで、民主党支持者の切り崩しと中間・無党派層や新富裕層（財政・経済政策的には保守で、社会政策的にはリベラルとされる）の取り込みを狙ったものであった。フロリダ州における選挙の開票手続きをめぐる混乱と対立を収束するためにも、妥協や協調の必要性は強まり、たとえば、閣僚人事においては、宗教右派のジョン・アシュクロフトが司法長官に任命される一方、環境保護派のゲイル・ノートンが内務長官に登用され、またアジア系、アフリカ系、ヒスパニック系、女性が積極的に起用されるなど、多様性に対する政治的配慮がなされた（同性愛者も大使ポストに任命された）。妊娠中絶に関与する国際活動団体への政府資金援助を禁止した米国国際援助庁（ＵＳＡＩＤ）への大統領令（二〇〇一年一月）などは宗教右派寄りであったが、連邦政府の教育関連予算については一一パーセントの増額を行うなど、教育省の廃止を唱えたレーガン政権とは対照的であった。

外交に関しては、選挙中から、「アメリカは世界に対してより謙虚であるべきだ」と主張し、クリントン政権による世界各地の紛争への積極介入を批判し、新政権発足後は、次第に孤立主義・単独行動主義的な様相を強めていった。包括的核実験禁止条約（ＣＴＢＴ）締結反対、国際刑事裁判所（ＩＣＣ）設立反対、地球温暖化規制反対、対人地雷禁止条約締結反対などは、主として共和党右派（宗教右派、ネオコン、リバータリアン）の立場を反映したものであったが、銃規制や死刑廃止に対する反対、本土ミサイル防衛（ＮＭＤ）の推進なども含めて、これらは彼らが描く「アメリカ」像を具現化する重要なイシューと位置づけられた。こうした政策は冷戦終結以降、党派対立がそのまま外交のスクリーンに跳ね返ってくるようになったことの象徴であると同時に、グローバル化の時代において内政と外交の境界線が曖昧になってきている証しといえる。

冷戦後の「米国一極構造」とも形容される状況のなか、世界各地において「アメリカ」はその文化的意味をめぐる闘争に深く巻き込まれ、反米・嫌米感情が次第に高まっていった。新政権の「世界に対してより謙虚な」外交スタンスは、皮肉にも正反対の意味合いをより強めていった。

そうした状況のなか、二〇〇一年九月の同時多発テロが発生し、それを契機にネオコンが台頭し、国内世論の後押しを受けながら、新政権が急速に右旋回していったことは記憶に新しい。ネオコンという言葉は、広くタカ派の総称として用いられている感があるが、元来は、トロツキーの永続革命論などに傾倒しつつも、マクガバン流の反戦・非戦主義に幻滅して民主党を去っていった左翼（新保守主義者）を表すものだった。その根底には、民主主義、人権、自由市場の拡大を通して世界を変革しよう――それがアメリカの保安と優位性の確保にもつながる――という社会工学的な強靭な理想主義が流れており、そのための手段として軍事力の積極的行使を容認するという決定的な違いはあるものの、リベラル陣営の強硬派（いわゆる「リベラル・ホークス」、「リベラル・インターナショナリスト」）とは通じる部分も多い。それゆえに、クリストファー・ヒチェンス、マイケル・イグナティエフ、マイケル・ウォルツァーといったリベラル陣営の論客にとって、「イラク」の位置づけは「苦悩」（Packer 2002）そのものであった。確かに、「やさしい一極支配」や「リベラルな帝国」（Boot 2002）を追求するネオコンと、「世界革命」を目指したトロツキストはシンクロしやすいであろうし[29]、ニュー・ディール的発想の延長にあった「日本占領」がイラク統治のモデルとして、当初、検討されていたことも想像に難くない（二〇〇三年三月三〇日の*New York Times Magazine*は、ジョン・ダワーの『敗北を抱きしめて』がホワイトハウスの必読書に指定されていると報じている）。逆に、あくまで限定的関与や国際協調を重んじる点においては、リベラル陣営の穏健派と保守陣営の穏健派（ジェームズ・ベーカーやコリン・パウエルなど）のほうが近いようにも思える。

二〇〇四年の大統領選挙においても、家族（同性結婚[30]）、宗教（中絶[31]）、学校（学校選択[32]）、国家（イラク戦後処理策、国土防衛、通商政策、景気・失業対策、移民政策、医療保険）などが主たる争点として予想されているが、選挙の鍵を握るとされる中間・無党派層や新富裕層をいかに取り込み、ライバル党の支持基盤をいかに切り崩し、接戦が予想される州の世論をいかに引き付けるか注目される[33]。

所得格差や地域格差の拡大。医療・遺伝子科学の進歩に揺さぶられる生命倫理や自己決定権。半世紀後にはアメリカの過半数を占めるとされるマイノリティ人口の増加（二〇〇〇年の国勢調査によると、主要百都市ではすでに逆転している）。単親家族、同棲世帯、同性世帯、（再婚により結合した）混合家族など家族形態の多様化。育児、教育、介護。児童虐待や家庭内暴力。犯罪の低年齢化。銃、麻薬、タバコ、環境汚染などの規制。このような問題群を前に、「アメリカ」をめぐるビジョンの拮抗は、国内外の政治を巻き込み、かつそれに巻き込まれつつ、うねり続けてゆくのであろう。

「アメリカ」再生への模索

ところで、同時多発テロ以降の右旋回の影に隠れてしまった感があるが、政治的信頼や公共空間の修復へ向けた試みは、より市民・民間レベルで脈づいている。地方の新聞やテレビの間に広がりを見せつつある「パブリック・ジャーナリズム」（ないしは「シビック・ジャーナリズム」）と呼ばれる運動では、市民との対話・連携を深めることにより、メディアに対する信頼と健全な民主過程の回復を目指している。報道項目の作成にあたっては、読者や視聴者の声を色濃く反映させ、しかも単なる事実関係の追求に終始せず、具体的な問題解決へ向けた市民の積極的参加を呼びかけている。こうした運動については、それがメディアの自由の放棄や道徳主義に通ずる可能性があるとの懸念もある（藤田 1998）が、公的領域に対するメディアの責任という意識の覚醒が一九九〇年代から起きていることは注目に値しよう。

また、企業活動も公共性と反目することなく、むしろその醸成へ向けて積極的に関与しながら利潤を追求してゆけるのではないか（あるいは追求すべきではないか）という意識が高まり、そのための具体的な試みが企てられている。それは、市場 vs. 公共性という従来の二項対立の昇華を目指すものであり、「公共部門の民営化」から「民営部門の公共化」へのパラダイム・シフトであるといえる。たとえば、一九九二年にはこうした意識を共有する企業が結集し、「社会的責任のためのビジネス（Business for Social Responsibility）」（本部・サンフランシスコ）が設立された。その根底にあったのは、多数決に左右され、また合意形成が難航しがちな政治の世界よりも、民間企業の方が、より迅速かつ柔軟に公共性の構築に向けた行動が取れるというプラグマティックな認識・判断であった。BSRでは、現在、一千四百社以上（六百万人以上の従業員に相当）の企業会員を擁しているが、万一、訴訟を起こされた場合のコストを考えると、「社会的責任」に配慮することが、きわめて「合理的」な経営判断でもあること（そしてそうした時代になりつつあること）を示唆している。

投資を通じて顧客に利益をもたらしつつ社会変革を目指す「社会的責任投資（socially responsible investing）」の歴史については、教会資産を酒・たばこ・ギャンブル関連企業へ投資することを禁じたキリスト宗派が存在した二〇世紀初頭まで遡ることができるが、一九六〇～七〇年代の消費者運動や市民運動を経ながら、一九九〇年代には投資対象選別の社会的基準が多様化し、アメリカのSRIの資産規模は一九八四年の四百億ドルから一九九七年の一兆一八五〇億ドル、一九九九年の二兆一五九〇億ドル、二〇〇一年の二兆三四〇〇億ドルと、年金資産も巻き込みながら急増してきている。他にも、ミネアポリス市などで実験的に導入されているICカードを用いた地域通貨による非営利組織の資金調達やコミュニティビジネスどうしの相互支援など、医療、福祉、教育、環境、文化などの分野において、公共性を強く意識したソーシャルベンチャーのモデルが各地で創出されている。

あるいは、裁判ではなく調停や仲裁によって紛争を解決する代替制度が急速に広まっていることなども注目される。非営利団体による運営の下、専門の訓練を積んだ「第三者」が調停員を務めるこの代替制度は、対立と訴訟の過剰へのアンチテーゼとして現在四〇以上の州で導入されている。

こうした公共性の修復を志向した動向は、思想的・哲学的な領域においても認められる。一九九一年、ニューヨーク州ブルックリンではカリブ海系黒人とハシド系ユダヤ人の衝突事件が勃発したが、アメリカにおける黒人とユダヤ人の軋轢の癒しを求め、両グループの代表的知識人であるコーネル・ウェストとマイケル・ラーナーが対話を始めた。ブラック・ムスリムやO・J・シンプソン裁判などをテーマに数年間重ねられた話し合いは、『ユダヤ人と黒人』(Lerner and West 1995) として出版され、大きな反響を呼んだ。

また、『心の習慣』や『善い社会』(Bellah et al. 1991) といったベラー達によるベストセラーは、アメリカ社会における公的言説の蘇生や、共和主義と自由主義という二大伝統の調和の可能性を検討している。社会を聖なる信条や価値観に基づく有機的な統合体ととらえるデュルケームの静態論的・保守的パラダイムを踏襲している点については、方法論的個人主義(社会全体よりも個々の成員の視点や行為を重視する立場)からの批判が可能であろうが、政府、商業、教育、宗教、家族などの領域において瓦解した互酬性を修復し、『破られた契約』（Bellah 1975）を文化的により正当性の高い形で社会の中に取り戻すための思想的試みとして、時代的な意義を持つといえよう。ベラー達は批判する。「リベラル派知識人は、個人の自由を志向するあまり、地域・宗教集団の伝統や組織を無知で潜在的に権威主義的であると風刺しがちである……彼らは事あるごとに自分達の啓蒙的な考えを周囲に押し付けるのである。一方、保守派は、急速な社会変化と過激な個人主義のもたらす影響に困惑するあまり、ファンダメンタリスト的な頑なさをもって伝統を単純化かつ固定化し、異なる考えを持つ人々を責めたてている……。[34]」

同様に、マイケル・サンデル（Sandel 1996）は、保守派もリベラル派も公共の道徳や価値に対しては判断を保留・回避し、敢えて中立を装うことにより、政治空間を空虚な行政手続き上の次元に貶め、国民の政治乖離を助長し、共和主義に対する自由主義の過剰を招いていると批判する。自由は公共の道徳や価値に裏打ちされてこそ意味を持ちえるものであるとし、ファンダメンタリズムの道徳主義や、ポストモダニズムの破壊主義、市場万能主義や統制経済主義、などといった保守・リベラルそれぞれの両極に陥ることなく、より開かれた形で公共哲学を再構築し、共和主義的言説を回復してゆく必要性を説いている。さらには、ロバート・パットナムも、ベラー達やサンデル同様、二〇世紀末のアメリカ民主主義において、市民的な美徳や公共的な信頼性を支える社会関係資本（social capital）が貧困化している事実を指摘し、トクヴィルがかつて称賛した、個人と政府の中間に位置する市民レベルの活動や対話の活性化を訴えている[35]（Putnam 1996）。

かつてユーゲン・モルトマンは「アメリカは共通の過去を持っていないために、共通の未来についての意思を欠くと、昔の民族的アイデンティティへと逆行してしまう国である」と警告を発したが（森 1996）、リベラル派と保守派双方の落とし穴に陥ることなく、各個人が「同意」（Sollors 1986）に値すると判断できるような「共通の未来」へ向けた公共哲学を再構築することが現代の知性には求められている。それはまさにポストモダンの世界に「場」と「文脈」を与え、「孤」と「無」の世界を「個」と「多」の世界へと誘う試みであり、同時に「アメリカン・ドリーム」という自由主義的理想の中に、市民的な美徳や公共の道徳や価値といった共和主義的言説を織り込んでゆく思索であるといえよう。

ヒト・モノ・カネ・情報が越境する現在、「アメリカ」という一国家における公共性を語ること自体、時代遅れであり、むしろ国家を超越した市民や市民社会の構築を目指すべきであるという見方もあろう。もちろん、より国家の垣根を低くした緩やかで多元的な共生を志向する視点や、「国民」という範疇に囚われない多元的なアイデンティティの模索と認知は不可欠である。しかし、世界市民（global citizen）やコスモポリタン市民（cosmopolitan citizen）、あるいは世界市民社会（global civil society）や世界共同体（one-world community）という概念はいまだ抽象的である。行政的・法律的な枠組みを超えて、文化的伝統や歴史的記憶を「想像」（ないし「創造」）かつ共有し、汎人類的な道徳的・共同体的な紐体を築き上げてゆくのは、目指すべき目標であるとしても、いまだそこに依拠できる状況にはない。サンデルの主張するように、身近なコミュニティレベル、国家レベル、そしてより普遍的なレベルと、重層的・多面的に市民や共同体としてのあり方を探求すべきであり、ローカルなものに対してユニバーサルなものを優位に置き、性急に「普遍」から語り始めることは危険ですらある。「人類愛とは高貴な感情である。しかし、われわれはほとんどの場合、より小さな連帯の中を生き抜いているのであり、このことは道徳的に共感できる領域に、ある種の限界があることを意味しているとも考えられる。何よりも、われわれは概的ではなく特定の（文化的）表現を通して人類愛を学んでゆくのである。[36]」

最後になるが、振り返ってみれば、ヨーロッパの産物である「近代」の理念を極限まで培養してゆくことにアメリカの自己理解はあった。そして、その試みはきわめて実験的であり、時として排他的・抑圧的・破壊的ですらあった。しかし、諸々の矛盾を乗り越えながら、「未来」へ向けて自己変革を企てるという、「近代」の内包的・内省的・創造的な営みは未完であり、ゆえに「アメリカ」をめぐる相克も続く。もしもアメリカの伝統が「未来」にあるのであれば、アメリカの未来は、この相克に賭かっているのである。そして、それは「近代」を生き抜かんとする社会の宿命かもしれない。然るに、トクヴィルが述べたように、われわれは「アメリカのなかにアメリカ以上のものを見出す[37]」のである。

第2章　ひざまずかない解釈学
――文化人類学からのまなざし

最後になるが、本研究の基盤となった理論的背景について、文化人類学――特に、親族・家族研究と社会理論――の見地から簡単に触れておきたい。

意味中心のアプローチ

長きにわたって、文化人類学における親族・家族研究では、論理形式的なアプローチが主流であり、出自理論（機能主義）や婚姻連帯論（構造主義）のように、行動の類型性や範疇の規則性の抽出がその射程とされてきた。精緻な論理形式への専心は、やがてロドニー・ニーダムによって究められることになるが、ニーダムは出自理論や婚姻連帯論そのものの論理的・認識論的な緩さを告発したばかりか、「親族」という概念そのものの有用性にさえ疑問を呈し、今日では有名になった次のような文章を残した。

「親族関係」とは、ヴィトゲンシュタインがいうところの「便利屋的（odd-job）」用語であって、……それが何かしら特定の機能を持つに違いないと決め込むと厄介なことになる。……はっきりいってしまえば、親族関係などというものは実在しないのである。(1)

彼のきわめて論理形式的な分析とそこから導かれた結論が見落としているのは、比較的、単純な事実――つまり、それでも人々は、日々の言説や実践のなかで、「親族」や「家族」について考え、議論し、行動しているということ――である。日々のローカルな文脈において、ニーダムのように厳格かつ精密に、こうしたカテゴリー（あるいはイディオム）が用いられていると想定する理由はない。実際、こうしたカテゴリーはかなり柔軟に使われているし、その使われ方は決して機械的なものではない。しかし、そのことは、親族や家族が、文化人類学的な分析の単位として不適当・不適切だということにはならない。むしろ、大切なのは、こうしたカテゴリーが使われる背後・背景に何があるかである。

「親族」や「家族」は、実際の人々の経験や社会的文脈から切り離され、それ自体として扱われるとき、ギアツがいうところの「認識論的心気症」の容易な餌食となり得る。デヴィッド・メイブリー＝ルイスは、出自理論や婚姻連帯論に関するニーダムの批判を共有しているが、次のような認識に基づいて、かなり対照的なアプローチを提唱している。

> 親族体系というのはイデオロギー的なマトリックスであり、社会の諸相をまとめたり、つないだりする、その機能にはきわめて重要なものがあるので、そのものだけでは有益に分析し得ない。……だからこそ、われわれは、その土地の人々の、彼ら自身の文化に対する理論（筆者注：理解）を重んじてきたのである。そうすることで、彼らの分類の論理や、親族体系の意味や用法を理解しようとしてきたのである。(2)

この意味中心的なアプローチは、論理形式的アプローチと比べると、カテゴリーの柔軟性（たとえば、不確定性、偶然性、操作可能性、多声性など）を解明するうえで、そして、これらのイディオムを特徴づける――規定するとはいわないまでも――イデオロギーやテーマを解明するうえで有益である。いいかえると、意味中心的なアプローチは、親族や家族を「（広義の）文化の中で」――つまり、社会構造、プロセス、イデオロギーの交わりやせめぎ合いの中で――分析することを可能にするのである。

この意味においては、親族を「象徴と意味のシステム」としてとらえた、シュナイダーによるアメリカの親族関係に関する「文化的分析」は斬新なものであった。しかし、親族関係を、他の社会関係・行動から切り離して、「純粋な形」で理解しようとする彼の大胆なアプローチは、当然のことながら、あらゆる社会的文脈が欠如するという別の問題を露呈することになった。そしてシュナイダーは、親族関係における「愛情」、あるいは「広く、揺るぎない結束」とは、生物学的事実にこだわりがちなアメリカ社会の文化的産物に他ならないと結論づけた。つまり、彼にとって、「アメリカの親族関係とは愛情に終始する」[3]ものであり、「親族関係とは生物学」[4]なのである。生物学的事実の上に作られた社会的イディオムとしての親族関係、という彼の洞察は、親族関係やジェンダーをめぐる構築主義的な見方と共鳴するし、それを奨励するものであるが、レイモンド・ファースが一九三〇年代にすでに指摘した、親族関係とは「根本的に、生殖や規則化された性的結合をめぐる諸事実を社会的に解釈し直したもの」[5]という発想を超えるものではないし、他社会と比べて、アメリカ社会における生物学的事実の重視の仕方が、どのように特徴的なのかも示されていない。

同様に、愛情の場としてのアメリカの親族関係、というシュナイダーの結論は、近代家族の一般的特徴と一致するものであるが、それ以上の情報を提供するものではない。家庭生活における愛情の言説は、一五世紀後半以降、ヨーロッパ社会のブルジョアの間で顕著になり始め、一八世紀のヨーロッパ社会では、家族の領域——特に、夫婦間(Shorter 1975)や親子間(Aries 1960)——における「愛情」の卓越性を説く言説が拡大した。[6]この「感情革命」(Shorter 1975)が公的領域と私的領域の区別を際立たせたことは、一八世紀から一九世紀にかけてのヨーロッパ社会における、住居内の「個室」の急増、自宅における家族以外の人との社交の制限、家庭生活の郊外化などにも見て取れる(Aries 1960; Sennett 1977)。エリザベート・バダンテール(1981)は、当時の社会哲学者の思想(特に、ジャン=ジャック・ルソーの『エミール』)における家族愛や女性らしさのイデオロギーを抽出し、その理念を近代のブルジョワ家族の拡大と結びつけている。

実際、近代国家は、このイデオロギーを支持・流用し、女性と子供の工場労働の制限、男性労働者の賃金引き上げ、問題家族の矯正・管理強化に取り組んだ（Donzelot 1979; Lasch 1977）。こうした状況のなか、男子は競争力のある労働者や有能な起業家に、女子は良妻賢母に育てるべく、家族のリソースが投資され、資本主義や家族の再生産を支えていった。

「主婦」という言葉も、近代以前は、大家族的なコミュニティにおける、召使、看護婦、料理人達に対する女性監督者（Segalen 1983）を意味したが、次第に、家事に意義を見出す女性という近代的意味に取って代わられていった。この新しい主婦イメージは、特に、ブルジョアや労働者階級の間で理想化されたようである（Badinter 1981; Lasch 1977; Oakley 1974; Smelser 1968）。シュナイダーが「広く、揺るぎない結束」と特徴づけた、アメリカにおける家族と愛情の密接なつながりは、アメリカの家族の本質というよりも、むしろ、近代西洋社会のより広く複雑な社会的・歴史的プロセスの産物と解釈できよう。また、第Ⅰ部第3章（第2節）で見たように、それはアメリカ史における原初的な特質というよりも、むしろ、一九世紀以来の国内の社会政策と密接に絡んだ政治的プロセスの産物でもある。

ミシェル・フーコー（Foucault 1978）は、近代社会が「愛」に普遍的かつ超越的な力を付与していると批判したが、イヴァン・イリイチ（Illich 1981）は、家族全員への「愛」の証しとして引き受けなければならない、無償の骨折り仕事が多くあり、そうした「シャドーワーク」がしばしば、家庭における義理、義務、責任を形成しているとした(7)。そして家庭的機能（たとえば、食事、教育、看護など）が外部に委託されるにつれ、家族（特に妻や母）からの愛情表現にも、より純然で、高度なものが求められるようになった。そのことは、家族レジャーの商業・商品化、子育ての過保護化、家庭生活に関するハウツーものの氾濫などに表れている。

また、ジャン＝ルイ・フランドリン（Flandrin 1979）が、恋愛結婚と離婚の相関関係について指摘したように、愛情の美化はしばしば幻滅の可能性を伴う。愛情が「広く、揺るぎない結束」の礎だとされていることを思えば皮肉であるが、シュナイダーは、愛情というイデオロギーによって引き起こされる、あるいは隠蔽されてしまう、結末について言及していない。それは、人々の経験や社会的文脈から切り離して、親族関係を理解しようとしたがゆえである。

シュナイダーの研究は逆説的ではあるが、親族の「象徴と意味のシステム」が、「純粋な形」では有益に分析し得ないことを証明した。より洗練された理解のためには、親族関係を、経済や社会的文脈から切り離すのではなく、「文化の中で」とらえる必要があるのである。この意味において、シルビア・ヤナギサコの「多くのアメリカ人は、親族や家族の関係を、文化的・歴史的カテゴリーでとらえている」[8]という指摘は的確であり、意味中心的なアプローチを推し進めるうえでも理論的な重要性を含むものである。本研究は、こうした理論的系譜に位置するものであり、これまでの章において、戦後のアメリカにおける、社会構造、プロセス、イデオロギーの交わりやせめぎ合いの中で、親族や家族の関係をとらえようと試みてきた。

このアプローチは、フェミニズムと密接に関連しながら発展してきたジェンダー研究と、概念的・方法論的枠組みを共有する。生物学的事実そのものよりも、むしろ社会的・文化的要因によって形作られる、男女の定義や関わり方というジェンダー概念について、ヤナギサコとコリアーは次のように説明する。

それ自体で、社会的帰結や文化的意味を持つような「事実」は、生物学的にも物質的にも、存在しない。性交、妊娠、分娩は文化的事実であって、その形態、帰結、意味はどの社会においても社会的に構築されているのである――母親業、父親業、判断すること、統治すること、神と対話することがそうであるように。(9)

この発想は、ファースが指摘した（そして、シュナイダーによって広められた）、生物学的事実の上に作られた社会的イディオムとしての親族関係、という構築主義的なものであるが、親族関係とジェンダーの不可分性が、民族誌研究の中で強く意識されるようになったのは、比較的近年のことである（Yanagisako and Collier 1987; Yanagisako and Delaney 1995）。親族関係とジェンダーを統合的に分析しようとする、この新しい傾向の背後にあるのは、タルコット・パーソンズ流の構造機能主義的アプローチへの批判でもある。

パーソンズ（Parsons 1954）は、アメリカのような、階級的に開かれた資本主義的工業社会においては、構造的に孤立した夫婦とその子供で構成される家族が、構造的にも機能的にも優れていることを強調した。そうした家族は、社会における構造的必要（たとえば、子育て、社会化、個人の心理的ニーズ）を満たすうえで、もっとも機能的な形態であるとされたのである。そこでは、家族の領域における緊張や矛盾は、社会全体の機能的適応・統合のための、取るに足らない副作用、あるいは予期せぬ刺激剤として軽んじられ、性別による家族内分業や、家庭や家庭活動の女性化は、機能性と効率性の最大化の名の下に、自然視され、正当化され、擁護されることになった。

パーソンズのモデルに内在しているのは、家族生活に潜在する不安定さや摩擦を問題視する代わりに、合理的に意味づけしようとする楽観的な保守主義であり、また、親族関係とジェンダー間の恣意的な境界線を、何ら疑うことなく、自明で自然なものとする姿勢である。ブルデュー（Bourdieu 1977）は、あらゆる既存秩序は、それ自体の恣意性を自然化しようとする傾向があると指摘しているが、パーソンズ流の構造機能主義は、親族関係とジェンダー間の境界線を「自然化しようとする力（naturalizing power）」（Yanagisako and Delaney 1995）を脱・自然化することがなかった。つまり、一見、自明で安定しているように見える秩序によって、煙に巻かれたということである。

アメリカの現代家族に関する調査は、この点について特別の注意を要する。第I部第3章（第2節）で見たように、様々な構造的・イデオロギー的背景のもと、過去半世紀の間に、未婚・既婚によらず労働者としての女性の需要と参加が急増した。このことは、特定の時代と場所で構築された――決して、自然で、普遍的で、時代を超越したものではない――男性（公的領域）と女性（私的領域）の「伝統的」境界線について、人々の再考を促してきた。人々は、この二項対立の揺らぎをどう経験し理解しているのか？　この問いは、親族関係やジェンダーを「文化の中で」――つまり、社会構造、プロセス、イデオロギーの交わりやせめぎ合いの中で――とらえることでもっとも有益に分析することができ、そして、それは意味中心的なアプローチが可能にするところである。

「ひざまずかない解釈学」

客体主義と主体主義という二項対立は、過去数世紀にわたって、知的言説における中心的テーマの一つであった。ここでいう客体主義とは、直接の経験との遮断を前提とし、むしろ経験の背後にある構造や原理の解明を試みるものである。一方、主体主義は、個人の生きられた経験を正当な知の一種と見なすことを前提としている。いいかえれば、客体主義は、個人の経験に対する理解を軽んじる可能性があり、主体主義は、個人の経験を取り巻く外的要因を十分に説明できない可能性がある。客体主義からすると、主体主義は、個々の主体によって煙に巻かれているように見え、主体主義からすると、客体主義は、分析者のアプリオリな想定や定式を押しつけているように見える。否定的ないい方をすると、客体主義は傲慢なモデル偏重主義であり、主体主義は際限のない名目論、相対主義、虚無主義――ギアツがいうところの「認識論的心気症」(Geertz 1988) に通ずるものである。

社会理論の観点からすると、客体主義は機械的な構造論、主体主義は自発的な行為論と親和性が高いといえる。機械的な構造論は、主体の意識から独立して作用する、構造の規定的な力を重視する。この機械論的観点からすれば、個人は、自分自身の知識やコントロールを超えた、構造的規定要因に左右される受動的な主体である。自発的な行為論は、個人の創造性、自由、選択の開かれた力を重視する。この目的論的観点からすれば、個人は、何かしらの要因に左右されているというより、むしろ、何かしらの目的に向けて行動する能動的な主体である。

一九六〇年代以来、文化人類学の理論的展開を特徴づけてきたのは、客体主義が享受していた権威や正当性に対する反動として、主体主義が優勢になったことである。

グットロム・ギージングは、機能主義（客体主義）と構造主義（客体主義）の双方が、「前者は、植民地行政をより良くするための提案をすることによって、後者は、変化について説明をすることなく、共時的研究や閉じられたシステムに焦点をあてることによって、それぞれ現状維持に傾きがち」だと批判した。[10] タラル・アサドは、ギージング同様、機能主義が伝統的なシステムの機能的統一性を強調する傍ら、ヨーロッパ社会が及ぼしている諸影響については、明示的かつ体系的な議論を避けていると非難した。[11] 変化や歴史を排除し、より大きな背後の権力構造を無視することで、機能主義は「ヨーロッパの強制的権力に関する政治的事実」を扱うことができなくなったという。一方、一九六八年のパリの学生蜂起の際、構造主義が、その主体や歴史への無関心さを激しく批判されたことはよく知られている。つまり構造主義は、「熱い社会（変化を奨励する社会）」における冷たい理論として糾弾されたのである。社会生活を説明するスキームとして説得力を持ったのは、構造主義ではなく、むしろ、サルトルの実存主義（主体主義）であり、「弁証法的理性」、「実践」、「全体性」といった概念であった。一九六〇年代のレヴィ＝ストロースとサルトルの論争は、その意味では客体主義と主体主義の対立、そして、客体主義の権威や正統性の揺らぎの象徴であったといえる。

今日の文化人類学における「能動的主体（agency）」、「流用・援用（appropriation）」、「変化（change）」、「異議申し立て（contestation）」、「歴史（history）」、「意図性（intentionality）」、「せめぎ合い（negotiation）」、「政治性（politics）」、「権力性（power）」、「実践（practice）」、「過程

(process)」への専心は、こうした広い理論的文脈の中に位置づけられる。(12)

ジョアン・ヴィンセント(Vincent 1986)は、一九七四年から一九八五年の間に出版された、文化人類学の分野における、五四の主流学術誌の論文と書籍を分析した結果、静的な均衡モデルを意識した「システム」思考(客体主義)から、プロセスや文脈をより意識した「プロセス」思考(主体主義)へと社会をとらえるモードが変遷していることを明らかにした。

サリー・フォーク・モアは、「構造主義に代わって必要とされているのは、より組み立てられていないアプローチである。……データへの受容性が高まってくるにつれ、民族誌の現場では、不確実性や無秩序を記録することによりオープンになってくる。そうした開放性が求められているのである」(13)としたうえで、「つまるところ、構造にとっての範疇(category)は、プロセスにとっての出来事(event)にあたる。今こそプロセス的な民族誌(processual ethnography)の時である」(14)と主張する。プロセス的な民族誌、あるいは、出来事中心のアプローチとは、「社会的異議申し立ての多様性と、文化的要求の競合」(15)を強く意識したものである。それは、社会生活における不確実性、不整合性、無秩序、偶然性、異議申し立て、即興、せめぎ合いを強調する点で、主体主義や自発的な行為論と基本的な関心を共有するものである。

シェリー・オートナーも、同様に、文化人類学における主体主義や自発的な行為論の隆盛を指摘する。オートナーによれば、一九八〇年代以来、「行為」、「能動的主体」、「ゲーム」、「選択」、「操作」、「パフォーマンス」、「戦略」、「実践」など、相互に関連する用語が多出し始めたという。実践あるいは行為者中心のアプローチは、「歴史とはたんに人々に起きる出来事(筆者注:つまり客体主義あるいは機械的な構造論）ではなく、人々が、自らが生活しているシステムの強い制約の中で作り出すもの（筆者注：つまり主体主義あるいは自発的な行為論）である」[16]という考えを前提としたものであり、その萌芽は一九六〇年代に見られるという。つまり、象徴人類学が、社会変化を誘発し得る象徴の「効力」を強調し始め、文化生態学が、社会的・文化的組織がさらに環境に適応してゆくさま――環境によって規定されるさまではなく――に関心を持ち始めた時代である。

こうした傾向の、もっとも過激な展開が「ポストモダニズム」である。それは、知、合理性、近代（西洋）を、脱構築ないし脱自然化（そして、ときに否定）するものであり、その内省に富んだ批判・洞察には耳を傾けるべき点も多い。しかし、文化人類学においては、表象スタイルの分析に専念するその姿勢は、自らをある種の袋小路に追い込んでしまう危険性をともなうものである。

第一に、ポストモダニズムの議論の正統性は、その自己否定に依存している。たとえば、民族誌的な表象や権威の窮状を解き明かす作業において、ジェームス・クリフォード（Clifford 1988）は、「西洋」と「その他」という語り方をしているが、そうした自分自身の括り方そのものについては疑問を付していない。つまり、彼自身が執拗に攻撃している「民族誌的な自己成型（ethnographic self-fashioning）」を自ら実践してしまっているのである。民族誌におけるポストモダン的な実験的試みは、「文化」に関するギアツの有名な定義――「文化人類学者が、土地の人々の肩越しに、一生懸命に読もうとしているテクストの総体」[17]――に連なるものであろう。ギアツの「反・反・相対主義」（Geertz 1984）は、社会関係や因果関係の定式化を避けようとするものであるが、ギアツ自身が、闘鶏に興じるバリ島の人々の肩越しに下した解釈（1973）は、バリ島における社会階層化とその影響を定式的前提としているのである。

第二に、ポストモダン的なテクストの脱構築は、フィールドの状況――すなわち、実際の社会制度、プロセス、行動など――と根本的に断絶しており、本質的に自己参照的かつ自己権威的である。「その土地の人々の、彼ら自身の文化に対する理論[18]」との関連性を欠いた思索は、かつての「安楽椅子」に座った文化人類学者のそれと大差はない。アキル・グプタとジェームス・ファーガソン（Gupta and Ferguson 1992）は、「テクスト的戦略は、表象をめぐる政治への関心を促すことはできるが、クリフォードやクラパンザーノといった書き手の示唆とは裏腹に、多声的（polyphonic）なテクストを組み立てたり、インフォーマントと協働でテクストを著したとしても、他者性の問題そのものに取り組んだことにはならない[19]」と批判する。その意味において、リチャード・ファードンの皮肉――「恋に落ちる度に自分の過去を振り返る能力があるとしても、そのことで新しい恋愛が異なる展開をもたらすとは限らない[20]」や「自己欺瞞、あるいは真っ赤な嘘は、他の人称と同様に、一人称でも語りうる[21]」――は、的を射ているといえる。スティーブン・サングレンは、「文芸批評家（筆者注：ここではポストモダニストを指している）が、テクスト的権威を文化的権威に見立てることで、その権威の創造者あるいは破壊者としての自らを、超越的権力者――王様とはいわずとも、少なくとも高位聖職者――の地位に置いて[22]」おり、「ポストモダンな民族誌が、特権の正統性を否定するという戦略を通して、その擁護者（筆者注：ポストモダニスト自ら）を特権的な地位に置いている[23]」と批判する。

ポストモダニズムは、民族誌を書く側の意識を高めるという点では有益であるが、民族誌を「作り話（fiction）」や「寓話（allegory）」（Marcus and Fisher 1986）の一種とする見方は、文化人類学

（あるいは社会科学全体）を名目論、相対主義、虚無主義の危険に晒しかねない。重要なのは、主体主義の過剰に陥ることなく、いかにして「ひざまずかない解釈学」（Gellner 1988）を打ち出してゆけるかという問いである。

ブルデューは、構造と実践の関係を説明することで、このジレンマを超越しようとした代表的な理論家の一人である。彼のモデルは、社会構造と実践行為の媒体（ハビトゥス）に着目しており、それは前者によって形成され、後者を規制するものとされている。ブルデュー流のいい回しをすると、ハビトゥスは「構造化され、かつ構造化してゆく構造」[24]であり、実践は、純粋な即興そのものというよりは、「規制された即興（regulated improvisation）」である。ブルデューの創意は、構造と実践が相互に「構造化」し合っているダイナミズムを、社会理論の中で精緻化した点にある。

構造と実践を調和させようという試みは、ブルデュー以前にもなされていた。しかし、オートナーが指摘するように、それらは「システムや構造に偏り過ぎたか、あるいは乖離し過ぎた」ものであり、パーソンズの一般行為理論は偏り過ぎた一方、象徴的相互作用主義や取引主義は乖離し過ぎであったとしている[25]。ピーター・バーガーとトーマス・ルックマン（Berger and Luckmann 1966）は、ブルデューより以前に、構造が実践に影響を及ぼし、かつ実践が構造に影響を及ぼすことを説明したが、これら二つの領域をつなぐメカニズムについて扱うことはなかった。ギアツによる、「現実のモデル（model of reality）」と「現実のためのモデル（model for reality）」という区分け（1973）は、構造（客体主義）と実践（主体主義）の弁証法について示唆的ではある。しかし、社会関係や因果関係の定式化を避けたことで、ギアツ自身、更なる考察の可能性を閉ざしてしまった。こうした点において、ブルデューのモデルは、きわめてバランスが取れており、かつ洗練されていると思われる[26]。

特に、ブルデューのモデルの基にある、次の三点は、社会分析の視点として重要である。①自発的でボランタリーに見える行為も、実は、構造によって特徴づけられている。②行為者は、構造の前に無力ではない――構造を内面化し、流用・援用する能動的主体であり、それぞれの歴史や現実を作り上げながら、日々の生活を実践している。③実践そのものが構造を再生産している（ないしは、変化させている）。

「アメリカ文化」が脱中心化される今日――つまり、断片性、コア（キャノン）の不在性、不確実性がアメリカの社会的・文化的スケープを特徴づける時代――における主体主義の隆盛は、個人主義という論理や、オープンでフラットな社会という理念と、巧みに合致するものである。「アメリカの家族などというものは存在しない。」これは多くのアメリカ人（そしてアメリカ人以外の人達も）よく口にするフレーズである。そこには、冗談、遺憾、皮肉、安堵、誇り、羨望といったニュアンスが、繊細かつ複雑に、込められている場合が多い。確かにアメリカにおける結婚や家庭生活のパターンが、多様性と複雑性に富んでいることは一目瞭然である。それは、あたかも、「アメリカの家族」という表現が、カオスと同義であること以外、いかなる定義をも拒むかのようであり、また「アメリカの家族」という本質主義的表現が、荒削りの伝統主義ないし啓蒙主義にしか存在しないかのようである。その意味において、「アメリカの家族などというものは存在しない」という表現は、ある種の真実をとらえているといってよい。

しかしなお、ブルデューのモデルは、われわれをもう一歩先へと進ませてくれる。結婚や家庭生活のように、非常に多様化かつ個別化した実践を、純粋に、自発的でボランタリーなものと考える代わりに、われわれは、次のように問いを設定できる。①こうした実践を特徴づけているアメリカの社会構造、プロセス、イデオロギーとは何か？　②アメリカにおける行為者は、いかにそれらを内面化し、流用・援用しながら、「現実のためのモデル」を作り上げ、日々の生活を実践しているのか？　③彼らの実践は、いかに、その基盤となった社会環境を再生産ないし変容させているのか？

ブルデューのモデルは、客体主義（あるいは機械的な構造論）や主体主義（あるいは自発的な行為論）どちらの過剰に陥ることなく、家族というものを、それが埋め込まれている社会的文脈や経験から切り離すのではなく、「文化の中で」とらえることを要求する。本書は、このような理論的基盤に基づいた、ボストンにおけるケース・スタディであり、「ひざまずかない解釈学」へ向けた、筆者自身のレッスン1であった。

あとがき

本書は、一九九六年、ハーバード大学人類学部に提出・受理された博士論文（*Nurturing A Context: The Logic of Individualism and the Negotiation of the Familial Sphere in the United States*）を日本語版として再構成かつ大幅に加筆修正したものである。紙数の都合上、インフォーマントやフィールドに関する細かなデータ、テクニカルな理論的議論、質問リストなどの付属的資料などについては、割愛せざるを得なかったことを記しておきたい。

フィールドワークからフォローアップ調査、論文執筆、本書の執筆に至るまで、松下国際財団、メロン財団、ハーバード大学、日本学術振興会、慶應義塾大学、国際交流基金からの助成をいただいた。この場をお借りしてお礼を申し上げさせていただきたい。

本書をまとめるにあたり、改めて当時のフィールドノートに目を通すにつれ、三つの想いに駆られた。

一つは、これは若いがゆえにできた調査だったという想い。筆者は、学部卒業後、ロータリー国際財団奨学生として、直にハーバード大学の大学院へ進学したわけだが、それまで渡米経験や留学経験は無かったし、しかも日本の大学院にも籍は置かないという、今から思えば、背筋が凍りつくようなことをやっていた。若さゆえのその無謀さは、今回の調査対象の選定にも反映されていたように思う。そして、何よりも、特定のフィールドに三年間フルに密着するということは、日本の大学で教鞭を取る現在では、望むべくもないことであり、時間があった若い時代ゆえに可能であった。

次に、博士論文の指導教官であったデヴィッド・メイブリー＝ルイス教授とヌール・ヤルマン教授への尊敬と感謝の想い。「私達としては、日本から来た君には、日本についてではなく、アメリカについて——特に、この社会の主流にいる人達について——研究することを期待しているのですよ」と励ましてくださった。筆者は、日本からの留学生が日本や日系について研究することを、何ら否定する者ではない。「人間を研究しようと思うならば、まずは遠くから見つめなければならない」とジャン＝ジャック・ルソーは述べたが、身近なところにも「遠く」はあるし、自己の中に「他者」を見いだすこと、「他者」の中に自己を見いだすことは可能であり、かつ大切なことだと信ずる者である。しかし、何かと多感だった若い時分に、しかも二〇代の大半を過ごした生活の場でもあったボストンで、このようなリサーチを体験できたことは、とても幸運だったと痛感する昨今である。優れた人格者であり、卓越した教育者であり、本物のリベラル・マインドの持ち主である彼らへの尊敬と感謝の想いは尽きることはない。

そして、何よりも調査に協力してくださったインフォーマントの方々への感謝の想い。原稿執筆中も、当時の様々なシーンが思い出されるにつれ、多々、目頭が熱くなった。特に、すでに他界されてしまった方々についてのフィールドノートに目を通すのは、まさしく胸が押しつぶされる思いだった。できることなら、せめてもう一度でいいから会って話がしたい。「人間は弱くて、脆い存在です。でも、誰にも一つはきらりと光るものがあります。そこを尊重することが大切なのです」と遺してくださったJ・C氏の言葉を筆者は決して忘れない。今でも、ボストンに戻り、当時のインフォーマントと再会することがある。その度に、彼らの生きざまも変わりつつあり、それを見つめる筆者自身の感性や価値も変わりつつあることに気づく。あの三年間もますます過去のものとなり、その意味づけかたも変わり続けてゆくことだろう。「人間とは永遠に未開（未だ開かれざる存在）である」と見事に表した人類学者がいるが、筆者と彼らの未だ開かれざる関係をこれからも大切にしてゆきたい。

「他者」を単純化するのが為政者の仕事であるとすれば、その複雑性や構築性を明らかにしてゆくのが研究者の仕事かもしれない。本書がその一助となれば幸いである。と同時に、あまりに大きく、近く、そして大切な存在であるアメリカについて、専門分野、職業、所属、国籍、イデオロギーを超えた包括的な研究センターが未だ存在しないことを残念に思う。アメリカが日本にとって決定的に重要な国であるならば、緻密な研究は不可欠であり、安易な理解は許されないと思うのである。

本書をまとめるにあたっては、母校であるハーバード大学、奉職する慶應義塾大学、日本アメリカ学会、日本文化人類学会（旧・日本民族学会）、米国アメリカ研究学会（ASA）、米国人類学会（AAA）、英国王立人類学協会（RAI）の同僚をはじめ、国内外の様々なセミナーや学会で出会った数多くの方から有益な助言をいただいた。博士論文の下訳をしてくださった笹沼雅由子さんと渡辺里香さん、翻訳校正を担当してくださった林ゆう子さんとともに、この場をお借りしてお礼を申し上げさせていただきたい。

最後に、本書をボストンで脱稿するのは、当初から筆者のこだわりであった。太平洋を越えて、それを可能にしてくださった慶應義塾大学出版会の上村和馬氏のご理解とご協力に心から感謝したい。同世代の素晴らしい編集者でなければ、この本は決してまとまることが無かったはずである。同世代の素晴らしい編集者と出会えたことを幸運に思う。

二〇〇四年三月一七日　聖パトリック祭のボストンにて

渡辺　靖

注

I 「文脈」を求めて

序章 「丘の上の町」にて

（1）Kessler-Harris 1992: p. 311.

（2）「階級」は、ここでは厳密なマルクス主義的意味合いではなく、きわめて広い意味で用いられている。アメリカのように「中流階級」が人口の大半を構成する社会では、生産手段の所有に基づく資本家とプロレタリアというマルクス主義的区別は、分析上、さほど有益ではない（Blau and Duncan 1967; Giddens 1973; Mills 1951; Pessen 1982）。実際のところ、人々が物資的要因のみならず、社会的・象徴的要因にも配慮しながら、「階級」をより主観的に解釈していることは、アメリカに関する様々な研究が明らかにしている（Blumin 1989; Hollingshead 1949; Lamont 1992, 2000; Warner and Lunt 1941）。年収二万五千ドルが、ある人の暮らしにとってどのような意味を持つかは、たとえば、アメリカのどの地域に住んでいるか、住宅あるいはその他の資産を所有しているか、ローンの有無、扶養家族の人数、職業選択において何に価値を置いているか、健康か、出自、年齢などによって左右されるものである。

（3）O'Connor 1995: pp. xv-xvi.

（4）ボストンの一般的な歴史については、Formisano and Burns, eds.（1984）、Howard（1976）、O'Connor（1991, 1994）、Whitehill (1959)を参照した。ボストンのアングロサクソン系プロテスタントのエスタブリッシュメントについてはBaltzell (1964, 1979)、アイルランド系カトリックの移民史についてはHandlin (1941)とRyan（1983）、南欧・東欧系移民の経験についてはDeMarco (1980)とSolomon (1956)、都市再生計画についてはO'Connor (1993)、強制バス通学についてはLukas (1984)とFormisano (1991)、ボストンの社会的人口構成などに関してはアメリカ国勢調査(1990, 2000)をそれぞれ参照した。

（5）スチュアートの『私のいとこの子—お金、狂気、そしてロバート・ローウェル家』（Stuart 1998）、コルトの『大きな家—とあるアメリカの夏別荘の一世紀』（Colt 2003）、シャタックの『育ち良さの危険』（Shattuck 2003）といった最近の作品は、ボストン・ブラーミン家族の逸脱、衰退、崩壊をテーマにしたインサイダーによって著されたものである。こうした作品自体、インフォーマントの理論を例証するものかもしれない。

（6）組織名、肩書き、年齢、金額、法律などは、特にことわりがないかぎり、フィールドワークを行った当時のものである。

（7）O'Connor 2000: p. 58.

（8）O'Connor 2000: pp. 358-359.

（9）O'Connor 2000: p. 340.

第1章　ボストン・ブラーミン

（1）序章で記したように、個人・家族・組織の名称や属性の一部については、本書の分析的枠組みに影響を及ぼさない範囲において、匿名性を保つための修正が加えられている。

（2）ここでいう「伝統」とは、「同時代の秩序に歴史的・文化的なお墨付きを与える」べく「意図的に選択された過去や現在」という、ウィリアムズの定義（Williams 1977: p. 117）に拠っている。

（3）面接は個別に行われ、どの意見も互いを参照することなく発せられた。本研究に関わったインフォーマントは、他のインフォーマントについては一切知らされていない。筆者は、彼らが知り合いか、あるいはどの程度の知り合いか、といったことについては、ほとんど知らない。

（4）地元の商店や企業が、特定製品の独自性を強調するために、これらの姓を借用していることが多い。マーカス（2000）が主張するように、「そうすることで、ある一族の色褪せた名家伝説を蘇らせていると同時に、米国の中流階級がいかにそれを、選択肢の一つ、あるいは、かなりの神秘性を湛えたアイデンティティの一つとして欲しているかを浮き彫りにしている」（p. 27）。

（5）今日ではハーバード大学に願書さえ出さない子孫が多いようだ。本人自身が実力不足と考えていたり、他にも大学の選択肢があることがその理由である。ハーバード大学に合格したが、より良い条件の奨学金に惹かれて他大学に通うことにした者もいる。

（6）彼はすでに他界しているため、ここではトモコの証言から始める。これは彼の家族について彼女が語った内容である。

（7）Jaher 1982: p. 88.

（8）ハーバード大学には、「血縁制度（legacy tip）」というものがあって、入学選考の際、親（祖父母は含まない）がハーバード大学（大学院は含まない）を卒業した受験者が有利に扱われる。ただし、この制度が適用されるのは選考の最終段階で、受験者の優劣をつける要因が他に何も残されていない場合のみである。入試事務局の幹部スタッフによると、この制度の適用率は、一九八五年頃には約六パーセントだったのに対し、一九九六年には三パーセント以下に下がっている。この減少は、ハーバード大学が以前よりも幅広い層から、より多くの願書を受け取るようになったこと、受験者がどの大学に出願するかを決定するにあたり、様々なデータに基づいて自分の可能性をあらかじめ見極めるようになったこと、などに起因するとのことである。制度適用者の合格率は、一九八五年頃には四五~五〇パーセントだったのに対し、一九九六年には三八~四〇パーセント程度だったらしい。ちなみに、全体の合格率は、一九八五年頃には一六~一八パーセントだったのに対し、一九九六年には一一~一二パーセント程度だった(二〇〇一年~二〇〇四年は九~一〇パーセント)。ハーバード大学は出願者の財政状況に一切関わりなく純粋に能力ベースで入学を許可する、全米でも数少ない大学の一つだとこのスタッフは強調する。

ミルトン・アカデミー、グロトン、デクスター、フィリップス・アカデミー、セント・マークス、セント・ポールズ、ウィンザーといった名門プレップ・スクールの入学選考については、詳細なデータを入手することはできなかった。しかし、卒業生の子弟であることや、学校への寄付をどの程度考慮するか等に関しては、各校とも独自の方針を設けているようである。インフォーマントらの証言によると、過去に比べればその度合いはだいぶ低くなったものの、今でも彼らの受け入れには好意的なようである。

(9) Jaher 1982: p. 46.

(10) Jaher 1982: p. 120.

(11) Aldrich 1988: p. 266.

(12) アメリカを象徴する二つの家族(ケネディ家とロックフェラー家)の軌跡を比較分析したケラー(Keller 1991)も、「個人の機動性と功績、継承した地位よりも獲得した地位、愛が全てを克服するというモチーフが強調される近代社会においては、上流階級として優先すべき様々な項目がそうした家庭に深刻なディレンマをもたらしている」と述べている(p. 159)。彼女の主張はこうである。「両家の若い世代では、社会全体のより大きな善のために家族に隷属することと、自分自身の幸福を追求することの間で、以前よりも明白な緊張が存在している。

特権を有難く感じるべきか、恨むべきかの狭間で引き裂かれている若い継承者らは、感情的・精神的負担をむしろ強調しているように見受けられる。基本的な生活を営むことに汲々としている者には想像もつかない話だが、両家の第四世代はまるで、ホレイショ・アルジャー、すなわち立身出世の物語の逆を切望しているかのようだ。彼らを包み込むショーケースのような気取った雰囲気から解放されたい、生活感ある暮らしを味わってみたい、家を背負った公なレベルではなく、一人の人間として他者と関わってみたいなどの欲求を露にしている」(p. 180)。オストランダー(Ostrander 1984)は、「上流階級の女性達が、主に階級の枠組み内で、自分達の活動を組織し、解釈している」(p. 153)と指摘したが、ケラーと筆者の調査が示唆するのは、エリート社会にいる者達が、階級の枠組みにむしろ逆らう形で、自分達の人生を営もうとしている点である。

(13) 一九九〇年の国勢調査(U.S. Census of Population)によると、ビーコンヒルの総住民数は九六一六人で、その内訳は、白人九〇四〇人(九四パーセント)、黒人一九五人(二パーセント)、ネイティブ・アメリカン〇人(〇パーセント)、アジア系三三七人(三・五パーセント)、その他四四人(〇・五パーセント)となっている。ケンブリッジ市の人口は、九万五八二六人だが、ウェスト・ケンブリッジと呼ばれる地区に関しては、(人種的内訳も含め、)詳細なデータは提供されていない。三四の地域で構成されているノース・ショア地方には六七万八〇人が居住しているが、各地域の「由緒正しい」地区に関する詳細なデータは提供されていない。

ケンブリッジ市やノース・ショア地方の地理的な広さや住民の経済的背景の多様性を考慮すると、インフォーマントが居住し、本調査が対象としているような、より狭い地区を理解するために、国勢調査のような大きな統計データをそのまま適用することは、さして有益とは思われない。しかし、インフォーマントが理解(そして筆者自身が観察)するかぎり、ビーコンヒルにおける人口比は、その他の「由緒正しい」地区の人口比とある程度類似しているようである。なお、二〇〇〇年の国勢調査では、ビーコンヒルとバック・ベイが一つの地理的単位として統合されたデータしかなく、ビーコンヒルのみに関する詳細なデータは提供されていない。

（14）Jaher 1982: p. 63.

（15）インフォーマントの多くは、世間で流布されているような「偏見」――つまり、社交クラブが一種の「カルテル」や「シンジケート」のようなものだという見方――を強く否定する。あるインフォーマント曰く、「ロサンゼルスやニューヨークのクラブではそうなのかもしれないが、私のクラブに関してはまったく当てはまらない。」筆者はこの証言の真偽を判断するための、確固たる情報は持ち合わせていない。

（16）Aldrich 1988: p. 51.

（17）Aldrich 1988: p. 53.

（18）Aldrich 1988: p. 51.

（19）コルト（Colt 2003）は、一世紀前に建てられ、四二回もの夏を過ごしたケープ・コッドにある一族の別荘（「大きな家」）について、最近の売却話も含め、詳細に懐述している。

（20）Aldrich 1988: p. 63.

（21）たとえば、前述した「苛立つ四人組」はこう書いている。「ブルックラインの生活には自然のリズムがある。日曜学校はレディーマー教会。下級生のときの学校はデクスター。水泳やスケートを習い、テニスやゴルフをし、スキーと射撃をし、最初のダンスのレッスンを受ける。これらは全て、家族ぐるみでお付き合いのある、一生涯の親友と一緒に、全て、カントリー・クラブで行うものなのだ。」

（22）民主党のデュカキス知事（一九八八年の大統領選挙候補）の後任であったウェルド知事（一九九一～九七年）は、旧家の出身としても知られた、マサチューセッツ州初の共和党知事であったが、人工妊娠中絶、同性愛者の軍隊入隊、麻薬取り締まりなど、社会政策的にはリベラルであった。

（23）日本文化への趣向と、それが一九世紀の日米関係に与えた影響については、塩崎（2001）およびベンフェイ（Benfey 2003）を参照のこと。

(24) Gelfand 1998: p. 279.

(25) フランスとアメリカの中上流階級の文化を比較したラモント（Lamont 1992）曰く、「アメリカ人は文化的平等主義の名の下で、文化的自由放任主義を擁護する傾向が強い。彼らの、文化的趣向の階級性に対する見方はより可変的で、文化的差異に関する考えはより曖昧で安定性が低い。よって必然的に、アメリカにおける文化的境界が、客観的な社会的・経済的境界、すなわち不平等に発展する可能性は、フランスのそれと比べて低い」（p. 178）。

(26) 日常生活の反復的な部分——たとえば、毎日、毎週、毎年のルーティンなど——が家族の集合的アイデンティティを構成している場合もあるので、筆者は、夕食の開始時間や所要時間、レシピのサイクル、買い物や掃除の日など、諸々の事項についても調べてみた。各家庭ともに、「大雑把な」目安はあるものの、かなり柔軟に、しかも即興性をもって対応しているようである。それは、全体について何かしらの一般化をすることができないほど、バリエーションに富み、個々の状況に左右され、柔軟なものであった。

(27) ケラーの調査（1991）は、ケネディー家やロックフェラー家といった王朝的な一族でさえ、このプロセスから免れていないことを示している。

(28) マサチューセッツ州における家族信託の歴史については、マーカス（Marcus 1983）を参照のこと。

(29) たとえばジャハー（Jaher 1982）は次のように記している。「第二次世界大戦中、ボストン地区連邦準備銀行の総裁は、ニューイングランド地方の産業が不振なのは、ボストンが新しいタイプの製造業を生み出せずにいるからだとした。特に、家族信託基金として、保守的で利回りの低い公債や古い産業に、地元の大量の資金が預けられたままになっていることを批判した。経済活性化のため、当時、技術者・科学者・学者らがボストン市圏で次々と立ち上げていたエレクトロニクス関連企業にもっと投資するよう、彼はボストンの資産家数人を説得した。過去において、そして同時代のロサンゼルスにおいては、地元の資本と組織的・技術的才能が一丸となり、新たな状況に順応すべく、都市圏の経済を推進してきた。しかし、この再起復活への試みにおいて、ブラーミンがその中心的役割を担うことはなかった」(pp. 93-94)。

(30) Eisinger 1980: p. 38.

第2章　ボストン・アイリッシュ

(1) ハレイ (Halley 1986) は、マサチューセッツ州のアイルランド系アメリカ人の暮らしについて書かれたメアリー・ドイル・カラン (Mary Doyle Curran) の小説 (*The Parish and the Hill* 初版1948) へのあとがきの中で、「レースのカーテン階級というのは中流階級を指すが、特に、読んで字の如く、掘っ立て小屋とは一線を画す暮らしぶりを指す」と書いている (p. 232)。

シャノン (Shannon 1989) もまた、中流階級のアイルランド系アメリカ人に関する考察の中で次のように述べている。「レースのカーテン階級という用語が……暗に示しているのは、ある種の洗練さを醸し出し、維持してゆくための、意識的で懸命な努力であり……、見栄を張ったレースのカーテン的価値のコンプレックスは、『しーっ!　お隣に聞こえるよ!』という陳腐な表現の中に集約されている。」(pp. 142-145)。

(2) O'Connor 1994: p. 117.

(3) Horgan 1988: p. 56.

教区は社会的交わりの単位として機能した。しかし、ホーガンは、同時に、次のような議論も展開している。「これをあたかも神話上の村のようにとらえることがないように、歪みの部分にも注目する必要がある。人々は世間話から情報を得ていたわけだが、家庭の事情もあっという間に広まった。これは、和を重視して突出した行動を取らないこと、そして、取るべき態度の再確認にもつながった。その結果、新しい考え方、異なる価値、習慣の変化はなかなか起こってこなかった。行動への制約は、外的なものであると同時に内的なものでもあった」(Horgan 1988: p. 58)。

(4) O'Connor 1994: pp. 122-123.

(5) O'Connor 1994: pp. 124-125.

(6) O'Connor 1994: p. 185.

(7) 一九九〇年のアメリカ国勢調査によると、サウス・ボストンの総人口は二万九四八八人で、うち二万八一四五人(九五・四パーセント)が白人、二六六人(〇・九パーセント)が黒人/アフリカ系、四四七人(一・五パーセント)がヒスパニック系、五二二人(一・七パーセント)がアジア/太平洋諸島系、九一人(〇・三パーセント)がネイティブ・アメリカン、一七人(〇・〇六パーセント)がその他となっている。人口は一九八〇年時(三万三九六人)とほぼ同水準である。一九八〇年には一四三人だったアジア/太平洋諸島系は三倍以上に増えたが、これは主にベトナムからの移民が大量に流入したためである。ヒスパニック系の住民は、一九八〇年の一六〇人から一九九〇年には四四七人と二倍以上増加した。一九九〇年の国勢調査では、総人口のおよそ三七パーセントが自分の家系はもっぱら(すなわち、純粋の)アイルランド系だとしているが、一九八〇年には四一パーセントだった。他に目立った集団としては、イタリア系(五・八パーセント)、リトアニア系(三パーセント)、ポーランド系(二・二パーセント)、イギリス系(二パーセント)が挙げられる。二〇〇〇年の国勢調査は、サウス・ボストンの総人口が四七七人増加したと報告しているが、内訳は白人が二八一八人減り、ヒスパニック系(一七九七人)、アジア系/太平洋諸島系(六四〇人)、黒人/アフリカ系(四七五人)が大幅に増えている。ボストン・グローブ紙(二〇〇二年一〇月一四日付)によると、サウス・ボストンではヒスパニック系の六割以上、アジア系の半数以上が公営団地に住んでいる。

(8) O'Connor 1994: pp. 199-200.

(9) 一九九〇年のアメリカ国勢調査によると、サウス・ボストンの全六六八三世帯のうち、五六一世帯は男性世帯で、二二二七世帯は女性世帯となっている。非家族世帯の数は六三九八。法定貧困レベルを下回る世帯の割合は、サウス・ボストンの全世帯の一七・四パーセント（ボストン市全体では一八・七パーセント）で、男性世帯では七・一パーセント、女性世帯では三四・六パーセントである。ロウアー・エンドに特化したデータは公表されていない。二〇〇〇年の国勢調査の結果では、サウス・ボストンの全六三〇九世帯のうち、五六八世帯は男性世帯で、二一六五世帯は女性世帯。非家族世帯の数（七七二九）が家族世帯の数を越えた。法定貧困レベルを下回る世帯の割合は、サウス・ボストンの全世帯の一六・三パーセント（ボストン市全体では一五・三パーセント）で、男性世帯では一一・五パーセント、女性世帯では三五・九パーセントである。ロウアー・エンドに特化したデータは公表されていない。

(10) MacDonald 1999: p. 61.

(11) たとえば、ボストン・グローブ紙（一九九七年四月五日付）は、悲劇に対処すべく自発的に立ち上げられたプログラムについて次のように報じている。「ボストンでも父権社会的な傾向が強い地域としてはおそらく初めて、女性達が、ペギー・デイビス＝マリン市議会議員の支援を得て立ち上がった。……居間や教会のホールで、サウスィの母娘達が一〇人、二〇人と集まっている。台所のテーブルを囲む顔の多くは見知らぬ人のそれである。シティ・ポイントの女性達が、ロウアー・エンドの女性達の話に耳を傾けようとしている。専門職の女性達が、公営団地に住む女性達と共通点を見出しつつある。」

(12) 一九五〇年から一九七〇年の間のボストンにおける都市再生計画の政治的背景については O'Connor (1993) を、また、それらがボストンの旧ウェスト・エンド地域に及ぼした影響については Fisher & Hughes (1993) を参照のこと。

(13) 二〇〇三年、ミット・ロムニー知事は、逃亡中のギャングである兄弟、ウィリアム・〝ホワイティ〟・バルジャーのこともあって、バルジャー氏に総長辞任を迫り、氏も承諾した。

（14）Brookhiser 1991: p. 74.

（15）O'Connor 1994: pp. 229-230.

（16）一九九〇年のアメリカ国勢調査によると、サウス・ボストンの住戸の八八・五パーセントが埋まっていて、そのうち二六・八パーセントは持ち家、六一・七パーセントは借家である。二〇〇〇年の国勢調査では、住戸の九三・四パーセントが埋まっていて、そのうち三一・六パーセントが持ち家、六一・八パーセントが借家である。一九九〇年の国勢調査によると、持ち家の平均価格は、サウス・ボストンでは一五万三二九八ドル、ビーコンヒルでは五二万四七六四ドル、ボストン全体では一七万二九六六ドルである。サウス・ボストンの平均家賃は、月当たり四九四ドル、ビーコンヒルでは八四二ドル、ボストン全体では六三四ドルである。二〇〇〇年の国勢調査では、持ち家の平均価格は、サウス・ボストンでは二〇万六四三三ドル、バック・ベイ／ビーコンヒルでは一五四万四五二一ドル、ボストン全体では一九万六〇三ドルである。サウス・ボストンの平均家賃は、月当たり六六八ドル、ビーコンヒルでは一一八七ドル、ボストン全体では八〇二ドルである。

（17）Lamont 2002: pp. 241-242.

ラモントは、「アフリカ系アメリカ人が重視する道徳的基準（「思いやりの姿勢」）は、人を搾取し、連帯感に欠ける上流の人々、横柄で、思いやりに欠ける白人、といった評価を下す際の基準に通じるものである」としている（p. 241）。また、「フランス人労働者は、貧しい人々を『われわれの仲間』ととらえ、中上流階級の人達や移民達への反感とは裏腹に、黒人に対しては批判的ではない」としている。

（18）Bellah et. al. 1985: p. 153.

（19）地元住民のグループが、一九九八年にコミュニティのウェブサイト「サウス・ボストン・オンライン」を立ち上げた。しかし、地域住民の多くがインターネットに簡単にアクセスできる環境にないことに気づき、その一年後にプリント版を発刊した。このフルカラーの新聞は、特に、新たに転入してきた人達や子供のいる若い家族に人気が高く、週あたりの発行部数は二〇〇〇〇部となっている。オンライン版の一日あたりのアクセス数は約二二〇〇件。

(20) 筆者はこのような台詞(「みんな大挙してサウスィに戻ってきていますǃ」)を、幾度となく耳にしたが、この現象に関するデータは公表されていない。インフォーマントに関していえば、何人かの友人や知り合いの家族の名前を挙げることができる人が多いが、「大挙して」というほどの規模ではないようである。地元への強い愛着が高じて、発言がいくぶん水増しされていると推測し得る。「全員が顔見知り」というのもこの種の表現の一例である。

(21) ボストン市選挙課が公表した統計データによると、一九九六年の大統領選挙では、サウス・ボストンの人口の六三パーセントが民主党(クリントンとゴア)支持、二七パーセントが共和党(ドールとケンプ)支持であった。ビーコンヒルでの数値はそれぞれ、六七パーセントと二七パーセントであった。二〇〇〇年の大統領選挙では、サウス・ボストンの人口の六二パーセントが民主党(ゴアとリーバマン)支持、三〇パーセントが共和党(ブッシュとチェイニー)支持であった。ビーコンヒルでの数値はそれぞれ、六二パーセントと二八パーセントであった。最近の選挙結果は、サウス・ボストン(六、七区)、ビーコンヒル(五区)共に、市長選(一九九七年、二〇〇一年)、州知事選(二〇〇二年)、大統領選(一九九六年、二〇〇〇年)いずれも民主党候補を支持していることを示している。一九九八年の知事選でサウス・ボストンが共和党候補を支持したのが、唯一の例外である。これは、民主党候補の社会工学的なリベラリズムが嫌忌されたものと見られている。

(22) 一九九九年の市議会選挙では、サウス・ボストンの有権者の三五・七パーセントが投票に行き、ボストン市全体の投票率二四・五パーセントをはるかに上回った。二〇〇三年の市議会選挙の投票率は、サウス・ボストンで三二パーセント、市全体で二四・六パーセント。これは、アッパー・エンドの投票率の高さによる部分が大きいと見られている。

(23) 一九九六年、州上院選挙でウィリアム・バルジャーの息子がスティーブン・リンチ候補に敗北した。マスコミ報道同様、インフォーマントは、「プロジェクト」で育った経歴を持つリンチ候補が、毎夏をケープ・コッドの別荘で過ごすような「中流階級」のライバル候補よりも、はるかに「サウスィ魂」を体現していたためと分析している。興味深いことに、そういうインフォーマントの中には、バルジャーの息子の支持を公言しつつ、実際にはリンチに投票した人達がいる。彼らによれば、バルジャーのサウス・ボストンへの貢献実績やその強い政治力を公に認める義務感を覚えたのだという。しかし、彼らは、「サウス・ボストンの人々は名前で投票したりすることは決してない」と主張する。たとえば、元連邦下院議長ティップ・オーニールの名前が筆者の調査中に言及されたことは滅多になかった。同じアイルランド系といっても、オニールが「リベラルすぎる」ことや、インフォーマントらが「ほとんど異国」と感じているノース・ケンブリッジの出身であることなどが理由らしい。

(24) O'Conner 1994: pp. 200-201.

(25) *The New Yorker*, October 28, 1991: p. 77.

(26) オコナー(O'Connor 1994)が主張するように、教会と国家の近しい関係は、マサチューセッツ州そのものの歴史を特徴づけている。たとえば、ジョン・パワーズ元州上院議長やカトリック教会ボストン教区大司教リチャード・クッシングは、共にサウス・ボストンに生まれ育ち、そこで生涯の友人関係を築いた。

(27) 二〇〇二年から二〇〇三年の間にボストンで起きた三件を含め、一九九〇年代以来、全米でカトリック聖職者による性的虐待が一五件ほど明るみに出た。アメリカ国内のみならず、日本でも報じられたボストン大司教区における一件は、一四〇人の司祭・修道士が関与し、五五二人の被害者が出た、もっとも大規模な事件で、八千五百万ドルの和解金が支払われることになった(二〇〇三年九月一〇日付ボストン・グローブ紙)。

(28) オコナー(O'Connor 1998)によると、一九九六年には九千校あった神学校が、一九九〇年には三千校に減った。

ボストンの枢機卿バーナード・ローは、一九九八年、過去五年間に、通常の日曜礼拝への出席率が毎年二パーセント減少したと報告し、監督管区の司祭は二〇〇五年までに二二パーセント削減され、二〇〇八年までに四〇～六〇の教区が閉鎖されると予測した（p. 312）。

(29) ボストン市警の年間犯罪報告によると、一九九五年にサウス・ボストンで起きた凶悪犯罪は四一八件（市全体の四パーセント）、窃盗は一三〇八件（市全体の五パーセント）である。火器を使った凶悪犯罪は三五件（市全体の二パーセント）、性的暴行は三〇件（市全体の四パーセント）。サウス・ボストンの人口規模（市全体の五・一パーセント）を考慮すると、こうした数値はサウス・ボストンを「安全な住宅地」とするインフォーマントの描写が、必ずしも過剰な誇張ではないことを示唆している。

(30) O'Conner 1994: p. 177.

(31) *Boston Globe Magazine*, March 5, 1995: pp. 23-27.

(32) MacDonald 1999: p. 112.

(33) 一九七〇年代から八〇年代の〝ホワイティ〟・バルジャーとボストンのＦＢＩ捜査官ジョン・コノリーとの癒着関係については、Lehr and O'Neill（2000）を参照のこと。二人はサウス・ボストンの同じ公営団地で育った旧友だった。

(34) 一九九〇年のアメリカ国勢調査によると、一六歳以上の七八パーセントがホワイトカラー職に就いている。市全体では八四パーセント。

(35) 一九九〇年のアメリカ国勢調査によると、サウス・ボストンでは二五歳以上の八パーセントが中学校を終えておらず、一七パーセントが高校中退、四〇パーセントが高校卒業、一四パーセントが大学中退、二一パーセントが大学卒業である。市全体ではそれぞれ一〇パーセント、一四パーセント、二七パーセント、一四パーセント、そして三五パーセントとなっている。二〇〇〇年の国勢調査では、サウス・ボストンの数値は、それぞれ六・二パーセント、一二・五パーセント、三二・三パーセント、一五・五パーセント、二四・二パーセント。市全体の数値は、それぞれ九・一パーセント、一二パーセント、二四パーセント、一四・五パーセント、二五・一パーセント。

(36) 一九九〇年のアメリカ国勢調査によると、サウス・ボストンに住む一六歳以上の労働者の八五・三パーセントは、自動車か公共交通機関を使って通勤し、平均通勤時間は二二分である。

(37) O'Connor 1994: pp. 177-178.

(38) サウス・ボストンにおけるアルコール依存症の現状に関するデータは公表されていないが、年配のインフォーマントの大半は、兄弟姉妹や親族にアルコール中毒の人がいて、ほとんど連絡を取っていないと証言している。地元の教会の多くは、アルコール依存症に関するカウンセリングに積極的に関与している。

(39) O'Connor 1994: p. 125.

(40) O'Connor 1994: pp. 174-175.

(41) 一九九〇年のアメリカ国勢調査によると、持ち家居住者全体の四二・三パーセント、借家居住者全体の一一・五パーセントが、二〇年以上同じ家に住んでいた。一九八五年当時の居住についての質問には、五歳以上の住民の五八パーセントはサウス・ボストン、二七・八パーセントは同じ郡、七・四パーセントは同じ州、四・三パーセントは別の州、二・五パーセントは海外に住んでいたと答えている。

(42) この点において、ヘイズの短篇集『この勇気をもって』(Hayes 2002) は、ヘイズ本人も含め、サウス・ボストンでゲイであるということに折り合いをつけた男性達を扱っていて注目に値する。

(43) 一九九〇年のアメリカ国勢調査によると、サウス・ボストンの平均世帯収入は四万五六八四ドルで、ボストン市全体では四万三三四四ドルである。二〇〇〇年の国勢調査では、それぞれ四万七三三九ドルと四万四一五一ドルとなっている。一九九〇年の国勢調査によると、サウス・ボストンの失業率は九・三パーセント、ボストン市全体では八・三パーセント。二〇〇〇年の国勢調査では、それぞれ五パーセントと七・二パーセントとなっている。

(44) ブラーミン家族に比べて、相続が問題化することはずっと少ない。ある家族の場合、四〇代後半で漁師をしている次男は、自分の家を持っておらず、七〇代の両親は自分達の家（約一〇万ドル）を彼に相続させる旨を遺言状に明記している。次男には、両親の貯金（約二万五千ドル）を他四人の兄弟姉妹と均等割りで受け取る権利も記されている。こうした取り決めは、数年前、子供達、両親、知人の弁護士の間での「形式張らない」話し合いの後、交わされた。「すんなりと決まりましたよ。」地元の弁護士二人が筆者に語ったところによると、イサウス・ボストンの外で暮らす子供達が増えるにつれて、親の家は売却される傾向が高まっているという。インフォーマントに関していえば、同性愛者のパートナーに相続資格を与えることについては、強く留保されるか、拒否されている。

(45) ホーガンは、戦後のアイルランド系アメリカ人の意思決定プロセスについて、次のように述べている。「父が決定を下すのは、いつどうやって引越し、家具を買い、車を購入し、休暇を取るかということである。どんなに物静かで、歯切れが悪く、でしゃばらない父であっても、また、その権威の振るい方がどんなに優しくても、こういった決定は父がした。……アイルランドやこの国の家族が、時に女性によって支配されているかのように描かれるのは嘆かわしいことだ。……というのは、このような見方は、家庭内で従属的な役割を受け入れている――実はとてもエネルギッシュで実利的な――アイルランド系アメリカ人妻達の苦悩を覆い隠しているからである。問題は、一部の男達が家庭内で専制君主の如く権威的に振る舞っていたことなのである（Horgan 1988: p. 60）。

(46) 序章で述べたとおり、比較的摩擦が少なく、社会的・経済的に安定している家庭のみが筆者に紹介された可能性はある。事実、家事分担や意志決定プロセスをめぐって、より高い緊張と軋轢の中で暮らしている家族もいる。たとえば、地元のセラピストの一人は、「機能不全に陥った」家族のケースを二例ほど紹介してくれた。一つは、夫が、買い物からの帰宅が遅れた妻を殴るほど、家政婦としての妻の役割に厳格なケース。もう一つは、妻が、夫の愛が感じられないと不満を抱いているケースであった。夫は、給料を家に持ち帰ることで、十分に愛情を表現しているつもりだった。こうしたケースは、ジェンダー・イデオロギーと密接に関連している一方で、より直接的には、アルコール依存症に端を発している(または事態が悪化している)ようである。

(47) Horgan 1988: pp. 71-72.

(48) Ahlander & Bahr 1995: pp. 58-63.

(49) 一九九〇年のアメリカ国勢調査によると、サウス・ボストンの女性世帯(配偶者がなく、一八歳未満の血縁の子供がいる世帯)一一七四件の五三パーセントは、法定貧困基準を下回る一方、同様の男性世帯の場合は一四一件中二二パーセントとなっている。二〇〇〇年の国勢調査では、サウス・ボストンの女性世帯(配偶者がなく、一八歳未満の血縁の子供がいる世帯)一三三六件の五五・五パーセントは、法定貧困基準を下回る一方、同様の男性世帯の場合は一五五件中一七・四パーセントとなっている。

(50) ホーガンは、戦前のアイルランド系アメリカ人における親子関係の調査の中で、次のように分析している。「子供達の職業や教育は、往々にして男性達によって決められ、子供達の才能は考慮に入れられるものの、彼らの希望は無視されることがある。」(Horgan 1988: p. 60)。

(51) サウス・ボストン高校の職員が一九九五年に筆者に語ったところによると、この学校の生徒のうちサウス・ボストンに住んでいるのはほんの五分の一程度ということであった。

第3章　ボストン再訪

(1) Jameson 1987: p. 554.

（2）Bellah et al. 1986: p. 50.

（3）Gullestad 1996: p. 37.

（4）Bellah 1985: pp. 154-155.

（5）Bellah et al. 1985: p. 152.

（6）Tocqueville 1969: p. 508.

（7）ストラウス（Strauss 1953）、そして、より近年ではダイク（Dyck 1994）が、ホッブスによって導かれ、ロックによって完成された、近代における道徳思想・実践上の過激な転換――自然権をめぐる考えにおいて、「権利」（あるいは「個人的なるもの」）が「責任」（あるいは「社会的なるもの」）に取って代わったこと――を指摘している。

（8）Bellah et al. 1985: p. 261.

（9）Bellah et al. 1985: p. 43.

（10）合理性と測定を求める傾向は、ライフコースの分類と商品化に見て取れる。チュダコフ（Chudacoff 1989）は、近代化が進むなかで、いかに「年齢」が人々の意識の中で重要な位置を占めるに至ったかを解明した。「年齢」は「社会的地位の基準、ならびに、期待される行動の規範」（p. 182）として重要性を帯びるようになった。「年齢による等級づけの歴史が示すものは、官僚化した社会において、年齢は、行政的・規範的尺度として、相当に実用的な利点を持つということである。簡単に測定ができ、逃れられない属性であり、誰もが経験してきたか、これから経験する一つの特性である」（p. 190）。

（11）マクファーレン（Macfarlane 1987）は、「もしも、愛が資本主義なしに存在し得たとして、はたして、愛なしで資本主義が存在し得たか、あるいは、存在し続けることができたのかは疑問である」としている（p. 140）。

（12）ロトゥンド（Rotundo 1993）は、男らしさや男っぽさに関するアメリカの概念が、植民時代の「共同体的男らしさ」から、一九世紀の「たたき上げの男らしさ」へ、さらに、競争力や積極性そのものを目的とする二〇世紀の「情熱的な男らしさ」へと変容してきたと指摘する。

（13）Coontz 1992: p. 128.

（14）ブラウとダンカン（Blau and Duncan 1967）が指摘するように、普遍主義の台頭は、アメリカの社会階層に深い影響を及ぼしてきた。「ある人物が勝ち取った地位、すなわち何らかの客観的な基準によってその人が成し遂げたことが、生得の地位、すなわち出自によるその人の地位よりも重要になった」（p. 430）。

（15）Coontz 1992: p. 126.

（16）Coontz 1992: p. 196.

（17）Coontz 1992: pp. 25-27.

（18）Coontz 1992: p. 36.

（19）Coontz 1992: p. 36.

（20）Coontz 1992: p. 164.

　シャピロ（Shapiro 1986）は、この考え方を、一九世紀末からの家事クラブ、家事・料理系雑誌、料理学校、家政学（家政経済学）の学位プログラムなどの発展と流行に関連づけている。家庭生活はますます合理化、専門化、商業化されていった。

（21）*Economist*, September 6, 2003, p. 31.

（22）Coontz 1992: p. 183.

（23）Coontz 1992: pp. 61-62.

（24）Wuthnow 1989: p. 203.

（25）Bellah et al. 1986: p. 284.

（26）U.S.ニュース&ワールド・リポート誌「我々の世紀」版 1995: p. 60.
（27）Levi-Strauss 1966: p. 257.
（28）Coontz 1992: p. 230.
（29）たとえば、ストーンは、ハーバード大学におけるタナー記念講演（Stone 1993）の中で、アメリカ社会の様々な問題に対処するための具体的提案をしている。たとえば、あらゆる拳銃と自動兵器を禁止すること、学校を一七時か一七時半まで開けておくこと、日中のテレビで暴力的内容を流すことを禁止すること、学校に金属探知機を設置すること、矯正不可能な犯罪者の七パーセント（凶悪犯罪の五割を占める）を投獄し、凶悪犯ではない犯罪者全員を釈放すること、連邦政府予算による保育、働く親達のためのフレックスタイムと在宅勤務を促進すること、子供のいる親の離婚を制限すること、同性愛者の結婚を合法化すること、違法薬物の供給を制御するという無駄な努力を削減すること、解毒センターの数を増やすこと、養育費を払わない父親の給料を差し押さえること、子供を生み続ける母親の福祉を削減することなどである。
（30）ファインマン（Fineman 1995）やワイツマン（Weitzman 1981）のようなフェミニストは、国家が許諾する結婚制度そのものを廃止し、結婚する当人同士による個人契約に切り替えるよう求めている。
（31）Lamont 2000: p. 247.
（32）Coontz 1992: pp. 275-277.
（33）Bellah et al. 1986: p. 285.
（34）ストーン（Stone 1993）によると、「家庭生活の黄金時代」はヨーロッパにも存在しなかった。それどころか、彼は、ルネッサンス以来、ヨーロッパ社会に広まった家父長的な道徳規範による、息詰るような抑圧を明らかにしている。その規範が強調するのは、信心深さ、権力への服従、人生の運命を抵抗せずに受け入れること、天職に精を出すこと、そして、恥と罪による倒錯したセクシュアリティの抑圧である。こうした個人の自由への抑圧を、彼は、当時の社会的不安定さの裏返しとしている。
（35）Coontz 1992: p. 168.
（36）Coontz 1992: p. 205.
（37）Coontz 1992: p. 215.
（38）Hewlett 1986: p. 229.
　しかし、ビジネスウィーク誌（二〇〇三年一〇月二〇日号）によると、状況は変わりつつあるようである。「アメリカ株式会社では、既に、主要五百社の四割以上で、婚姻を中心とした福利厚生のポリシーが修正され始めていて、配偶者の医療費助成から家族のクリスマスパーティーに至るまで、幅広く見直されている。……特筆すべきは、こうした類の変化が、配偶者の有無を社会保障の受給資格から切り離す、欧州式スタイルへ通ずるものであることだ」（p. 109）。
（39）Coontz 1992: p. 230.

Ⅱ　郷愁と理念のはざまで

第1章　地上で最後で最良の希望

（1）エラー（Eller 1997）の主張するように、「多文化主義」を唱える政治的言説の中には本質化された「文化」パラダイムを盲目的に踏襲している場合も多く、そこでは学術的な論議とは接点が乏しいまま、賛成ないしは反対をめぐる応酬のみが展開されることになる。
（2）テイラー&ガットマン 1994: p. 226.

（3）ただし、急いで付け加えなければいけないのは、ゲイや黒人が、単にそれだけの理由で一方的に「文化」化され「周縁」化されてきた歴史が明らかに存在することである。自らについて自らの声で語り、押し付けられた「文化」に対して異議申し立てを行う行為には正当性がある。ここでの問題はその「語り方」である。

（4）ジジェク 1998: p. 70.

（5）シェル 1995: pp. 107-111.

（6）Takaki 1994: p. 294.

（7）Takaki 1994: p. 297.

（8）Takaki 1994: p. 293.

（9）Takaki 1994: p. 297.

もっともシュレジンジャーは「多文化主義」の過剰に警戒しながらも、異文化についての知識を広め、マイノリティの貢献に然るべき評価を与え、様々な視点から歴史を再考するという「多文化主義」の基本的な姿勢については賛同しており、ブルームのようなギリシャ・ローマの古典への回帰を訴える立場とは一線を画している。

（10）Takaki 1994: p. 294.

（11）辻内（1994）は「多文化主義」の思想的文脈には「近代」に対するポストモダン的否定としての系譜と自己理解の深化と平等原理の拡大という「近代」の基本的動機の延長としての系譜の交差が認められるとしているが、好意的に解釈すれば、ポストモダニズムという運動そのものも、「（それまでの）近代」をアイロニカルにパロディー化しながらも、本質的には近代的動機に支えられ、かつそれを支えているといえるかもしれない。

（12）蓮實重彦 1998: p. 37.

（13）Lindholm 1997: p. 759.

(14) Bellah, et al. 1985: pp. 77-80.
(15) デイヴィス 1998: p. 226.
(16) デイヴィス 1998: p. 22.
(17) こうした「アメリカ」像が海外に流布された対外広報政策に対して、リベラル派議員からの批判が相次ぎ、イデオロギー性の強い広報活動の廃止を求める声も挙がった。ニューズウィーク誌（一九八四年二月二〇日号）は、米国広報・文化交流庁（USIA）が海外にスピーカーとして派遣を控えるべき著名人八〇名以上のリストを作成していたことを報道し、当局もそのことを認めた。CBSアンカーマンのウォルター・クロンカイト、経済学者のジョン・ガルブレイス、フェミニストのベティ・フリーダンなど、そのほとんどが民主党員かリベラル派の知識人であった（重乃 1985）。
(18) デイヴィス 1998: pp. 230-233.
(19) ボストン・グローブ紙（二〇〇三年一一月三〇日付）によるとマサチューセッツ工科大学では福音派の学生組織が一五団体に急増し、アジア系や黒人の学生も含め、数百名のメンバーがいるとのことである。ハーバード大学のゴームス教授・大学牧師によると同大学でも福音派の学生組織は拡大しており、「おそらく一七世紀以来最大」とのことである。同教授は、希薄で抽象的な社会関係における「価値」への渇望をその理由として挙げている。
(20) 棚村 1998: p. 165.
(21) 浅田 1994: p. 128.
(22) 進藤 1994: p. 101.
(23) ルトワクによると、それは公共投資の不足した空港や道路、勤労意欲の低さ、ルーティンな活動の慢性的混乱、目につくスラム街と物乞い等を意味する。同様に、『現代アメリカの飢餓』（1987）の中で、全米社会医師会会長のビクター・サイデルは述べている。「アメリカの飢えた人びとに食物を無料給付しようと、インドのカルカッタからはるばるやって来た伝道修道女が管理する無料給食所（スープ・キッチン）がシカゴにあるという話を、私たちは信じられない思いで読む」（p. 7）。

(24) Newman 1988: p. 26.

(25) Rauch 1994: pp. 240-241.

(26) フリードマンはイデオロギー的再編をグローバル化のインパクトの一つとしているが、日本において、保守が「アメリカ（ないしアメリカ主導とされるグローバル化）」をめぐって分裂し、反米保守と左派のアメリカ批判に接点が生まれたり、グローバル化に対する防波堤として敢えて「国家」や「国益」を強調する左派が現れていることは興味深い現象である。

(27) 対外広報政策という点では、四六年間存続した独立行政機関である米国広報・文化交流庁（USIA）が一九九九年に国務省に吸収されたことが注目される。これに伴い海外出先機関であった米国広報・文化交流局（USIS：日本ではアメリカンセンターなどの運営などで広く知られていた）も米国大使館広報・文化交流部へ改編された。この背景には、冷戦の終結による国益の変化や、連邦政府のスリム化を求めるヘルムズ米上院外交委員長らの意向が強く反映されたといわれる。予算も三割以上削減され、対外ラジオ放送のボイス・オブ・アメリカ（VOA）やフルブライト奨学金制度などのパブリック・ディプロマシー（public diplomacy）に充てられている予算は一〇億ドル程度で、軍事関連予算の約四百分の一となっている（二〇〇三年度）。

(28) *TIME* 1998. 8. 30.

(29) ただし、自他ともに認めるネオコンの論客であるブーツ（Boot 2004）によると、今日のネオコンの中で、マルキシズムやトロツキズムの洗礼を受けた者はほとんどいないし、トロツキストであればサダム・フセインを支持しただろうとしている。同様に、巷に流布している見方——たとえば、チェイニー副大統領やラムズフェルド国防長官はネオコンである、ブッシュ政権の外交政策はネオコンに牛耳られている、ネオコンはイスラエル（リクード党）の国益を擁護するユダヤ系勢力である、ネオコンはメディアや財団から強大な支援を受けている、ネオコンは国際協調を拒絶する、など――は、どれも事実に反するとしている。

（30）二〇〇四年二月、マサチューセッツ州最高裁判所は、「同性婚を禁じるのは州憲法に違反」とした前年一一月の判決について付帯意見を発表し、判決の意味するのは異性婚と同じ権限を保障する「シビル・ユニオン（市民契約）」方式ではなく、異性間とまったく同様に「結婚」として認めることだと確認した（二〇〇四年五月から正式に発効）。ただちに、保守勢力（ただし、結婚の認可そのものに政府の介入を嫌うリバタリアンを除く）は州議会において、この判断を覆すべく州憲法修正決議へと動いたがそれが発効する二〇〇六年秋までは、米国で初めて「同性婚」が認められることになった。二〇〇〇年にバーモント州でシビル・ユニオン法が制定され、事実上の同性婚を認めているが、これは、それよりも一歩進んだものといえる。

二〇〇四年大統領選挙の民主党候補であり、マサチューセッツ州選出の連邦上院議員であるジョン・ケリーは同性婚には反対を表明している。これは、マサチューセッツ州がリベラルすぎる（つまり、アメリカ主流の価値から乖離した地域出身の候補者である）というネガティブ・イメージを払拭するための政治的配慮とも臆されている。マサチューセッツ州は、一九七二年の大統領選挙でジョージ・マクガバンを支持した唯一の州（特別区であるワシントンD.C.を除く）であり、一九八八年に同州知事であったマイケル・デュカキスが民主党候補として大統領選挙に挑んだ際も、最後まで、そのイメージを払拭することができなかった。

ブッシュ大統領は、マサチューセッツ州最高裁での判決が、一九九六年に連邦議会を通過した結婚防御法へ抵触するとして、合衆国憲法修正を含め、同性婚の法的禁止の検討を表明した。なお、同性婚は、オランダ、ベルギー、カナダでは認められている（二〇〇四年現在）。

（31）ブッシュ大統領は、二〇〇二年に国連人口基金への資金提供の停止を発表したほか、二〇〇三年一一月には

「部分出産中絶禁止法案」に署名した。

（32）ブッシュ大統領は、問題を抱えた公立学校の学生に対して、学校券（バウチャー）を配布して私立学校へ通う費用を出すことを主張している。教育に競争原理を持ち込むことで公立学校が弱体化することを危惧する民主党とビジョンを異にしている。

（33）保守系のメディア、財団、シンクタンク間のネットワークについては中山（2003）に詳しい。二〇〇三年には、宗教右派系のラジオ局が、全米各地で、リベラル色の強い全米公共ラジオ（ＮＰＲ）と同じ周波数の電波を流していることを巡って論争が生じた。

（34）Bellah et al. 1985: pp. 154-155.

（35）ウスナウ（Wuthnow 1998）は、こうした状況を、社会関係や市民参加の形態がより「緩やか（loose）」になったことの表れとして肯定的に解釈し、その緩やかさが社会的病理の根源であるかのような言説を批判する。また、スコッチポル（Skocpol 2003）は、パットナムの議論のベースとなっている市民組織において、近年、専門家による運営が顕著になっている点を指摘し、庶民には参加へのチャンネルが少なくなってきていることが、より深刻な問題だと論じている。

（36）Sandel 1996: pp. 342-343.

（37）Tocqueville 1988［1848］: p. 19.

第２章　ひざまずかない解釈学

（１）Needham 1971: p. 42.

（２）Maybury-Lewis 1979: pp. 310-311. 傍点は筆者による。

（3）Schneider 1968: p. 40.
（4）Schneider 1968: p. 116.
（5）Firth 1936: p. 483.
（6）ショーターの議論には、パークとバージェス（Park and Burgess 1921）やグッド（Goode 1963）のケース同様、言説（イデオロギー）と実践（実際の経験）の混同が見られる。過去において、「愛情」がそれほどイデオロギー化されていなかったとしても、そのことは、実際の家族関係において、「愛情」が存在しなかったことを意味しない。
（7）ソコロフ（Sokoloff 1980）、上野（1990）、ヴェールホフ（Werlhof 1986）といったマルクス主義派のフェミニストは、この「愛情」概念を、女性の家事への関与を永続化させるための一つのイデオロギー的装置と解釈している。
（8）Yanagisako 1985: p. 285.
（9）Yanagisako and Collier 1987: p. 39.
（10）Gjessing 1968: p. 399.
（11）Asad 1973: p. 111.
（12）主体主義的考察が、文化人類学において存在しなかったわけではない。たとえば、リーチ（Leach 1954）は、「社会における個人は、皆、それぞれの利益のために、状況を見極め、利用しようと努める。そうした中で、個人の集合体が社会の構造自体を変えるのである」と主張した（p. 8）。周知のとおり、彼は、高地ビルマにおけるフィールドワークを通して、ある共同体がグムラオであるかグムサであるか、あるいは、シャンであるかは、特定の個人の、特定の瞬間における姿勢や考え方に関わる問題であることを示した。カチン族の人々は、グムラオ・タイ（グムラオになる人々）とサム・タイ（シャンになる人々）に言及した。同様に、ある野心的なカチンは、貴族であることを正当化するべく、自ら、シャンの皇子の名前と称号を用いたが、その反面、伝統的首長への領地税の支払い責任を回避するべく、グムラオの平等の原則に訴えたりした。
(13) Moore 1987: p. 730.
(14) Moore 1987: p. 736.
(15) Moore 1987: p. 729.
(16) Ortner 1984: p. 159.
(17) Geertz 1973: p. 452.
(18) Maybury-Lewis 1979: p. 311.
(19) Fardon 1990: p. 17.
(20) Fardon 1990: p. 4.
(21) Fardon 1990: p. 14.
(22) Sangren 1988: p. 411.
(23) Sangren 1988: p. 413.
(24) Bourdieu 1977: p. 170.
(25) Ortner 1984: p. 159.
(26) もっとも、ブルデューの分析では、行為者の意図性が重視されるため、行動を通じた、意図された結果のみが問題化されることになる。また、ブルデューは、成果（資本）を最大化しようとする能動的主体の戦略が、最終的には、社会秩序の矛盾を克服し、現状維持に働くと想定している。ブルデューの世界は、変化や歴史ではなく、果てしない再生産のそれなのである。この点では、ギデンズの「構造化（structuration）」（Giddens 1979, 1984）という概念もそれに近いのに対し、サーリンズ（Sahlins 1976）の「歴史をめぐる象徴的対話（意味づけされたカテゴリーと意味づけられた文脈の相互作用）というスキームは、社会行動によって導かれる社会変化や歴史性を強調するものである。また、ディマジオ（DiMaggio 1979）が批判するように、ブルデューは、唯物主義者同様、名誉やセンスのような象徴資本も、究極的に経済資本に還元可能だと想定している。

著者紹介

渡辺 靖（わたなべ やすし）
慶應義塾大学SFC環境情報学部教授（文化人類学、文化政策論、アメリカ研究）。
1967年生まれ。90年上智大学外国語学部卒業後、92年ハーバード大学大学院修了、97年Ph.D.（社会人類学）取得。ケンブリッジ大学、オクスフォード大学、ハーバード大学客員研究員を経て、2006年より現職。2005年日本学術振興会賞ならびに日本学士院学術奨励賞受賞。本書でサントリー学芸賞（2004年）、アメリカ学会清水博賞（2005年）などを受賞。
他の著書に『アメリカン・コミュニティ——国家と個人が交差する場所』（新潮社、2007年）、『アメリカン・センター——アメリカの国際文化戦略』（岩波書店、2008年）、*The American Family: Across the Class Divide*（Pluto Press & University of Michigan Press, 2005）、編著に*Soft Power Superpowers: Cultural and National Assets of Japan and the United States*（M. E. Sharpe, 2008）など。

アフター・アメリカ——ボストニアンの軌跡と〈文化の政治学〉

2004年5月15日初版第1刷発行
2021年4月26日初版第4刷発行

著者——————渡辺　靖
発行者—————依田俊之
発行所—————慶應義塾大学出版会株式会社
〒108-8346　東京都港区三田2-19-30
TEL〔編集部〕03-3451-0931
〔営業部〕03-3451-3584〈ご注文〉
〃　03-3451-6926
FAX〔営業部〕03-3451-3122
振替　00190-8-155497
https://www.keio-up.co.jp/
装丁——————廣田清子
印刷・製本——株式会社啓文堂
カバー印刷——株式会社太平印刷社

Printed in Japan　ISBN 4-7664-1078-5

参考文献

Ahlander, N. and K. Bahr.（1995）“Beyond Drudgery, Power, and Equity: Toward an Expanded Discourse on the Moral Dimension of Housework in Families,” *Journal of Marriage and the Family*, 57, February 1995, pp.54-68.

Alba, R.（1985）*Italian Americans: Into the Twilight of Ethnicity*. Englewood Cliffs, N.J.: Prentice-Hall.

Aldrich, N.（1988）*Old Money: The Mythology of America's Upper Class*. New York: Alfred. A. Knopf.

Amory, C.（1947）*The Proper Bostonians*. Orleans, Mass.: Parnassus Imprints.

Anderson, B.（1983）*Imagined Communities: Reflections on the Origin and Spread of Nationalism*. London: Verso.（ベネディクト・アンダーソン『想像の共同体――ナショナリズムの起源と流行』増補版、白石さや、白石隆訳、NTT出版、1997年。）

青木保（1988）『文化の否定性』中央公論社。

アッピア, A.（1997［1994］）「アイデンティティ、真性さ、文化の存続――多文化社会と社会的再生産」『マルチカルチュラリズム』佐々木毅他訳、岩波書店。

Archdeacon, T.（1983）*Becoming American: An Ethnic History*. New York: Free Press.

Aries, P.（1973［1960］）*Centuries of Childhood*. London: Jonathan Cape.

Asad, T., ed.（1973）*Anthropology and the Colonial Encounter*. London: Ithaca Press.

浅田彰（1994）『「歴史の終わり」と世紀末の世界』小学館。

Auerbach, J.（1976）*Unequal Justice: Lawyers and Social Change in Modern America*. New York: Oxford University Press.

Auge, M.（1995）*Non-places: Introduction to An Anthropology of Supermodernity*. Trans. by J. Howe. London: Verso.

Baladinter, E.（1981）*Mother Love*. New York: Macmillan.

Bailey, B.（1989）*From Front Porch to Back Seat: Courtship in Twentieth-Century America*. Baltimore: Johns Hopkins University.

Balibar, E.（1991）“Is There a ‘Neo-Racism’?” Trans. by C. Turner in E. Balibar and I. Wallerstein, *Race, Nation, Class: Ambiguous Identities*. London: Verso.

Baltzell, D.（1964）*The Protestant Establishment: Aristocracy & Caste in America*. New York: Random House.

——— (1979) *Puritan Boston and Quaker Philadelphia: Two Protestant Ethics and the Spirit of Authority and Leadership*. New York: Free Press.

Barnouw, E. (1975) *Tube of Plenty: The Evolution of American Television*. New York: Oxford University Press.

Baudrillard, J. (1981) *Simulacres et simulation*, Editions Galilee. (ジャン・ボードリヤール『シミュラークルとシミュレーション』竹原あき子訳、法政大学出版局、1984年。)

Bech, U. (1992) *Risk Society: Towards a New Modernity*. London: Sage.

Bell, D. (1976) *The Coming of Post-industrial Society: A Venture in Social Forecasting*. New York: Basic Books. (ダニエル・ベル『脱工業社会の到来——社会予測の一つの試み』内田忠夫他訳、ダイヤモンド社、1975年。)

Bellah, R. (1975) *The Broken Covenant*. New York: Seabury Press. (ロバート・N・ベラー『破られた契約——アメリカ宗教思想の伝統と試練』新装版、松本滋、中川徹子訳、未來社、1998年。)

———, et al. (1985) *Habits of the Heart: Individualism and Commitment in American Life*. Berkeley: University of California Press. (ロバート・N・ベラー『心の習慣——アメリカ個人主義のゆくえ』島薗進、中村圭志共訳、みすず書房、1991年。)

———, et al. (1991) *The Good Society*. New York: Alfred A. Knopf. (ロバート・N・ベラー『善い社会——道徳的エコロジーの制度論』中村圭志訳、みすず書房、2000年。)

Bender, T. (1978) *Community and Social Change in America*. Baltimore: Johns Hopkins University Press.

Benfey, C. (2003) *The Great Wave: The Gilded Age Misfits, Japanese Eccentrics and the Opening of Old Japan*. New York: Random House.

Berger, P. (1967) *The Sacred Canopy: Elements of a Sociological Theory of Religion*. New York: Doubleday & Co. (ピーター・L・バーガー『聖なる天蓋——神聖世界の社会学』薗田稔訳、新曜社、1979年。)

——— & T. Luckmann (1966) *The Social Construction of Reality: A Treatise in the Sociology of Knowledge*. Garden City, N.Y.: Doubleday. (ピーター・L・バーガー、トーマス・ルックマン『現実の社会的構成——知識社会学論考』新版、山口節郎訳、新曜社、2003年。)

Berman, W. (1998) *America's Right Turn: From Nixon to Clinton*. Baltimore: The Johns Hopkins University Press.

Blau, P. & O. Duncan (1967) *The American Occupational Structure*. New York: Free Press.

Bledstein, B. (1976) *Culture of Professionalism: The Middle Class and the Development of Higher Education in America*. New York: Norton.

ブルーム, A.（1987）『アメリカン・マインドの終焉』菅野盾樹訳、みすず書房。
Blumin, S.（1989）*The Emergence of the Middle Class: Social Experience in the American City, 1760-1900*. New York: Cambridge University Press.
Boorstin, D.（1962）*The Image: or, What Happened to the American Dream*. New York: Athenaeum.（ダニエル・J・ブーアスティン『幻影の時代――マスコミが製造する事実』後藤和彦、星野郁美訳、東京創元社、1964年。）
Boot, M.（2002）*The Savage Wars of Peace: Small Wars and the Rise of American Power*. New York: Basic Books.
———（2004）"NEOCONS," *Foreign Policy*, January / February 2004, pp.20-28.
Bott, E.（1957）*Family and Social Network: Roles, Norms, and External Relationships in Ordinary Urban Families*. London: Tavistock Publications.
Bourdieu, P.（1977）*Outline of a Theory of Practice*. Trans. by R. Nice. New York: Cambridge University Press.
———（1984）*Distinction: A Social Critique of the Judgment of Taste*. Trans. by R. Nice. Cambridge, Mass.: Harvard University Press.（ピエール・ブルデュー『ディスタンクシオン――社会的判断力批判』石井洋二郎訳、藤原書店、1990年。）
Brannen, J. & G. Wilson（1987）*Give and Take in Families*. London: Allen and Unwin.
Brill, A.（1990）*Nobody's Business: The Paradox of Privacy*. Reading. Mass.: Addison-Wesley.
Brookhiser, R.（1991）"Dancing With The Girl That Brung Him," *The New Yorker*, October 28, pp. 44-84.
ブラウン, J. L. & H. F. パイザー（1987）『現代アメリカの飢餓』青木克憲訳、南雲堂。
Bull, H.（1977）*The Anarchical Society: A Study of Order in World Politics*. London: Macmillan.（ヘドリー・ブル『国際社会論――アナーキカル・ソサイエティ』臼杵英一訳、岩波書店、2000年。）
Cahoone, L.（1988）*The Dilemma of Modernity: Philosophy, Culture, and Anti-Culture*. Albany: State University of New York.
Canavan, J.（1979）"South Boston Irish-American Social Life," *South Boston Journal* 1 (2).
Chafe, W.（1986）*The Unfinished Journey: America Since World War II*. New York: Oxford University Press.
———（1991）*The Paradox of Change: American Women in the Twentieth Century*. New York: Oxford University Press.
Chandler, A.（1977）*The Visible Hand: The Managerial Revolution in American*

Business. Cambridge, Mass.: Harvard University Press.（アルフレッド・D・チャンドラー『経営者の時代――アメリカ産業における近代企業の成立』鳥羽欽一郎、小林袈裟治訳、東洋経済新報社、1979年。）

Cherlin, A.（1981）*Marriage, Divorce, Remarriage*. Cambridge, Mass.: Harvard University Press.

Christopher, R.（1989）*Crashing the Gates: the De-WASPing of America's Power Elite*. New York: Simon and Schuster.（ロバート・C・クリストファー『アメリカの新パワーエリート――崩壊するWASP神話』山田進一訳、TBSブリタニカ、1990年。）

Chudacoff, H.（1989）*How Old Are You?: Age Consciousness in American Culture*. Princeton: Princeton University Press.（ハワード・P・チュダコフ『年齢意識の社会学』工藤政司、藤田永祐訳、法政大学出版局、1994年。）

Clifford, J.（1988）*The Predicament of Culture: Twentieth-Century Ethnography, Literature, and Art*. Cambridge, Mass.: Harvard University Press.（ジェイムズ・クリフォード『文化の窮状――二十世紀の民族誌、文学、芸術』太田好信他訳、人文書院、2003年。）

Colt, G.H.（2003）*The Big House: a century in the life of an American summer house*. New York: Scribner.

Coontz, S.（1992）*The Way We Never Were: American Families and the Nostalgia Trap*. New York: Basic Books.（ステファニー・クーンツ『家族という神話――アメリカン・ファミリーの夢と現実』岡村ひとみ訳、筑摩書房、1998年。）

――（1997）*The Way We Really Are: Coming to Terms with America's Changing Families*. New York: Basic Books.（ステファニー・クーンツ『家族に何が起きているのか』岡村ひとみ訳、筑摩書房、2003年。）

Cott, N.（1977）*The Bonds of Womanhood: "Woman's Sphere" in New England, 1780-1835*. New Haven, Conn.: Yale University Press.

Crawford, C.（1978）*Mommie Dearest*. New York: William Morrow.

Crawford, M.（1930）*Famous Families of Massachusetts*. Boston: Little Brown.

Curran, M.（1986［1948］）*The Parish and the Hill*. New York: The Feminist Press at The City University of New York.

Danielson, M.（1976）*The Politics of Exclusion*. New York: Columbia University Press.

Daly, M.（1978）*Gyn / Ecology: The Metaethics of Radical Feminism*. Boston: Beacon Press.

デイヴィス, W. T.（1998）『打ち砕かれた夢――アメリカの魂を求めて』大類久恵訳、玉川大学出版部。

Degler, C.（1980）*At Odds: Women and the Family in America from Revolution to*

the Present. New York: Oxford University Press.

Delphy, C.（1984）*Close to Home: A Materialist Analysis of Women's Oppression*. Amherst: University of Massachusetts Press.（Ch・デルフィ『なにが女性の主要な敵なのか――ラディカル・唯物論的分析』井上たか子他訳、勁草書房、1996年。）

DeMarco, W.（1980）*Ethnics and Enclaves: Boston's Italian North End*. Ann Arbor: University of Michigan Press.

D'Emilio, J. & E. Freedman（1988）*Intimate Matters: A History of Sexuality in America*. New York: Harper & Row.

Derrida, J.（1976）*Of Grammatology*. Baltimore: Johns Hopkins University Press.（ジャック・デリダ『根源の彼方に――グラマトロジーについて』足立和浩訳、現代思潮社、1972年。）

Dezell, M.（2000）*Irish America: coming into clover: the evolution of a people and a culture*. New York: Doubleday.

DiMaggio, P.（1979）"Review Essay: On Pierre Bourdieu," *American Journal of Sociology*, 86-6, pp. 1460-75.

Dionne, E.J.（1991）*Why Americans Hate Politics*. New York: Simon & Schuster.

Donzelot, J.（1979）*The Policing of Families*. New York: Pantheon Books.

Dyck, A.（1994）*Rethinking Rights and Responsibilities: The Moral Bonds of Community*. Cleveland: Pilgrim.

Easterlin, R.（1980）*Birth and Fortune: The Impact of Numbers on Personal Welfare*. New York: Basic Books.

Edwards, J.（1991）"New Conceptions: Biosocial Innovations and the Family," *Journal of Marriage and the Family*, 53.

Ehrenreich, B.（1983）*The Hearts of Men: American Dreams and the Flight from Commitment*. Garden City, N.Y.: Anchor Press.

Eisinger, P.（1980）*The Politics of Displacement: Racial and Ethnic Transition in Three American Cities*. New York: Academic Press.

Eisler, B.（1986）*Private Lives: Men and Women of the Fifties*. New York: Franklin Watts.

Eller, J.（1997）"Anti-Anti-Multiculturalism," *American Anthropologists*, Vol.99, Number2.

Esler, G.（1997）*The United States of Anger*. New York: Penguin Books.

Faderman, L.（1990）*Odd Girls and Twilight Lovers: A History of Lesbian Life in Twentieth-Century America*. New York: Columbia University Press.（リリアン・フェダマン『レスビアンの歴史』富岡明美、原美奈子訳、筑摩書房、1996年。）

Fardon, R.（1990）*Localizing Strategies: Regional Traditions of Ethnographic*

Writing. Edinburgh: Scottish Academic Press.
Featherstone, M. S. Lash and R. Robertson（1995）*Global Modernities*. London: Sage Publications.
Fineman, M.（1995）*The Neutered Mother, The Sexual Family and Other Twentieth Century Tragedies*. New York: Routledge.（マーサ・A・ファインマン『家族、積みすぎた方舟――ポスト平等主義のフェミニズム法理論』速水葉子、穐田信子訳、学陽書房、2003年。）
Firth, R.（1965［1936］）*We, The Tikopia: A Sociological Study of Kinship in Primitive Polynesia*. Boston: Beacon Press.
———（1951）*Elements of Social Organization*. London: Watts & Co.（R・ファース『価値と組織化――社会人類学序説』正岡寛司監訳、早稲田大学出版部、1978年。）
———（1959）*Social Change in Tikopia: Re-Study of A Polynesian Community After A Generation*. London: Allen and Unwin.
Fisher, S. and C. Hughes（1992）*The Last tenement: Confronting Community and Urban Renewal in Boston's West End*. Boston: Bostonian Society.
Flandrin, J. L.（1979）*Families in Former Times: Kinship, Household, and Sexuality*. New York: Cambridge University Press.
Formisano, R.（1991）*Boston against Busing: Race, Class, and Ethnicity in the 1960s and 1970s*. Chapel Hill, N.C.: University of North Carolina Press.
——— & C. Burns, eds.（1984）*Boston, 1700-1980: The Evolution of Urban Politics*. Westport, Conn.: Greenwood Press.
Foucault, M.（1977）*Discipline and Punish: The Birth of the Prison*. New York: Pantheon Books.（ミシェル・フーコー『監獄の誕生――監視と処罰』田村俶訳、新潮社、1977年。）
———（1978）*The History of Sexuality*. New York: Pantheon Books.（ミシェル・フーコー『性の歴史』「1．知への意志」渡辺守章訳、「2．快楽の活用」田村俶訳、「3．自己への配慮」田村俶訳、新潮社、1986－87年。）
Friedan, B.（1963）*The Feminine Mystique*. New York: Dell.（ベティ・フリーダン『新しい女性の創造』新装版、三浦冨美子訳、大和書房、1986年。）
Friedman, T.（1999）*The Lexus and the Olive Tree*. New York: Farrar, Straus and Giroux.（トーマス・フリードマン『レクサスとオリーブの木――グローバリゼーションの正体』東江一紀、服部清美訳、草思社、2000年。）
藤田博司（1998）「パブリック・ジャーナリズム――メディアの役割をめぐる1990年代米国の論争」、『コミュニケーション研究』第28号、上智大学コミュニケーション学会。
Fukuyama, F.（1989）“The End of History?,” *National Interest,* Summer.（フランシス・フクヤマ『歴史の終わり』渡部昇一訳、三笠書房、1992年、所

収。）
Galbraith, J.（1958）*The Affluent Society*. Boston: Houghton Mifflin.（J・ガルブレイス『ゆたかな社会』第4版、鈴木哲太郎訳、岩波書店、1990年。）
———（1996）*The Good Society: The Humane Agenda*. Boston: Houghton Mifflin.
Geertz, C.（1973）*The Interpretation of Cultures*. New York: Basic Books.（C・ギアーツ『文化の解釈学』吉田禎吾他訳、岩波書店、1987年。）
———（1988）*Works and Lives: The Anthropologist as Author*. Stanford: Stanford University Press.（クリフォード・ギアーツ『文化の読み方／書き方』森泉弘次訳、岩波書店、1996年。）
Gelfand, M.（1998）*Trustee for a City: Ralph Lowell of Boston*. Boston: Northeastern University Press.
Gellner, E.（1988）"The Stakes in Anthropology," *American Scholar*, Vol.57, No.1.
Gergen, K.（1991）*The Saturated Self: Dilemmas of Identity in Contemporary Life*. New York: Basic Books.
Gerson, K.（1985）*Hard Choices: How Women Decide About Work, Career, and Motherhood*. Berkeley: University of California Press.
Giddens, A.（1973）*The Class Structure of the Advanced Societies*. New York: Harper & Row.（アンソニー・ギデンズ『先進社会の階級構造』市川統洋訳、みすず書房、1977年。）
———（1979）*Central Problems in Social Theory: Action, Structure, and Contradictions in Social Analysis*. Berkeley: University of California Press.（アンソニー・ギデンズ『社会理論の最前線』友枝敏雄他訳、ハーベスト社、1989年。）
———（1984）*The Constitution of Society: Outline of the Theory of Structuration*. Cambridge: Polity Press.
———（1991）*Modernity and Self-Identity: Self and Society in the Late Modern Age*. Stanford: Stanford University Press.
Gjessing, G.（1968）"The Social Responsibility of the Social Scientist," *Current Anthropology*, December.
Goldin, C.（1990）*Understanding the Gender Gap: An Economic History of American Women*. New York: Oxford University Press.
Goode, Josiah（1963）*World Revolution and Family Patterns*. New York: Free Press of Glencoe.
Gordon, L.（1988）*Heroes of Their Own Lives: The Politics and History of Family Violence, Boston, 1880-1960*. New York: Viking.
——— & S. Riger（1989）*The Female Fear*. New York: Free Press.
Gullestad, M.（1996）"From Obedience to Negotiation: Dilemmas in the

Transmission of Values Between the Generations in Norway," *The Journal of the Royal Anthropological Institute*, Vol. 2, No.1.
Gupta, A. & J. Ferguson（1992）"Beyond 'Culture' : Space, Identity, and the Politics of Difference," *Cultural Anthropology*, Vol.7, No.1.
Haber, S.（1954）*Efficiency and Uplift: Scientific Management in the Progressive Era, 1890-1920*. Chicago: University of Chicago Press.
Habermas, J.（1971）*Knowledge and Human Interests*. Boston: Beacon Press.
———（1975）*Legitimation Crisis*. Trans. by T. McCarthy. Boston: Beacon Press.
———（1984）*The Theory of Communicative Action*. Trans. by T. McCarthy. Boston: Beacon Press.
Halberstam, D.（1972）*The Best and the Brightest*. Greenwich, Conn.: Fawcett Publications.（デイヴィッド・ハルバースタム『ベスト&ブライテスト』浅野輔訳、朝日新聞社、1999年。）
Hall, P.（1982）*The Organization of American Culture, 1700-1900: Private Institutions, Elites, and the Origins of American Nationality*. New York: New York University Press.
Handlin, O.（1941）*Boston's Immigrants*. Cambridge, Mass.: Harvard University Press.
Hardt, M. and A. Negri（2000）*Empire*. Cambridge, Mass. Harvard University Press.（アントニオ・ネグリ、マイケル・ハート『＜帝国＞』水嶋一憲他訳、以文社、2003年。）
Harrison, C.（1988）*On Account of Sex: The Politics of Women's Issues, 1945-1968*. Berkeley: University of California Press.
Hartmann, S.（1982）*The Home Front and Beyond: American Women in the 1940s*. Boston: Twayne Publishers.
蓮實重彦、山内昌之（1998）『われわれはどんな時代を生きているか』講談社。
Hayes, J.G.（2002）*This Thing Called Courage: South Boston Stories*. New York: Harrington Park Press.
Herman, J. & L. Hirschman（1981）*Father-Daughter Incest*. Cambridge, Mass.: Harvard University Press.（ジュディス・L・ハーマン『父－娘 近親姦――「家族」の闇を照らす』斎藤学訳、誠信書房、2000年。）
Herzfeld, M.（1985）*The Poetics of Manhood: Contest and Identity in a Cretan Mountain Village*. Princeton: Princeton University Press.
Hewlett, S.（1986）*A Lesser Life*. New York: Warner Books.
Higham, J.（1974）"Hanging Together: Divergent Unities in American History," *Journal of American History*, 61.
Himmelfarb, G.（1992）"The Abyss Revisited," *American Scholar*, 61, Summers.
Hochschild, A.（1983）*The Managed Heart: Commercialization of Human Feeling*.

Berkeley: University of California Press.（A・R・ホックシールド『管理される心——感情が商品になるとき』石川准、室伏亜希訳、世界思想社、2000年。）
Hoffman, S.（1993）*International Relations: The Long Road to Theory*. New York: Irvington Publications.
Hollingshead, A.（1949）*Elmtown's Youth: The Impact of Social Classes on Adolescents*. New York: John Wiley & Sons.
Hooyman, N. & A. Kiyak（1988）*Social Gentology: A Multidisciplinary Perspective*. Boston: Allyn & Bacon.
Horgan, E.S.（1988）"The American Catholic Irish Family," in *Ethnic families in America: patterns and variations* (eds. by Charles H. Mindel and Robert W. Habenstein). New York: Elsevier.
Howard, B.（1976）*Boston: A Social History*. New York: Howthorn Books.
Hunter, J.（1991）*Culture Wars: The Struggle to Define America*. New York: Basic Books.
Huntington, S.（1993）"The Clash of Civilizations?," *Foreign Affairs*, Summer.
———（1997）"The Erosion of American National Interests," *Foreign Affairs*, September / October.
Illich, I.（1981）*Shadow Work*. Boston: M. Boyars.（I・イリイチ『シャドウ・ワーク——生活のあり方を問う』特装版、玉野井芳郎、栗原彬訳、岩波書店、1998年。）
今村仁司（1994）『近代性の構造』講談社。
Jaher, F.（1982）*The Urban Establishment: Upper Strata in Boston, New York, Charleston, Chicago, and Los Angeles*. Urbana, Illi.: University of Illinois Press.
Jameson, F.（1987）"On Habits of the Heart," *The South Atlantic Quarterly*, 86:4, Fall.
———（1991）*Postmodernism, or The Cultural Logic of Late Capitalism*. Durham: Duke University Press.
Johnson, H.（1994）*Divided We Fall: Gambling With History in the Nineties*. New York: Norton.
Kammerman, S.（1981）*Child Care, Family Benefits, and Working Parents: A Study in Comparative Policy*. New York: Columbia University Press.
Kanter, D. and P. Mirvis（1989）*The Cynical Americans: Living and Working in an Age of Discontent and Disillusion*. San Francisco: Jossey-Bass.
Keller, S.（1991）"The American Upper Class Family: Precarious Claims on the Future," *Journal of Comparative Family Studies*, Vol. XXII, No.1.
Kessler-Harris, A.（1982）*Out to Work: A History of Wage-Earning Women in the*

United States. New York: Oxford University Press.

——— (1992) "Cultural Locations: Positioning American Studies in the Great Debate," *American Quarterly*, Vol.44, Vo.3.

Kett, J. (1977) *Rites of Passage: Adolescence in America, 1790 to The Present*. New York: Basic Books.

Krugman, P. (1994) *The Age of Diminished Expectations: U.S. economic policy in the 1990s*. Washington, D.C.: Washington Post Co.

Lamont, M. (1992) *Money, Morals, & Manners: The Culture of the French and the American Upper-Middle Class*. Chicago: University of Chicago Press.

——— (2000) *The Dignity of Working Men: Morality and the Boundary of Race, Class, and Immigration*. New York: Russel Sage Foundation & Cambridge: Harvard University Press.

Landsman, G. (1995) "Negotiating Work and Womanhood," *American Anthropologist*, Vol.97, No.1.

Lasch, C. (1977) *Haven in a Heartless World: The Family Besieged*. New York: Basic Readings.

——— (1978) *Culture of Narcissism: American Life in an Age of Diminishing Expectations*. New York: Norton.(クリストファー・ラッシュ『ナルシシズムの時代』石川弘義訳、ナツメ社、1981年。)

——— (1984) *The Minimal Self: Psychic Survival in Troubled Times*. New York: Norton. (クリストファー・ラッシュ『ミニマルセルフ――生きにくい時代の精神的サバイバル』石川弘義他訳、時事通信社、1986年。)

Leach, E. (1954) *Political Systems of Highland Burma: A Study of Kachin Social Structure*. London: London School of Economics and Political Science. (E・R・リーチ『高地ビルマの政治体系』関本照夫訳、弘文堂、1987年。)

Lehr, D. and G. O'Neill (2000) *Black Mass: The Irish Mob, The FBI, and A Devil's Deal*. Oxford: PublicAffairs, Inc.

Lerner, M. and C. West (1995) *Jews and Blacks: Let the Healing Begin*. New York: C.P. Putnam's Sons.

Levi-Strauss, C. (1963) *Totemism*. Boston: Beacon Press.(クロード・レヴィ=ストロース『今日のトーテミスム』仲澤紀雄訳、みすず書房、2000年。)

——— (1966) *The Savage Mind*. Chicago: University of Chicago Press.

——— (1976) *Structural Anthropology*, Vol.2. Trans. by M. Layton. Chicago: University of Chicago Press.

Lieberson, S. and M. Waters (1988) *From Many Strands: Ethnic and Racial Groups in Contemporary America*. New York: Russell Sage Foundation.

Lindholm, C. (1997) "Logical and Moral Problems of Postmodernism," *The Journal of The Royal Anthropological Institute*, Vol.3, Number4.

Loftus, P.（1991）*That Old Gang of Mine: A History of South Boston*. South Boston: TOGM-P.J.L. Jr.

Louv, R.（1990）*Childhood's Future*. Boston: Houghton Muffin.

Lukas, A.（1985）*Common Ground: A Turbulent Decade in the Lives of Three American Families*. New York: Alfred A. Knopf.

Luttwak, E.（1993）*Endangered American Dream*. New York: Simon & Schuster.（日本語引用箇所は佐々木毅『現代アメリカの自画像』NHKブックス、1995年の訳。）

Lynd, R.（1939）*Knowledge for What? The Place of Social Science in American Culture*. Princeton: Princeton University Press.（R・S・リンド『何のための知識か——危機に立つ社会科学』小野修三訳、三一書房、1979年。）

Lyotard, J.（1984）*The Postmodern Condition: A Report on Knowledge*. Minneapolis: University of Minnesota Press.

MacDonald, M.P.（1999）*All Souls: A Family Story from Southie*. New York: Ballantine Book.

Macfarlane, A.（1987）*The Culture of Capitalism*. Oxford: Blackwell.（アラン・マクファーレン『資本主義の文化——歴史人類学的考察』常行敏夫、堀江洋文訳、岩波書店、1992年。）

Macpherson, C.B.（1962）*The Political Theory of Possessive Individualism: Hobbes to Locke*. Oxford: Clarendon Press.

MaFate, K.（1991）*Poverty, Inequality and Crisis of Social Policy: Summary of Findings*. Washington D.C.: Joint Center for Political and Economic Studies.

Mandel, E.（1978）*Late Capitalism*. Trans. by J. De Bres. London: Verso.

Marcus, G.（2000）"The Deep Legacy of Dynastic subjectivity: The Resonances of a Family Identity in Private and Public Spheres," in *Elites: Choice, Leadership and Succession*, eds. Pina-Cabral, J. de and A.P. de Lima. Oxford and New York: Berg.

———, ed.（1983）*Elites: ethnographic issues*. Albuquerque: University of New Mexico Press.

——— & M. Fischer（1986）*Anthropology as Cultural Critique: An Experimental Moment in the Human Sciences*. Chicago: University of Chicago Press.（ジョージ・E・マーカス、マイケル・M・J・フィッシャー『文化批判としての人類学——人間科学における実験的試み』永渕康之訳、紀伊国屋書店、1989年。）

——— & P. Hall（1992）*Lives in Trust: The Fortunes of Dynastic Families in Late Twenty-Century America*. San Francisco: Westview Press.

Marquand, J.（1937）*The Late George Apley: A Novel in The Form of A Memoir*.

Boston: Little, Brown, and Company, 1937.
Marx, K.（1947［1867-1894］）*Capital*. Trans. by D. Torr. New York: International Publishers.（カール・マルクス『資本論』全七巻、向坂逸郎訳、岩波書店、1969年。）
Matthews, G.（1987）*"Just a Housewife": The Rise and Fall of Domesticity in America*. New York: Oxford University Press.
May, E.T.（1980）*Great Expectations: Marriage and Divorce in Post-Victorian America.* Chicago: University of Chicago Press.
———（1988）*Homeward Bound: American Families in the Cold War Era*. New York: Basic Books.
Maybury-Lewis, D., ed.（1979）*Dialectical Societies: The Ge and Bororo of Central Brazil*. Cambridge, Mass.: Harvard University Press.
McIntyre, A.（1981）*After Virtue*. Bouth Bend, Ind.: University of Notre Dame Press.（A・マッキンタイア『美徳なき時代』篠崎栄訳、みすず書房、1993年。）
McLaughlin, S., et al.（1988）*The Changing Lives of American Women*. Chapel Hill: University of North Carolina.
McLaughlin, W.（1978）*Revivals, Awakenings, and Reform: An Essay on Religion and Social Change in America, 1607-1977*. Chicago: University of Chicago Press.
Medick, H. & D. Sabean（1984）*Interest and Emotions: Essays on the Study of Family and Kinship*. New York: Cambridge University Press.
Milkman, R.（1987）*Gender at Work: The Dynamics of Job Segregation by Sex During World War II*. Urbana: University of Illinois Press.
Mill, C.（1951）*White Collar: The American Middle Classes*. New York: Oxford University Press.
Miller, D. & M. Nowak（1977）*The Fifties: The Way We Really Were*. Garden City, N.Y.: Doubleday.
Mintz, S. & S. Kellogg（1988）*Domestic Revolutions: A Social History of American Family Life*. New York: Free Press.
Moog, C.（1990）*"Are They Selling Her Lips?" Advertising and Identity*. New York: Morrow.
Moore, S.（1987）"Explaining the Present: Theoretical Dilemmas in Processual Ethnography," *American Ethnologist*, Vol.14, No.4, November.
森孝一（1996）『宗教から読む「アメリカ」』講談社。
Moskowitz, F & R.（1990）*Parenting Your Aging Parents*. Woodland Hills, Calif.: Key Publications.
中山俊宏（2003）「アメリカにおける保守主義台頭の力学——“アイディア”の戦略

的動員」『G・W・ブッシュ政権とアメリカの保守勢力——共和党の分析』（久保文明編）日本国際問題研究所。
Needham, R.（1971）“Remarks on the Analysis of Kinship and Marriage,” *Rethinking Kinship and Marriage*. London: Tavistock Publications.
———（1978）*Essential Perplexities*. Oxford: Clarendon Press.
Neuhaus, R. J.（1984）*The Naked Public Square*. New York: Eerdman.
Newman, K.（1988）*Falling from Grace: The Experience of Downward Mobility in American Middle Class*. New York: Free Press.
———（1993）*Declining Fortunes: The Withering of the American Dream*. New York: Basic Books.
Oakley, A.（1974）*Woman's Work: The Housewife, Past and Present*. New York: Pantheon Books.
O'Connor, T.（1991）*Bibles, Brahmins, and Bosses*. Boston: Boston Public Library.
———（1993）*Building a New Boston: Politics and Urban Renewal, 1950-1970*. Boston: Northeastern University Press.
———（1994［1988］）*South Boston: My Home Town*. Boston: Northeastern University Press.
———（1995）*The Boston Irish: A Political History*. Boston: Back Bay Books.
———（1998）*Boston Catholics: A History of the Church and Its People*. Boston: Northeastern University Press.
———（2000）*Boston A to Z*. Cambridge: Harvard University Press.
———（2001）*The Hub: Boston Past and Present*. Boston: Northeastern University Press.
Offe, C.（1984）*Contradictions of the Welfare State*. Cambridge, Mass.: MIT Press.
Ortner, S.（1984）“Theory in Anthropology Since the Sixties,” *Comparative Studies in Society and History*, Vol.26, No.1.
Ostrander, S.（1984）*Women of the Upper Class*. Philadelphia: Temple University Press.
Packer, G.（2002）“The Liberal Quandary Over Iraq,” *New York Times Magazine* (2002. 12.8).
Park, E. & E. Burgess（1921）*Introduction to the Science of Sociology*. Chicago: The University of Chicago Press.
Parsons, T. & R. Bales（1954）*Family:Socialization and Interaction Process*. Glencoe, Ill.: Free Press.（T・パーソンズ、R・F・ベールズ『家族——核家族と子どもの社会化』新装版、橋爪貞雄他訳、黎明書房、2001年。）
Patterson, J.（1986）*American Struggles Against Poverty*, 1900-1985. Cambridge,

Mass.: Harvard University Press.
——— & P. Kim（1991）*The Day American Told the Truth. What People Really Believe about Everything that Really Matters*. New York: Prentice Hall.
Peele, S.（1976）*Love and Addiction*. New York: Signet.
Pessen, E.（1982）"Social Structure and Politics in American History," *American Historical Review*, 81.
Peterson, P.（1993）*Facing Up: How To Rescue the Economy from Crushing Debt & Restore the American Dream*. New York: Simon & Schuster.（ピーター・G・ピーターソン『豊かな国への選択』西村書店、1994年。）
Phillips, K.（1990）*Politics of Rich and Poor*. New York: Randam House.（ケヴィン・フィリップス『富と貧困の政治学――共和党政権はアメリカをどう変えたか』吉田利子訳、草思社、1992年。）
———（1993）*Boiling Point: Republicans, Democrats, and the Decline of Middle-Class Prosperity*. New York: Random House.
Pleck, E.（1987）*Domestic Tyranny: The Making of Social Policy Against Family Violence from Colonial Times to the Present*. New York: Oxford University Press.
Putnam, R.（1996）"Democracy in America at century's end," *Democracy's Victory and Crisis: Nobel Symposium*, No.93. Cambridge: Cambridge University Press.
Ragone, H.（1994）*Surrogate Motherhood: Conception in The Heart*. Boulder: Westview Press.
Rauch, J.（1994）*Demosclerosis: The Silent Killer of American Government*. New York: Times Books.（日本語引用箇所は、佐々木毅『現代アメリカの自画像』NHKブックス、1995年の訳。）
Renan, E.（1994［1882］）"Qu'est-ce qu'une nation?" in J. Hutchinson and A. Smith, *Nationalism*. Oxford: Oxford University Press.
Rothman, E.（1984）*Hands and Hearts: A History of Courtship in America*. New York: Basic Books.
Rotundo, E.（1993）*American Manhood: Transformations in Masculinity from the Revolution to the Modern Era*. New York: Basic Books.
Rush, F.（1980）*The Best-Kept Secret: Sexual Abuse of Children*. Eaglewood Cliffs, N.J.: Prentice Hall.
Ryan, D.（1979）"Monsignor Denis O'Callaghan: The Unmeltable Irishmen," *South Boston Journal* 1 (2).
———（1983）*Beyond the Ballot Box: A Social History of the Boston Irish, 1845-1917*. Rutherford, N.J.: Fairleigh Dickinson University Press.
Ryan, M.（1975）*Womanhood in America: From Colonial Times to the Present*.

New York: Franklin Watts.
——— (1981) *Cradle of The Middle Class: The Family in Oneida County, New York, 1790-1865*. Cambridge: Cambridge University Press.
Sahlins, M. (1976) *Culture and Practical Reason*. Chicago: University of Chicago Press.（マーシャル・サーリンズ『人類学と文化記号論——文化と実践理性』山内昶訳、法政大学出版局、1987年。）
Sanday, P. (1981) *Female Power and Male Dominance*. Cambridge, England: Cambridge University Press.
Sandel, M. (1996) *Democracy's Discontent: America in Search of A Public Philosophy*. Cambridge, Mass.: Belknap Press of Harvard University Press.
Sangren, S. (1988) "Rhetoric and the Authority of Ethnography: 'Postmodernism' and the Social Reproduction of Texts," in *Current Anthropology*, Vol.29, No.3.
Satkewich, C. (1979) "St. Vincent's Church and the Irish," *South Boston Journal* 1 (2).
Scanzoni, J., et al. (1990) *The Sexual Bond: Rethinking Families and Close Relationships*. Newbury Park, Calif.: Sage.
Schlesinger, A. (1991) *The Disuniting of America: Reflections on a Multicultural Society*. New York: Whittle Books.（アーサー・シュレージンガー, Jr.『アメリカの分裂——多元文化社会についての所見』都留重人監訳、岩波書店、1992年。）
——— (1994) "Unity, Multiculturalism and the American Creed," *Cultural Survival Quarterly*, Summer / Fall.
Schneider, D. (1968) *American Kinship: A Cultural Account*. Chicago: University of Chicago Press.
Segalen, M. (1983) *Love and Power in the Peasant Family*. Oxford: Blackwell.
Sennett, R. (1977) *The Fall of Public Man*. New York: Knopf.（リチャード・セネット『公共性の喪失』北山克彦、高階悟訳、晶文社、1991年。）
Shannon, W. (1989) *The American Irish: a Political and Social Portrait*. Amherst: University of Massachusetts Press.
Shapiro, L. (1986) *Perfection Salad*. Toronto: Collins.（ローラ・シャピロ『家政学の間違い』種田幸子訳、晶文社、1991年。）
Shattuck, J. (2003) *The Hazards of Good Breeding: A Novel*. New York: W. W. Norton & Company.
シェル, M. (1995)「アメリカにおけるバベルの塔——もしくは、合衆国における言語の多様性の政治力学」荒木正純訳『みすず』1月号。
重乃皓 (1985)「米国政府の日本における広報文化活動について」『COSMICA』14

号、京都外国語大学。
進藤栄一（1994）『アメリカ——黄昏の帝国』岩波書店。
塩崎智（2001）『アメリカ「知日派」の起源——明治の留学生交流譚』平凡社。
Shorter, E.（1975）*The Making of the Modern Family*. New York: Basic Books.（エドワード・ショーター『近代家族の形成』田中俊宏他訳、昭和堂、1987年。）
Skocpol, T.（2003）*Diminished Democracy: From Membership to Management in American Civic Life*. Oklahoma: University of Oklahoma Press.
Skolnick, A.（1991）*Embattled Paradise: The American Family in an Age of Uncertainty*. New York: Basic Books.
Smelser, N.（1968）*Essays in Sociological Explanation*. Englewood Cliffs, N.J.: Prentice Hall.（N・J・スメルサー『変動の社会学——社会学的説明に関する論集』橋本真訳、ミネルヴァ書房、1974年。）
Social Register Association（1993-1995）*Social Register*. New York.
Sokoloff, J.（1980）*Between Money and Love: The Dialectics of Women's Home and Market Work*. New York: Praeger.（ナタリー・J・ソコロフ『お金と愛情の間——マルクス主義フェミニズムの展開』江原由美子他訳、勁草書房、1987年。）
Sollors, W.（1986）*Beyond Ethnicity*. Oxford: Oxford University Press.
Solomon, M.（1956）*Ancestors and Immigrants: A Changing New England Tradition*. Cambridge, Mass.: Harvard University Press.
Sorensen, T.（1996）*Why I Am A Democrat*. New York: Henry Holt.
Stacey, J.（1990）*Brave New Families: Stories of Domestic Upheaval in Late Twentieth Century America*. New York: Basic Books.
———（1996）*In the Name of the Family: Rethinking Family Values in the Postmodern Age*. Boston: Beacon Press.
Stack, C.（1974）*All Our Kin: Strategies for Survival in a Black Community*. New York: Harper.
———（1996）*Call to Home: African Americans Reclaim the Rural South*. New York: Basic Books.
スティール, S.（1994［1990］）『黒い憂鬱』李隆訳、五月書房。
Stone, L.（1993）"'Family Values' Past and Present"（The Tanner Lecture on Human Values, Harvard University）. Unpublished Manuscript.
Story, R.（1980）*Harvard & the Boston Upper Class: The Forging of an Aristocracy, 1800-1870*. Middletown, Conn.: Wesleyan University Press.
Strathern, M.（1992）*After Nature: English Kinship in The Twentieth Century*. Cambridge: University of Cambridge Press.
Strauss, L.（1953）*Natural Right and History*. Chicago: University of Chicago

Press.（レオ・シュトラウス『自然権と歴史』塚崎智、石崎嘉彦訳、昭和堂、1988年。）

Stuart, S.P.（1998）*My First Cousin Once Removed: Money, Madness, and the Family of Robert Lowell*. New York: Harper Perennial.

Takakim, R.（1994）*From Different Shores: Perspectives on Race and Ethnicity in America*. Oxford: Oxford University Press.

玉本偉（1996）「アメリカにおけるナショナリズムの現在」『思想』4月号。

棚村恵子（1998）『アメリカ 心の旅——自由と調和を求めて』日本基督教団出版局。

テイラー, C. & A. ガットマン（1997［1994］）『マルチカルチュラリズム』佐々木毅他訳、岩波書店。

Taylor, E.（1989）*Prime-Time Families: Television Culture in the Postwar America*. Berkeley: University of California Press.

Thernstrom, S.（1973）*The Other Bostonians: Poverty and Progress in the American Metropolis, 1880-1970*. Cambridge, Mass.: Harvard University Press.

Tocqueville, A. de.（1969［1848］）*Democracy in America*. Trans. by G. Lawrence. New York: Doubleday, Anchor Books.（アレクシ・ド・トクヴィル『アメリカの民主主義』井伊玄太郎訳、講談社、1987年。）

Toffler, A.（1980）*The Third Wave*. New York: Morrow.（A・トフラー『第三の波』徳岡孝夫監訳、中央公論社、1982年。）

Trachtenberg, A.（1982）*The Incorporation of America: Culture and Society in the Gilded Age*. New York: Hill and Wang.

辻内鏡人（1994）「多文化主義の思想的文脈——現代アメリカの政治文化」『思想』8月号。

上野千鶴子（1990）『家父長制と資本制』岩波書店。

Van Horn, S.H.（1988）*Women, Work, and Fertility, 1900-1986*. New York: New York University Press.

Veeder, N.（1992）*Women's Decision-Making: Common Themes–Irish Voices*. Westport, Conn.: Praeger.

Veroff, J., R. Kulka, and E. Douvan（1981a）*Mental Health in America: Patterns of Help-Seeking from 1957 to 1976*. New York: Basic Books.

Veroff, J., R. Kulka, and E. Douvan（1981b）*The Inner American: A Self-Portrait from 1957 to 1976*. New York: Basic Books.

Vincent, J.（1986）"System and Process, 1974-1985," *Annual Review of Anthropology*.

Warner, L. & P. Lunt（1941）*The Social Life of a Modern Community*. New Haven: Yale University Press.

Warren, C.（1987）*Madwives: Schizophrenic Women in the 1950s*. New

Brunswick: Rutgers University Press.
Weber, M.（1976［1904-05］）*The Protestant Ethic and the Spirit of Capitalism*. New York: Charles Scribner's & Sons.（マックス・ウェーバー『プロテスタンティズムの倫理と資本主義の《精神》』梶山力訳、安藤英治編、未來社、1994年。）
Weiner, L.（1985）*From Working Girl to Working Mother: The Female Labor Force in the United States, 1820-1980*. Chapel Hill: University of North Carolina Press.
Weitzman, L.（1981）*The Marriage Contract: Spouses, Lovers and the Law*. New York: The Free Press.
ヴェールホーフ, Cv & B.ドゥーデン（1986）『家事労働と資本主義』丸山真人訳、岩波書店。
Whitehill, W.（1959）*Boston: Topographical History*. Cambridge, Mass.: Belknap Press of Harvard University Press.
Wiebe, R.（1975）*The Segmented Society: A Historical Preface to the Meaning of America*. New York: Oxford University Press.
Will, G.（1992）*Restoration: Congress, Term Limits and the Recovery of Deliberative Democracy*. New York: Free Press.
Williams, R.（1977）*Marxism and Literature*. Oxford: Oxford University Press.
Wilson, W.J.（1996）*When Work Disappears: The World of the New Urban Poor*. New York: Knopf.（ウィリアム・J・ウィルソン『アメリカ大都市の貧困と差別――仕事がなくなるとき』川島正樹、竹本友子訳、明石書店、1993年。）
Wood, G.（1992）*The Radicalism of the American Revolution*. New York: Alfred A. Knopf.
Wuthnow, R.（1989）*Meaning and Moral Order: Explorations in Cultural Analysis*. Berkeley: University of California Press.
———（1998）*Loose Connections: Joining Together in America's Fragmented Communities*. Cambridge, Mass. Harvard University Press.
Yanagisako, S.（1985）*Transforming the Past: tradition and Kinship among Japanese Americans*. Stanford: Stanford University Press.
——— & J. Collier, eds.（1987）*Gender and Kinship: Essays Towards A Unified Analysis*. Stanford: Stanford University Press.
——— & C. Delaney, eds.（1995）*Naturalizing Power: Essays in Feminist Cultural Analysis*. New York: Routledge.
Zelizer, V.（1985）*Pricing the Priceless Child: The Changing Social Value of Children*. New York: Basic Books.
ジジェク, S.（1998）「多文化主義、あるいは多国籍資本主義の文化の論理」（和田唯

訳）『批評空間』 第II期第18号。